대통령님,
밥 넘어갑니까?

대통령님, 밥 넘어갑니까?

초판 1쇄 인쇄일 2020년 1월 2일 • 초판 1쇄 발행일 2020년 1월 10일
지은이 이상일
펴낸곳 도서출판 예문 • 펴낸이 이주현
등록번호 제307-2009-48호 • 등록일 1995년 3월 22일 • 전화 02-765-2306
팩스 02-765-9306 • 홈페이지 www.yemun.co.kr
주소 서울시 강북구 솔샘로67길 62(미아동, 코리아나빌딩) 904호

ISBN 978-89-5659-373-9 03340
ⓒ 이상일, 2020

저작권법에 따라 보호받는 저작물이므로 무단전재와 복제를 금하며,
이 책 내용의 전부 또는 일부를 이용하려면 반드시 저작권자와
(주)도서출판 예문의 동의를 받아야 합니다.

이상일 칼럼·에세이

대통령님,
밥 넘어갑니까?

이상일 지음

프랑스에서 활동하는 정태영 화백
(재불예술인총연합회 회장)이 그려준 드로잉

머/리/말

2018년 9월 문재인 대통령이 평양을 방문했을 때 북한 조국평화통일위원장이던 리선권은 안하무인이었습니다. 문 대통령과 동행한 대기업 총수들에게 오만방자한 행동을 했던 것입니다. 리선권은 옥류관에서 식사를 하던 중 총수들에게 인상 쓰며 이렇게 말했다고 합니다. "냉면이 목구멍으로 넘어갑네까?"

한국 대기업들이 북한을 돕는 일에 마땅히 나서야 하는 데 왜 안 하느냐는 불만을 이런 식으로 표출한 겁니다. 수십 년간 핵과 미사일을 개발해 왔고, 국제사회와의 약속을 수없이 팽개친 북한, 그래서 유엔과 미국의 제재를 받고 있는 북한의 뻔뻔함이 리선권의 언행을 통해 또다시 드러났던 장면입니다.

문재인 정권은 어떤 반응을 보였을까요? 리선권의 '목구멍' 발언을 못 들은 척 항의 한 번 하지 않고 넘겨 버렸습니다. 김정은이 서울에 와 주길 오매불망 갈망하는 이 정권에겐 국민의 자존심을 지키는 것보다 북한 눈치 살피기가 더 우선이라는 걸 스스로 입증했습니다.

그런 문재인 정권에 필자는 이렇게 묻고 싶습니다. "대통령님, 밥이 넘어갑니까?"

이처럼 따져 묻고 싶은 이는 필자만이 아닐 겁니다. 역사적으로나, 실증적으로 유용성이 확인되지도 않은 '소득주도성장론'을 밀어붙여 일자리 참사를 초래하는 등 민생을 도탄에 빠뜨린 문 대통령을 원망하는 국민은 갈수록 늘고 있습니다. 나라의 허리인 30, 40대 고용 감소 30, 40대 취업자는 현 정권 출범 후인 2017년 10월 이후 계속 동반 감소, 경제의 중추인 제조업 고용 감소 2019년 11월 현재 20개월 연속 감소로 일자리를 잃은 분들, 자기소개서를 아무리 써도 직업을 갖지 못하는 청년들, 최저임금의 급격한 인상으로 종업원들을 다 내보내고 가족노동을 하는 자영업자와 소상공인들, 아르바이트 자리 구하는 것도 전쟁인 청년들이 그들입니다. 그들은 대통령에게 소리치고 싶을 겁니다. "경제를 이렇게 망치고서도 밥이 넘어갑니까?"라고.

이 정권은 서울의 아파트값을 잡겠다며 대책을 18번이나 내놓았습니다. 그런데 결과는 어떻습니까? 서울과 수도권의 아파트값은 정책이 나올 때마다 폭등하고, 전셋값도 덩달아 올랐습니다. 사람 잡는 선무당 식 대책이 재앙을 불러온 겁니다. 집 없고 돈 없는 분들은 분노를 넘어 절망하고 좌절하고 있습니다. 그러고도 정권은 반성할 줄 모릅니다. 정권의 책임자인 대통령에게 "책임윤리는 어디다 뒀느냐?"라고 물어도 대통령의 입에선 "죄송합니다"란 말 한마디도 나오지 않고 있습니다.

북한이 2017년 초 평창 동계올림픽을 앞두고 소위 '평화공세'를 취했을 때 국민은 북한이 비핵화의 길로 나올 걸로 기대했습니다. 필자는 그런 기대를 하지 않았지만 '중재자', '촉진자'가 되겠다는 문 대통령의 말을 들고 많은 국민들이 희망을 가진 건 사실입니다. 그런데 2년이 지난 지금 북한이 본질적으로 달라진 게 있습니까? 그들은 시간을 벌면서 핵과 미사일을 고도화했습니다. 비핵화의 길과 반대로 간 겁니다.

문 대통령은 "북한이 말하는 비핵화와 우리와 미국이 생각하는 비핵화가 같다"라고 했습니다. 북한이 틀림없이 비핵화를 할 것이라고도 했습니다. '북한 대변인'이란 지적까지 받았던 문 대통령의 그런 공언은 거짓말이고 허언임을 다수 국민은 이제 알고 있습니다. 비핵화의 입구에도 다가서지 않은 북한이 핵을 폐기할 리 없다는 것도 현명한 국민은 깨닫고 있습니다.

문 대통령이 북한 눈치를 보며 북한에 매달리는 사이 한미 동맹엔 많은 균열이 생겼습니다. '한국과 미국이 혈맹? 맞는 말인가?'라는 물음이 양국에서 동시에 나오고 있습니다. 트럼프 미국 대통령 책임도 있지만 문 대통령 탓도 큽니다. 일본과의 관계도 한심할 정도로 나빠졌습니다. 외교안보의 어느 한구석도 성한 곳이 없다는 지적이 나온 지 이미 오래입니다. 그래서 국민은 불안합니다. 아무리 성인군자라고 하더라도 갈팡질팡하는 외교안보, 갈 길을 잃은 외교안보를 보면서는 참기 어려울 것입니다. 대통령을 힐난하는 국민의 목소리가 도처에서 나오는 이유입니다.

준연동형 선거제라는 세계에서 들도 보도 못한 괴물 위헌 선거법을 날치기 처리하고, 헌법에 어떤 근거도 없는 고위공직자비리수사처 공수처라는 수사기관을 신설하는 위헌 악법을 강행 처리한 민주당 폭거의 최종 책임자는 문 대통령입니다. 정권이 왜 이런 무리수를 두겠습니까? 준연동형 선거제로 21대 국회를 장악하기 위해서입니다. 낡은 좌파이념으로 물든 법들을 국회에서 잔뜩 만들어 대한민국의 자유민주주의와 시장경제 체제를 흔들어 놓겠다는 것입니다. 공수처 신설은 문 대통령 후반기와 퇴임 후에 드러날 가능성이 큰 권력형 범죄를 은폐하겠다는 것입니다. 검찰과 경찰을 틀어쥘 수 있는 공수처를 만들고, 국회의 반대세력을 약화시켜 권력의 부패를 덮고, 권력농단을 맘껏 부리겠다는 의도에서 정권은 날치기 행진을 벌였던 겁니다.

필자의 책은 현 정권의 문제를 여러 각도에서 지적하고 비판하는 내용을 담고 있습니다. '국가와 국민을 생각해서 제발 좀 잘하라'는 뜻에서 진심으로 충고하는 내용도 들어 있습니다. 한국당과 우파에 대해선 변화와 쇄신, 그리고 통합을 바라는 마음을 담았습니다. 제가 사는 고장인 용인의 발전과 미래를 위한 필자의 생각도 실었습니다. 국가미래연구원과 경기 지역의 유력 신문인 중부일보·경기일보 등의 신문에 게재됐던 필자의 칼럼, 페이스북에 포스팅됐던 필자의 에세이성 이야기 등이 책의 근간을 이루고 있습니다.

필자는 약 25년간 중앙일보 기자정치부 기자, 워싱턴특파원, 정치부장, 논설위원로 활동했습니다. 그 시절의 필자 칼럼 일부도 포함되어 있습니다. 중앙일보 독자들의 큰 사랑을 받고 있는 〈분수대〉에 필자가 썼던 글들을 조금 발췌해서 마지막 챕터인 제6장에 실은 겁니다. 14, 15년 전의 칼럼들이지만 지금 읽어도 보편성을 느낄 수 있는 글들을 차제에 소개하는 차원에서 포함시켰습니다.

제 글들의 제목 아래엔 쓰인 날짜가 적혀 있습니다. 그때 무슨 일이 있었는지, 당시 필자가 어떤 시각과 관점에서 바라보았는지 아실 수 있습니다. 그걸 통해 역사의 한 단편을 바라보고 재해석하실 수도 있을 겁니다. 글이나 시각에 부족한 점이 많이 있을 테지만 애정 어린 눈으로 바라봐 주시면 감사하겠습니다.

이 책의 출판을 위해 노고를 아끼지 않으신 출판사 예문의 이주현 대표님, 김유진 편집장님, 그리고 모든 관계자들께 고개 숙여 감사인사를 드립니다. 좋을 때도, 힘들 때도 늘 옆에서 동행해 주는 가족 모두에게도 이 공간을 빌려 감사의 뜻을 전합니다.

2019년 12월 30일
이상일
단국대 석좌교수, 건국대 특임교수, 19대 국회의원

목/차/

머리말　5

I 문재인 정권, 국민 미움 사고 있다 ● 청와대 관련

01　소성고처원성고(笑聲高處怨聲高), 권력의 웃음소리 높은 곳에 원성도 높다 ·· 17
02　괴물 선거 악법에다 괴물 공수처 악법 만든 정권, 패스트트랙 타고 독재로 가고 있다 ··· 20
03　2019년 크리스마스 이브가 우울한 이유 ················· 25
04　민주당의 필리버스터 방해, 금도 넘어서는 것이다 ············ 28
05　준연동형 한다면서 비례민주당이라니? 국민을 바보로 아는 건가 · 32
06　조국 사태보다 죄질 나쁜 '대통령 찬스' 사건 ··············· 35
07　문재인 대통령, 전반기 답습하면 미래 없다 ················ 38
08　국민 미움 사는 문 대통령, 위태로운 길로 들어섰다 ·········· 41
09　문재인의 정의? 편의적이고 편파적이다 ···················· 49
10　문 대통령, "정치 어렵다" 한탄 말고 정치 살려라 ············ 52
11　허영과 환상의 탑에 갇힌 문재인 정부 ····················· 58
12　개탄스러운 대통령의 위선과 유체이탈 화법 ················ 61
13　문 대통령, 책임윤리 어디다 뒀나 ························· 64
14　문재인 정권의 비르투스(역량), 너무 빈약하다 ··············· 67
15　대통령님, 국민 미움 더 사면 위험합니다 ··················· 81
16　대통령님, 밥 넘어갑니까? ································ 84
17　공허하기 그지없는 문 대통령의 시정 연설 ·················· 87
18　문재인 정권, 교조주의 못 버리면 삼류가 된다 ··············· 89
19　대통령에겐 '상인적 현실감각'이 필요하다 ·················· 92
20　대통령 체면보다 국민의 삶이 우선이다 ···················· 95
21　청와대의 정직성, 도마 위에 올랐다 ······················· 98
22　사법부의 '견제와 균형'은 사라진 것인가 ·················· 101

23 새해를 맞는 마음이 어두운 이유 ·········· 104

II 한국 정치, 고칠 수 있는 방법은? ● 한국당, 우파, 정치 관련

24 한국당이 호감도를 높이고 승리하는 길은? ·········· 109
25 한국당 황교안 대표가 성공하려면 ·········· 121
26 6·13 지방선거는 야권 근본 재편의 기회, 놓치면 미래 없다 ······ 133
27 청와대에 '악마의 변호인'을 둬라 ·········· 142
28 정권에 쌓이는 휴브리스 이미지, '오만의 함정'에 빠져들면 실패한다
    ············ 156
29 공직 기강 확립? 청와대 '내로남불'부터 바로 잡아라 ·········· 169
30 민노총의 몰상식, 계속 방치할건가 ·········· 179
31 문 대통령, 노조 적폐도 청산해야 ·········· 182
32 무용론 나온 인사청문회, 이렇게 고쳐서 쓰자 ·········· 185
33 집권세력은 양심의 자기검열을 해야 한다 ·········· 194
34 집권세력이 달라져야 호남 마음 얻는다 ·········· 197
35 남극 탐험의 세 영웅이 던진 물음 ·········· 200

III 문재인 정권의 공정과 정의, 가짜 아닌가 ● 조국 관련

36 악마 메피스토펠레스도 질릴 이 정권의 야만성 ·········· 205
37 '조국 수호'가 검찰 개혁이라니? 좌파 논리의 허구성 ········ 208
38 정권의 검찰 개혁 주장이 개혁 아닌 개악인 이유 ·········· 211
39 조국 사태로 드러나는 대통령의 위선 ·········· 213
40 대통령이 오기를 부릴수록 '조국 리스크'는 커진다 ········· 215
41 문 대통령의 '정의', 조국을 피해 간다면 가짜다 ·········· 218
42 조국과 집권세력, 국민과 싸워보겠다는 건가 ·········· 221

IV / 갈 길 잃은 외교안보 • 외교, 안보 관련

- 43 이게 정부냐? ……………………………………………………… 227
- 44 흥분 강도 높아지는 정권, 일본 이길 수 있나 …………………… 230
- 45 히틀러에 속은 체임벌린, 그럼 문 대통령은? ……………………… 233
- 46 워싱턴에서 헛물켠 문재인 대통령 ………………………………… 236
- 47 문 대통령은 국민에게 거짓을 말했다 ……………………………… 238
- 48 종전선언보다 급한 것은 '북핵 신고·검증'이다 …………………… 241
- 49 이것이 '120점짜리 외교'라니 ……………………………………… 244
- 50 우리를 불안하게 하는 것들 ………………………………………… 247
- 51 문 대통령, 국민단합 원한다면 외교안보팀 쇄신해야 …………… 250
- 52 집권세력의 고정관념, 안보위기 심화시킨다 ……………………… 253
- 53 동해 영문표기, 여러분 생각은 어떻습니까? ……………………… 256

V / 110만 바라보는 용인의 빛과 그늘 • 용인 관련

- 54 용인 행정은 꿈도 못 꾸는 '문화도시' ……………………………… 261
- 55 용인 국회의원들, 특례시 입법 위해 분발하라 …………………… 264
- 56 네이버 데이터센터와 용인의 이미지 ……………………………… 267
- 57 '수원 IC'가 '수원·신갈 IC'로 바뀌게 된 내막 ……………………… 270
- 58 이상일 의원 "용인서울고속도로 통행료 인하 관철" ……………… 275

VI / 잔잔한 마음, 따뜻한 시선 • 기타 칼럼

- 59 고요한 밤 …………………………………………………………… 281

60	욕	283
61	웃음	285
62	울음	287
63	건달	289
64	리얼리티 쇼	291
65	눈(眼)	293
66	부시	295
67	불지사리	297
68	똘레랑스	299
69	호시우행(虎視牛行)	301
70	사형(死刑)	303
71	수저	305
72	'사변'을 아시나요	307
73	주사(酒邪)	309
74	궁정정치	311
75	벤허의 리더십	313
76	후버빌	315
77	발명가 대통령	317
78	내일은 내일의 태양이 뜬다	319
79	램브란트의 '탕자의 귀환'	322
80	기욤 아폴리네르와 마리 로랑생	324
81	자코메티의 '걸어가는 사람'을 본 단상	327
82	아이는 어른의 아버지	329
83	쓴소리 잘 하는 이상일 의원, 그가 보는 '소통' 해법은?	331

청와대 관련

제I장

문재인 정권, 국민 미움 사고 있다

리선권의 '목구멍' 발언을 없던 일로 치부한 이 정권의 책임자들이야말로 "밥이 목구멍으로 넘어가느냐?"는 힐난을 들어야 할 것이다. 경제가 파탄지경이어서 서민을 비롯한 국민 대다수의 삶이 고달파졌기 때문이다. 한국은행과 통계청이 각종 경제지표를 발표할 때마다 확인할 수 있는 건 경제 추락이고, 고용 참사이며, 민생 피폐다. 그런데도 청와대나 민주당은 '환경 탓', '남 탓'을 하고 있다. 국제경제 환경이 나빠져서, 생산가능인구 감소 등 인구 구조가 바뀌어서, 전前 정권과 전전前前 정권이 경제 구조조정을 하지 않아서 등등의 변명만 늘어놓고 있는 것이다. 그들은 정치의 요체인 '책임윤리'를 리선권 발언 지우듯 머릿속에서 지워버린 것처럼 보인다.

01   소성고처원성고(笑聲高處怨聲高), 권력의 웃음소리 높은 곳에 원성도 높다

이상일 페이스북
2019년 12월 30일

문재인 정권 비리 은폐처, 친문 범죄 보호처가 될 가능성이 큰 반헌법적 기구 고위공직자비리수사처공수처를 만드는 법안이 2019년 12월 30일 오후

국회법 절차도 어긴 민주당과 정의당 등 추종세력에 의해 일방적으로 처리된 직후 나타난 민주당과 한국당의 표정이 사진에 담겨 있습니다.

들러리 세력에게 변종 위헌 선거제의 당근을 제시하며 수의 힘으로 악법 중의 악법을 밀어붙인 민주당 의원들은 양심도 없는 듯 표정 관리도 하지 않고 희희낙락하고 있습니다.

한국당 심재철 원내대표를 비롯한 의원들은 본회의장 밖 로텐더 홀에서 참담하고 비통한 모습을 감추지 못한 채 입장을 밝히고 있습니다. "의회민주주의는 죽었다. 친문은 독재의 패스트트랙을 깔았다"며 수의 열세로 다수의 횡포와 폭거를 막지 못한 데 대해 국민께 죄송하다며 고개 숙였습니다.

헌정사상 전례도 없는 사흘짜리 쪼개기 국회를 릴레이로 열어 예산안과 위헌 선거법안, 위헌 공수처법안을 일방적으로 처리한 민주당은 양심도 쪼개 버렸습니다.

그들은 이번 전투에선 이겼는지 모릅니다. 그러나 국민은 전투의 전말을 알고 있습니다. 국회법의 규정과 합의 정신을 유린한 민주당과 추종세력의 야합과 폭주를 지켜보았습니다. 권력이 제1야당의 뜻은 깡그리 무시하고 이렇게 막가서는 안 되지 않느냐는 생각도 했을 겁니다.

그래서 내년 총선의 큰 전쟁터에선 오늘의 승자가 패자가 될지 모릅니다. 지금 그들이 웃고 있지만 내년엔 그들 입에서 탄식이 나올지 모릅니다. 국민은 오만한 자들을 반드시 심판하기 때문입니다.

가식적으로라도 미안해하는 표정조차 짓지 않고 웃고 떠드는 민주당 의원들에게 경고의 메시지를 보냅니다.

소성고처원성고笑聲高處怨聲高, 권력의 웃음소리 높은 곳에 원성도 높다는 걸 두렵게 생각하라고.

그 원성은 상식과 양식을 가진 국민 사이에서 분출하고 있습니다. 민심의 바다는 분노의 물결로 거칠어 지고 있습니다. 그 바다는 무도한 권력의 배를 기어코 뒤집어 버릴 겁니다.

02

괴물 선거 악법에다 괴물 공수처 악법 만든 정권, 패스트트랙 타고 독재로 가고 있다

이상일 페이스북
2019년 12월 26일

　고위공직자범죄수사처 공수처 설치가 검찰 개혁을 위한 것이라는 청와대와 민주당의 주장이 거짓이고, 공수처 신설은 현 정권 비리를 덮기 위한 것이라는 한국당, 바른미래당 비당권파의 주장이 옳다는 것이 민주당과 추종세력의 수정법안을 통해 입증됐습니다.

　선거법안을 괴물로 만든 민주당과 정의당 등 이른바 '4+1'세력은 공수처도 괴물로 만들려고 합니다. 민주당 등은 공수처 신설 법안 원안 민주당 법안에 '검찰이나 경찰이 범죄 수사 중에 고위 공직자 범죄를 인지했다면 즉시 공수처에 통보해야 하고, 공수처가 수사를 개시할지 여부를 회신한다'는 규정을 추가했습니다. 검경이 수사하는 사건을 공수처가 이첩하라고 하면 즉시 이첩토록 한다는 규정도 독소조항인데 그것도 모자라서 독소를 배가하는 내용을 집어넣은 겁니다.

검경이 살아 있는 권력의 범죄를 수사하면 공수처가 사건을 이첩 받아 깔아뭉개는 등 멋대로 할 수 있게 한 것도 심각한 문제인데, 그에 더해 검경의 범죄 인지단계부터 공수처가 보고 받고 통제하도록 하겠다는 발상을 한 겁니다. 이건 검경 수사를 처음부터 검열하고 주무르겠다는 겁니다.

공수처는 헌법상 근거도 없는 기관입니다. 수사·기소와 관련해 헌법 규정에 바탕을 둔 유일한 수사기관은 검찰총장이 지휘하는 검찰입니다. 헌법에 어떤 근거도 나와 있지 않은 기관인 공수처가 헌법상 기관인 검찰을 통제하게 된다? 이게 말이 됩니까. 이것은 위헌입니다.

청와대와 민주당 등이 만들겠다는 공수처는 대통령의 직속기관이나 마찬가지입니다. 공수처장과 공수처 검사를 대통령이 임명하도록 되어 있기 때문입니다. 그런 공수처가 검경 수사의 시작 단계부터 개입하고 통제하면 살아 있는 권력의 범죄에 대한 수사가 제대로 이뤄질 수 있을까요?

이따위 공수처가 이미 설치되어 있었다면 조국 가족의 비리, 울산시장 선거공작 사건, 유재수 전 부산시 부시장 감찰 무마 사건 등은 다 묻혀 버렸을 겁니다. 공수처가 검찰의 내사 시점에 보고를 받고 덮어버렸거나, 검찰 수사로 범죄의 여러 증거가 나올 때 사건을 강제로 이첩 받아 적당히 처리해 버렸을 겁니다.

민주당이 낸 법안, 그걸 좌파세력과 함께 수정한 법안은 공수처를 이렇게 권력의 하수인으로 만들겠다는 것입니다. 그들은 그걸 검찰 개혁으로 포장하면서 국민이 속아 넘어갈 것으로 생각하고 있습니다.

'공수처장이 검찰이나 경찰에 사건 이첩을 요구하면 해당 기관은 응해야 한다'는 원안의 대목을 수정안은 '따라야 한다'로 바꿨습니다. 공수처가 검경의 상위기관임을 명시한 겁니다. 대통령의 입김이 고스란히 들어가는 공수처를 수사기관의 최상위에 자리 잡게 해서 검경을 손아귀에 넣겠다는 것입니다.

민주당은 검경 수사권 조정으로 검찰의 수사권과 기소권을 분리하는 게 옳고, 그게 개혁이라고 강조하면서 공수처에는 검사, 판사, 경무관급 경찰에 대한 수사권과 기소권을 모두 부여했습니다. 이게 무슨 의도겠습니까. 공수처를 통해 검경을 통제하고 사법부도 눈치 보도록 하겠다는 것 아니겠습니까.

모든 수사기관을 권력의 시녀로 만들고, 판사들에게도 압박을 가하겠다는 것입니다. 정권 보위를 위해 사법부 독립을 침해하는 것쯤은 아랑곳하지 않겠다는 것입니다.

대통령이 지명하는 공수처장 후보자에 대해 국회가 총리 후보자처럼 임명동의안을 표결로 처리해서 대통령이 야당을 조금이라도 의식하도록 하자는 내용의 바른미래당 법안 2019년 4월 민주당 법안과 함께 국회 패스트트랙에 태워짐은 묵살됐습니다. 공수처 검사의 기소권 행사에 앞서 기소심의위원회 심의를 거치는 등 공수처 수사의 문제를 한 번 정도는 스크린하는 시스템을 만들어놓자는 바른미래당 법안 내용도 외면당했습니다.

민주당이 공수처 법안을 패스트트랙에 태울 땐 바른미래당 동조를 얻기 위해 그들 법안도 함께 올려놓았을 뿐 '여측이심如廁二心', 즉 화장실 갈 때와 나올 때가 다른 이중성을 보인 겁니다. 공수처에 조그마한 어떤 제약도 가해지는 걸 용납하지 않겠다는 청와대와 민주당의 흑심이 이번 수정법안을 통해 명백히 드러났습니다. 문재인 권력이 불편을 느낄 수 있는, 그 어떤 것들도 사전에 배제하겠다는 의도가 훤히 노출됐습니다.

공수처장 임명 절차는 이렇습니다. 7명의 추천위원회가 2명을 추천하면 대통령이 그중 한 명을 지명하고 국회는 인사청문회를 실시합니다. 말이 인사청문회이지 허수아비입니다. 야당이 반대해서 인사청문보고서를 채택하지 못해도 대통령이 임명하면 그만인 현행 장관 후보자 인사청문 절차와 같기 때문입니다.

공수처 검사 자격 요건도 원안보다 완화해서 권력이 민변 민주사회를 위한 변호사 모임의 젊은 변호사들을 대거 공수처 검사로 임명할 수 있도록 했습니다. 정권이 코드, 이념이 같은 변호사들을 공수처 검사로 변신 시켜 그들에게 수사를 맡길 게 분명한데 그때엔 무슨 일이 일어날지 불문가지입니다. 현 정권 측 범죄 봐주기, 과거 정권과 맥이 닿은 야당 측 비리 탈탈 털기가 일어나지 않겠습니까. 이런 게 무슨 검찰 개혁입니까.

진정한 '검찰 개혁'이 무엇입니까. 검찰 등 수사기관이 권력의 눈치를 보지 않고 독립적으로 수사를 진행하는 것, 수사에 있어서 어떤 성역도 두지 않고 철저히 수사하는 것, 그리고 그들 수사기관이 정치적으로 중립을 지킬 수 있도록 보장하는 것, 그것이 참된 개혁입니다.

이 정권이 만들려고 하는 공수처는 이 원칙에 정면으로 어긋나는 것입니다. 그것은 개혁이 아니고 개악입니다. 청와대와 민주당이 말하는 '검찰 개혁'은 겉 포장이고, 속내는 '모든 수사기관 장악'입니다. 문재인 권력은 조지 오웰의 '빅브라더'처럼 행세하겠다는 겁니다.

오웰의 《1984》에서 빅브라더는 '진리부'를 둡니다. 말이 좋아 '진리'이지 사실은 세상에 존재하는 모든 정보를 빅브라더 입맛에 맞게 왜곡하고 통제하는 일을 맡은 곳입니다. 청와대와 민주당이 강조하는 '검찰 개혁'이 '빅브라더의 진리'와 무엇이 다르겠습니까.

민주당은 해괴한 준연동형 선거법으로 좌파 연대 세력을 21대 국회의 중추로 만들어 국회를 지배하겠다는 속셈을 갖고 있습니다. 21대 국회를 장악해서 낡은 좌파이념으로 가득 채워진 법들을 양산해서 자유민주와 시장경제에 족쇄를 채우겠다는 생각을 하고 있습니다.

그리고 공수처 신설로 모든 수사기관을 통제하고, 그들의 범죄를 은폐하려 하고 있습니다. 그들이 꿈꾸는 세상이 머지않아 도래하면 이 나라, 이 사회는 어떻게 되겠습니까. 반대세력, 견제세력이 국회에서 수數의 열세에 있다면 아무리 비판 목소리를 내도 소용없을 겁니다. 민주당 등이 선거법안과 공수처 법안을 패스트트랙에 태우고, 국회에서 강행처리하려 하듯 21대 국회에서도 같은 장면들이 계속 연출될 겁니다. 비판과 견제는 유명무실해지고, 의회민주주의는 질식하게 될 겁니다. 공수처는 정권을 비호하고 야당을 탄압하는 도구가 될 게 자명합니다.

≪1984≫의 빅브라더 세상이 21세기 대한민국에서 펼쳐질 가능성을 배제할 수 없습니다. 민주주의의 생명인 자유와 비판과 견제가 억압당한다면 본질적으로 북한과 다를 게 없습니다. '한강의 기적'을 일궜던 우리가 그런 세상에 살아야겠습니까. 상상만 해도 모골이 송연합니다.

03　　　　　　　2019년 크리스마스 이브가
　　　　　　　　　　우울한 이유

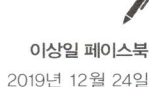

이상일 페이스북
2019년 12월 24일

　2019년 크리스마스 이브의 국회 본관 앞 풍경입니다. 온 세상이 성탄의 축복을 받고 누구나 마음의 평온을 얻어야 할 밤이지만 국회 사정은 다릅니다. 밤 11시 현재 국회 본회의장에선 한국당 의원들이 세계에선 찾아볼 수 없는 준연동형 선거법안에 반대하는 무제한 토론을 진행하고 있습니다.

　지역과 비례 숫자를 현행대로 253:47로 하되, 비례 47석 중 30석을 내년 총선에 한해 50% 준연동형으로 뽑고, 나머지 17석은 현행대로 선출토록 한 이상한 법안, 2024년엔 또 어떻게 바뀔지 모르는 법안이 왜 말이 안 되는지 지적하고 있습니다.

지역과 비례 수를 연동하도록 해서 지역구 의원과 비례대표 의원은 따로 뽑아야 한다는 직접선거 원칙을 배반하는 위헌 법안, 내 표가 정당의 의석 배정에 어떤 영향을 주는지 국민은 결코 알 수 없는 국민 무시 법안, 전 세계에서 같은 걸 찾아볼 수 없는 해괴한 법안의 문제를 국민들께 알리기 위해 밤새워 열변을 토하고 있는 겁니다.

민주당과 정의당, 민평당, 바른미래당 손학규 당권파, 일부 호남 의원들의 대안신당 추진파, 소위 '4+1'이란 정치세력은 그들만의 의석을 늘리기 위해 짬짜미로 이런 법안을 만들었습니다. 108석의 한국당이 내년도에 얻을 의석을 어떻게 빼앗을까 그들끼리 궁리하고, 싸우고, 야합해서 괴상망측한 법안을 만든 것입니다.

이 법안은 지난 4월 그들이 일방적으로 패스트트랙에 태운 법안지역 225, 비례 75, 비례 모두에 50% 준연동형 적용, 전국 6개 권역에 석패율 적용해 비례 12석 배분과는 본질적으로 다른 것입니다. 이처럼 핵심이 내용이 달라진 법안은 수정안이 될 수 없고, 국회 본회의에 수정안으로 상정될 수도 없습니다. 국회법 95조 5항에 따르면 '수정 동의는 원안의 취지 및 내용과 직접 관련이 있어야 한다. 다만 의장이 각 교섭단체 대표 의원과 합의를 한 경우에는 그러지 않아도 된다'라고 적혀 있습니다.

4+1의 수정안이 지난 4월의 원안과는 전혀 딴판이라는 것은 그들도 인정하고 있습니다. "누더기가 됐다"는 손학규 바른미래당 대표의 실토도 나왔습니다. 그런 그들이 수정법안을 권력의 시녀를 자처한 국회의장

을 앞세워 23일 일방적으로 상정했습니다. 한국당과 '새로운 보수당' 추진파는 수정법안 처리를 강력 저지하겠다는 입장이지만 현실적으론 수의 열세를 극복하기 어려워 뾰족한 수가 없는 상황입니다.

국민들께서 내년 총선 때 '불법 사보임', '쪼개기 국회' 등 꼼수란 꼼수는 다 부리고, 나쁜 선례들을 잔뜩 남긴 집권세력과 그 추종세력을 견제할 수 있도록 힘을 실어주시지 않으면 대한민국의 의회민주주의는 사망선고를 받게 될 겁니다.

크리스마스 이브, 참으로 평화롭고 아름다워야 할 이 밤에 국회 분수대 앞에 켜진 환한 트리를 보면서도 마음이 서글퍼지는 이유입니다.

04 민주당의 필리버스터 방해, 금도 넘어서는 것이다

이상일 페이스북
2019년 12월 25일

　민주당과 정의당 등 이른바 '4+1'이 국회 본회의에 상정한 소위 준연동형 선거법안이 해괴망측하다는 것에 대해선 앞의 글〈2019년 크리스마스 이브가 우울한 이유〉에서 자세히 말씀드렸습니다. 그 부당성을 한국당은 필리버스터 무제한 토론을 통해 알리고 있습니다.

　민주당과 정의당 등 2, 3, 4중대가 이 말도 안 되는 위헌법안을 통과시킨다면 헌법재판소에는 위헌 여부를 심판해 달라는 헌법소원이 줄을 이을 겁니다.

　야당이 국회법에 보장된 필리버스터를 시작하자 민주당은 '맞불 필리버스터'를 하겠다며 무제한토론에 참여하고 있습니다. 민주당 입장을 국민에게 알린다는 생각을 하는 건 좋습니다. 여당 의원도 본회의장에서 충분히 말할 권리가 있습니다.

그러나 여당이 필리버스터에 끼어드는 건 금도에 어긋나는 겁니다. 다수파의 일방적 의사진행을 소수파가 막기 위해 진행하는 최후의 수단을 방해하는 행위이기 때문입니다.

필리버스터는 '합법적 의사진행 방해 행위'를 뜻합니다. 다수가 힘으로 밀어붙일 때 소수파의 목소리도 국민이 들을 수 있도록 보장하는 제도입니다. 다수파가 숫자의 힘으로 의사진행을 밀어붙일 경우 그걸 소수파가 방해할 수 있도록 한 겁니다.

그런데 민주당 태도는 소수파의 보장된 권리를 침해하는 겁니다. 자기들이 의사진행을 하면서 자기들이 의사진행을 방해하는 행위를 하고 있습니다. 이런 모순이 어디 있습니까.

야당의 필리버스터에 민주당 의원 한두 명이 나와서 발언하는 것, 어느 정도 이해할 수 있습니다. 그러나 야당이 신청한 필리버스터가 진행되고 있는데, 민주당 의원이 한국당 의원 다음에 매번 나와서 '의사진행 방해의 방해'를 하는 것은 필리버스터의 근본정신을 훼손하는 겁니다. 신사도에 어긋나는 겁니다.

2016년 국회에서 테러방지법안을 처리했을 때 민주당과 정의당 등이 9일 동안 필리버스터를 진행했습니다. 그때 여당이던 새누리당은 끼어들지 않고 가만히 지켜보았습니다. 민주당과 정의당 등 당시 야당이 충분히 자기 목소리를 내도록 했습니다. 그들의 의사진행 방해를 방해하지 않았습니다.

그런데 지금 민주당이 하는 필리버스터 방해는 꼴불견입니다. 국민이 알 수도 없는 위헌 악법을 내놓은 것도 개탄스러운데 국회 의사진행에서도 악의 행동을 하고 있으니 그들의 뇌리엔 국민도, 이성도 없는 모양입니다.

내년에 길이 1.3m짜리 투표용지 나올 수도, 이게 무슨 꼴인가?

아래 사진은 민주당 등의 악법이 시행되면 내년 총선엔 비례대표 의석만을 노린 정당들이 우후죽순격으로 나와 투표용지가 엄청 길어질 것이라는 걸 보여주기 위해 한국당이 국회 본회의장 입구에 설치한 것입니다.

2016년 20대 총선엔 21개 정당이 뛰어들었는데, 내년 총선엔 투표용지에 기록될 정당이 100여 개에 이를 것이라는 예상이 나오고 있습니다. 이 경우 2016년 총선 때 33.5cm이던 투표용지가 내년 총선 땐 1m 36.2cm에 달할 것이라며 한국당이 가상 투표용지를 만들어 공개했습니다.

들도 보도 못한 정당들의 난립으로 투표용지가 실제로 이렇게 길어질 가능성이 있는데 이때엔 국민들이 큰 혼란을 느낄 겁니다. 국민들이 선거 관련 정보를 충분히 알고 있는 상태에서 투표해야 민주주의가 정상적으로 구현될 수 있습니다.

그런데 국민이 선거법이 무엇인지, 의석은 어떻게 산출되는지, 내 표는 정당 의석에 어떻게 반영되는지 모르는 상태에서 정당도, 후보도 잘 모른 채 투표를 하게 된다면 그것을 참된 민주주의라고 할 수 있겠습니까?

이 모든 것이 민주당과 위성정당·정파의 선거법 놀음에서 비롯됐습니다. 정정당당하게 표를 얻어서 의석을 확보할 생각은 하지 않고 제도를 변칙적으로 바꿔서 의석을 늘리려는 저들의 태도는 '조국'처럼 비열하기 짝이 없습니다.

05 준연동형 한다면서 비례민주당이라니? 국민을 바보로 아는 건가

이상일 페이스북
2019년 12월 27일

　민주당과 위성정당들이 위헌임이 분명해 보이는 준연동형제 선거법안을 처리하려 하자 한국당은 대응책으로 비례정당 창당을 검토하겠다는 뜻을 밝혔습니다. 한국당이 지역구에만 후보들을 내고 비례대표 후보들은 비례정당을 만들어 그 정당의 후보로 등록시키는 방안을 검토하겠다는 겁니다.

　민주당과 정의당 등의 선거법안은 지역구 의석을 비례대표 의석에 연동시키기 때문에 지역에서 의석을 많이 얻는 정당은 비례의석을 덜 가져가게 됩니다. 반면 지역에서 당선자를 내지 못해도 정당투표에서 전국 득표율 3% 이상을 획득한 정당은 비례의석을 여럿 가져갈 수 있게 됩니다. 준연동형이 정의당, 대안신당 등 민주당과 연대한 세력에게 유리한 제도라는 것은 이런 이유 때문입니다.

지역에서 당선자를 많이 배출할 민주당과 한국당의 경우 비례의석에선 다 같이 손해를 보게 됩니다. 그러나 민주당은 정의당 등 추종세력의 의석 확대로 손해를 벌충할 수 있습니다.

하지만 한국당은 이런 방식으로 손해를 커버하기 어렵습니다. 여당의 2, 3, 4중대가 많은 현재의 정치 지형 때문입니다. 그래서 한국당은 고육지책으로 비례정당 창당을 검토하고 있는 겁니다. 민주당과 추종세력이 선거제도를 바꿔서 한국당의 의석을 빼앗으려고 하는데 가만히 앉아서 당할 수는 없다는 것이죠.

한국당이 비례정당 창당 카드를 꺼내자 민주당은 허를 찔린 듯 긴장하고 있습니다. 말이 된다고 본 겁니다. 그래서 민주당도 한국당을 본떠서 '비례민주당'을 만드는 방안을 검토하고 있다고 합니다. 한국당이 비례정당을 만들면 비례의석의 상당수를 가져갈까 봐 그러는 겁니다.

한국당은 민주당에 준연동형은 위헌이고 국민을 혼란케 하는 제도이니 포기하라고 했습니다.

민주당이 준영동형에 대한 집착을 버린다면 한국당은 비례정당을 만들 이유가 없습니다.

그런데 준연동형을 기어코 해야 하겠다는 민주당이 비례정당을 만들겠다고 하는 건 이율배반이고, 자가당착입니다. 코미디이고, 개그입니다. 자기들이 내놓은 선거법안이 국회 관문을 통과하기도 전에 법안 취지를 부정하는 비례민주당을 창당한다고 하니 어처구니가 없습니다.

민주당이 비례민주당을 만든다고 한다면 민주당과 함께 욕을 먹어가며 준연동형 법안을 만든 정의당, 민평당, 손학규파, 대안신당과부터 민주당의 표리부동을 욕할 겁니다. 비례민주당이 정의당 등의 표를 깎아 먹을 것이기 때문입니다.

민주당은 27일 오후 말 잘 듣는 문희상 국회의장의 방망이를 앞세워 준연동형 선거법안을 기어코 처리하겠다고 합니다. 정히 그렇다면 그 법안을 통과시키기 전해 비례민주당을 결코 만들지 않겠다고 국민 앞에 천명해야 합니다. 민주당이 선거법안 처리를 앞두고 추종세력과 함께 온갖 꼼수들을 동원한 것을 국민은 목도했습니다. 민주당이 선거법안 처리 후 그들이 내세운 명분을 스스로 짓밟는 비례민주당 창당이란 꼼수를 쓴다면 현명한 국민은 내년 총선에서 '꼼수 민주당'을 반드시 심판할 겁니다.

06 조국 사태보다 죄질 나쁜
'대통령 찬스' 사건

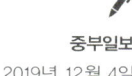

중부일보
2019년 12월 4일

"철호 형!", "재인이 형!"

문재인 대통령은 송철호 울산시장에게 형이라고 했고, 유재수 전 부산시 경제부시장은 문 대통령을 형이라고 불렀다고 한다. 이 두 사람을 위해 청와대와 권력은 무슨 일을 꾸몄던 것일까? '기회의 평등, 과정의 공정, 결과의 정의'를 내세우는 문재인 정권의 표리부동과 이중성은 '조국 사태' 때 잘 드러났지만 두 사람 관련 사건은 죄질이 훨씬 나빠 보인다는 데 문제의 심각성이 있다.

송 시장에 집중되는 의혹의 핵심은 청와대와 권력의 선거공작으로 당선된 것 아니냐는 것이다. 그가 작년 6월 지방선거에서 초반 열세를 뒤집고 승리한 것은 당시 시장이던 한국당 김기현 후보 측에 대한 경찰의 집중 수사 덕분이다. 경찰은 김 시장이 한국당 공천장을 받던 날 울산시청을 압수수색했다. 그리고 선거 기간 내내 측근들을 소환하고 혐의를 흘리면서 김 시장을 괴롭혔다. 그 바람에 선거 분위기는 바뀌었고, "내 소망은 송철호 당선"2014년 울산 토크 콘서트이라고 한 대통령의 꿈은 이뤄졌다.

선거 후 김 후보 측엔 무혐의 판정이 내려졌다. 검찰은 김 후보 측 불기소 결정문에 무리한 경찰 수사의 문제를 지적했다. 당시 수사를 지휘했던 황운하 울산경찰청장은 여당 후보로 내년 총선에 나가려고 준비를 해왔다. 그러니 "수사의 배후가 있는 것 아니냐"는 물음이 나오는 건 당연하다.

배후? 청와대일 가능성이 커 보인다. 단서들이 속속 드러나고 있어서다. 청와대 백원우 민정비서관현 민주당 부설 민주연구원 부원장은 황운하 청장이 울산으로 부임한 뒤 김 후보 측 관련 첩보를 경찰에 넘겼다. 청와대는 선출직 공직자에 대해선 감찰할 수 없다. 첩보가 있어도 무시하는 게 옳다. 그런데도 첩보를 넘겼다면 의도적이라고 봐야 한다. 공문 기록도 남기지 않고 첩보를 줬으니 수상하지 않은가.

청와대는 선거 전에 경찰 수사상황을 여러 차례 보고 받았다. 김기현 후보 측 압수수색에 관한 것도 보고 받았다. 선거 전 울산에 '백원우 별동대'로 불리던 감찰반원들도 파견했다. '울산 검·경의 고래 고기 싸움 때문'에 사람을 보냈다는 청와대 설명은 의혹을 증폭시킬 뿐이다. 고래 고기 문제를 파악하기 위해 갔다던 청와대 감찰반원 중 한 명은 목숨을 끊었다. 청와대 주장대로 고래 고기 관련이었다면 감찰반원이 극단적인 선택을 할 이유가 없지 않은가.

유재수 전 부시장은 2017년 말 자신의 비위의혹에 대한 청와대 민정수석실당시 수석은 조국 감찰 중단으로 형사처벌 위기를 넘겼다. 이후 그는 금융위원회 국장에서 민주당 수석전문위원, 부산시 부시장으로 영전했다. 그에 대한 감찰이 두 달 가량 진행되자 여러 곳에서 봐 주라는 전화를 받았다고 조국이 토로하면서 감찰 중단을 결정했다고 한다. 대통령 측근인 청와대 선임행정관 천경득은 이인걸 당시 특감반장에게 "피아彼我 구분을 하라"고 했다고 한다. 우리 편이니 봐 주라고 한 것이다. 그런 천 행정관과 유 전 부시장, 그리고 다른 실세들은 금융위원회 인사 문제를 의논하고 인사에 개입했다는 의혹도 받고 있다.

송 시장과 유 전 부시장은 '대통령 찬스'를 썼다는 의심을 받기에 충분하다. 대통령이 형이라고 부르는 사람, 대통령을 형이라고 한 사람이 아니라면 얻을 수 없는 혜택과 특권을 누린 걸로 보이기 때문이다. 청와대와 민주당이 두 사람 관련 사건을 수사하는 검찰에 불만을 나타내며 보호막을 치는 것도 '대통령 찬스'가 드러나는 걸 두려워하기 때문일 것이다. 최순실도 '대통령 찬스'를 썼다. 그걸 덮으려다 전 정권이 망했는데도 현 정권이 교훈을 얻지 못한 듯 그대로 따라 하려 한다. 국민을 바보로 아는 모양이다.

07　문재인 대통령, 전반기 답습하면 미래 없다

중부일보
2019년 11월 6일

　문재인 정부가 오는 10일로 반환점을 돈다. 집권 후반기가 이날부터 시작되는 것이다. 전반기 국정운영은 국민 기대를 충족시키긴 커녕 실망감만 키웠다. 출범 초 80%가 넘었던 대통령 지지율이 반 토막 난 게 증거다. 11월 1일 국회 운영위의 청와대 국정감사에서 노영민 대통령 비서실장은 '정부가 가장 잘못한 일이 무엇이냐'는 물음에 "떠오르지 않는다"고 답했다. 무책임하고 오만한 태도다. 정권은 거의 모든 분야를 망가뜨렸다. '잘한 게 뭐냐? 하나도 떠오르지 않는다.' 청와대를 향해 이렇게 말하고 싶은 국민들이 많을 것이다.

　문 대통령은 취임 때 한 약속들을 저버렸다. "2017년 5월 10일은 진정한 국민통합이 시작되는 날로 역사에 기록될 겁니다." "야당은 국정운영의 동반자입니다." "저에 대한 지지 여부와 상관없이 유능한 인재를 삼고초려해 일을 맡기겠습니다."

이 중 어느 것 하나 지켜진 게 없다. 그의 전반기를 역사는 '편향과 분열'로 기록할 것이다. 유능한 사람도 코드가 다르면 결코 쓰지 않는 옹졸함, 야당을 동반자가 아닌 청산대상으로 여기는 치졸함, 국민을 분열시키고도 분열이 아니라고 주장하는 뻔뻔함을 노정한 게 지난 2년 반의 국정이다.

"문재인 정부에서 기회는 평등하고, 과정은 공정하며, 결과는 정의로울 겁니다."

이 말도 거짓임을 국민은 알게 됐다. 이 정권에서 기회는 '캠코더_{대선캠프, 같은 코드, 더불어민주당 사람들}'에게만 주어진다. 수백 개 공공기관의 요직은 모두 이들 차지이고, 태양광 보조금도 이들이 독식한다. 홍위병 역할의 좌파 시민단체들에겐 정부 지원금이 쏟아진다. 조국曺國과 같은 반칙과 비리 투성이의 위선자를 장관 자리에 앉힌 대통령이 공정을 말하고 있으니 이 얼마나 어이없는 일인가.

정권의 2년 6개월은 실패의 연속이었다. 인사 실패, 통합 실패, 경제 실패, 안보 실패, 외교 실패, 에너지 실패 등등. 열거하자면 한도 끝도 없을 정도다. 10월 기준으로 수출 11개월 연속 하락, 제조업 일자리 19개월 연속 감소, 설비투자 7개월 연속 감소 등 경제는 곳곳에서 내리막길이다. 그런데도 대통령은 "경제가 건실하고 세계에서 평가한다"고 주장하고 있으니 현실을 몰라도 이렇게 모를 수 있는가.

북한은 핵 폐기의 진정성을 전혀 보이지 않고 있다. 시간만 끌면서 핵과 미사일 무기체계를 고도화하고, 한미동맹을 흔드는 일에만 골몰하고 있다. 북한이 약속을 어기고 터무니없는 짓을 해도, 도발을 해도 정권은 한미 연합훈련을 포기하고 굴종적 자세로 눈치만 살피고 있다. 그리고 그걸 '평화'라고 주장하고 있으니 '문재인식 정신승리법'에 '아큐 정전'의 아큐阿Q도 감탄할 것이다.

외교는 또 어떤가. 북한·중국이 반길 정도로 한미동맹은 헝클어졌다. 무능한 외교부 장관, 존재감 없는 외교부, 외교를 모르는 청와대 강경파의 헛발질로 일본과의 관계는 파탄 상태다. 미국의 압박을 받고 이제 와서 일본에 매달리는 형국이니 나라의 체면이 말이 아니다.

문 대통령이 이런 식으로 후반기를 보낸다면 나라에도, 본인에게도 미래는 없을 것이다. 대한민국은 추락할 것이고, 정권은 교체될 가능성이 크다. 국민 심판이 두렵다면 대통령이 먼저 달라져야 한다. 무능한 장관·참모들을 모조리 내보내고, 취임사에서 밝힌 대로 인재를 널리 구해야 할 것이다. 소득주도성장 등 실패한 정책들은 모두 폐기하거나 대폭 수정해야 할 것이다. 국정 대전환을 하지 않으면 '문재인 정부는 실패로 점철된 정권'으로 역사에 남게 될 것이다. 오만과 독선을 버리고 초심을 회복하는 일, 이념을 탈피하고 현실을 직시하는 자세, 후반기 출발을 앞둔 문 대통령은 이것부터 실천해야 한다.

08

국민 미움 사는 문재인 대통령, 위태로운 길로 들어섰다

국가미래연구원 뉴스 인사이트
2019년 9월 11일

넓은 원圓을 그리며 나는 살아 가네
그 원은 세상 속에서 점점 넓어져 가네
나는 아마도 마지막 원을 완성하지 못할 것이지만
그 일에 내 온 존재를 바친다네

체코 프라하 태생인 시인 라이너 마리아 릴케는 시 '넓어지는 원'류시화 옮김에서 삶의 원을 키우면서 인생을 풍부하게 만들라고 노래했지만 이 나라를 맡은 문재인 대통령은 국정운영의 원을 갈수록 좁게 그리고 있다. '문재인의 원'엔 편협과 옹졸, 오기와 오만, 몰염치와 비이성이 가득 차 있다. 국민의 분열과 갈등을 키우고 국력을 소모하는 축소지향의 작은 원을 그리는 일에 문 대통령은 '온 존재'를 바치고 있다. 릴케는 생의 마지막까지 초심初心

을 유지하기 위해 온 존재를 바친다고 했는데 문 대통령은 2년 4개월 전의 초심조차 깡그리 잊어버렸음을 스스로의 언행으로 증명하고 있다.

2년 4개월 전의 초심 망각한 문 대통령

"오늘부터 저는 국민 모두의 대통령이 되겠습니다. 저를 지지하지 않은 국민 한 분 한 분도 저의 국민이고, 우리의 국민으로 섬기겠습니다. 저는 감히 약속드립니다. 2017년 5월 10일, 이날은 진정한 국민통합이 시작되는 날로 역사에 기록될 겁니다."

"분열과 갈등의 정치도 바꾸겠습니다. 보수와 진보의 갈등은 끝나야 합니다. 야당은 국정운영의 동반자입니다. 대화를 정례화하고 수시로 만나겠습니다."

"전국적으로 고르게 인사를 등용하겠습니다. 능력과 적재적소를 인사의 대원칙으로 삼겠습니다. 저에 대한 지지 여부와 상관없이 유능한 인재를 삼고초려 해 일을 맡기겠습니다."

"문재인과 더불어민주당 정부에서 기회는 평등할 것입니다. 과정은 공정할 것입니다. 결과는 정의로울 것입니다."

대통령에 취임하면서 국민 앞에 이렇게 밝힌 '문재인의 다짐'은 허구였으며, 그가 말하는 공정과 정의는 거짓이었음이 조국 법무장관 임명 강행으로 확인됐다. '노No 조국'이 압도적 민심임에도 '조국=개혁성이 강한 인사'라는 등의 억지와 궤변으로 '조국 반대 민심'을 '반개혁'으로 깎아내린 문 대통령의 태도는 국민 멸시이고, 국민에 대한 정면도전이다. 야당에서 "민주주의는 사망했다. 국민저항권을 행사하자"는 목소리가 나오고, 대학생들이 "광화문에서 촛불을 들자"고 하는 것도 이런 인식에서일 것이다.

문 대통령의 조국 장관 임명 강행은 최악의 수

문 대통령의 조 씨 임명은 나라에도, 민주당에도, 대통령 자신에게도 전혀 보탬이 되지 않는 일이다. 조 씨 때문에 정기국회가 파행하고 정치다운 정치는 사라질 판이니 이 나라에 무슨 득이 되겠는가. '사법개혁개혁인지 개악인지 따져볼 일'을 위해 조 씨를 임명했다고 하는 데 국회에서 야당의 협조로 완결해야 할 그 작업이 조 씨 때문에 더 어렵게 됐으니 미련해도 이런 미련한 결정이 있는가.

조 씨에 대한 인사청문회 진행과 문 대통령의 임명 강행 과정에서 드러난 민주당의 형편없는 진영논리와 이중 잣대, 민심과 어긋나는 행동은 여당이 청와대의 하수인일 뿐 국민과 소통하고 동행하는 정당이 아님을 확인케 했으니 조 씨 비호에 온 존재를 바친 민주당의 실失 또한 크다.

문 대통령은 '내 편은 뭐든 오케이'라는 진영논리의 노예나 다름없는 맹목적 지지층만 바라보는 최악의 수를 뒀다. 그런 그의 결정은 상식과 양식良識을 중시하는 국민의 분노를 초래했다. "대통령이 국민을 개, 돼지로 아는 것 아니냐", "국민이 위임한 대통령의 권한을 이렇게 멋대로 행사해도 되느냐. 문재인이 더 나쁜 사람이다"는 등의 불만과 비난을 대통령 스스로 초래했으니 어리석어도 보통 어리석은 게 아니다.

위선의 대명사 조국에겐 책임윤리도 없어

조 씨의 위선과 표리부동은 국민에게 큰 충격을 줬다. 말과 글로 개혁과 공정, 정의를 그럴싸하게 주장했던 그가 가족 차원에서 누린 각종 특권과 특혜는 제도와 법의 허점을 이용하고, 반칙도 동원한 결과였음이 드러났기 때문이다. 보통사람들로선 꿈도 못 꿀 정도로 크고 많은 혜택이 '조국 가족'에 집중됐고, 그것이 매우 부도덕하고 불공정한 방식으로 주어진 걸 확인한 다수의 국민은 배신감에 치를 떨고 있다.

서울대 교수실에서 쓰던 중고 PC조차 집으로 가져가서 사용했다고 하는 조 씨의 행동은 법을 가르치는 교수가 제 정신이라면 결코 할 수 없는 치사하고 졸렬한 것이다. 재산 56억 원의 거부인 조 씨가 공공기관에 적용되는 물품관리법을 위반하고 대학 소유인 PC까지 개인재산처럼 썼다는 사실은 딸의 의대 논문 제1저자 등록, 서울대와 부산대 의전원 장학금 싹쓸이, 동양대 총장 표창장 위조, 대형 비리게이트일 가능성이 큰 '조국 가족 펀드' 문제 등 다른 의혹과 비리 혐의 때문에 가려졌지만 '말 따로 행동 따로'인 조 씨의 탐욕이 어느 정도인지 엿볼 수 있게 하는 것이다. 청와대 민정수석에서 물러난 뒤 장관 후보에 지명될 줄 뻔히 알면서도 서울대에 복직, 아무 일도 하지 않고 1000만 원 가량의 급여를 태연스럽게 받은 그런 탐욕의 소유자가 조국이다.

조 씨는 쏟아지는 각종 의혹으로 지탄여론이 비등하자 "국민께 송구하다"는 말을 여러 차례 했다. 하지만 그가 진실로 참회했다고 볼 순 없다. '국민의 신뢰를 이미 상실한 만큼 장관을 할 면목도 없고 자격도 없다'며 스스로 물러나는 책임윤리를 실천하지 않았기 때문이다.

조국, 범죄피의자로 전락할 수도…
집권세력 전체가 '조국 리스크' 짊어져

그런 그의 문제는 여기서 그치지 않는다. 그는 범죄 혐의자다. 딸과 아들에 대한 서울대 공익인권법센터 인턴십 증명서 허위 발급 의혹, 가족이 투자한 사모펀드 운영, 웅동학원 재산 빼돌리기 의혹 등에 대한 검찰 수사가 진행되는 과정에서 조 씨는 그의 아내처럼 범죄 피의자로 전락할 수도 있다. 사모펀드와 관련해 조 씨의 5촌 조카가 웰스씨앤티 대표에게 했다는 전화 녹취록은 인사청문회를 앞두고 조 씨와 조카가 말맞추기를 한 것 아니냐는 의문과 함께 조국 부부가 사모펀드 운영에 깊이 관여한 것 아니냐는 의혹을 갖게 하는 것이다. 검찰 수사가 진행되면 조 씨 신분이 언제든 범죄 피의자로 전환될 수도 있는 상황이다. 그런 그를 대통령이 정의의 문제를 다루는 법무장관 자리에 앉힘으로써 '조국 리스크'를 대통령과 여당 등 집권세력 전체가 짊어지게 됐다. 조 씨가 무너지면 정권 전체가 막대한 타격을 입게 되는 위험한 구조를 대통령 스스로 만든 것이다.

문 대통령은 조 씨를 장관에 임명하면서 "본인이 책임 질 명백한 위법행위가 (9일) 현재로선 확인되지 않았는데 의혹만으로 임명하지 않으면 나쁜 선례가 될 것"이라고 말했다. 이 정권 2년 4개월 동안 자신사퇴 형식 등으로 낙마한 장관·차관 후보자가 10명이 넘고 그들은 대부분 의혹만으로 물러났다. 도덕적 흠결과 비판 여론 때문에 그만 둔 것이지 불법성이 확인되어서 하차한 게 아니다. 그런 그들에겐 같은 잣대를 들이대지 않은 대통령이 조 씨 임명을 밀어붙이면서 '나쁜 선례' 운운하는 것은 초라한 변명에 불과하다.

조 씨의 위법행위는 향후 검찰 수사과정에서 드러날 수도 있다. 문 대통령은 '조국을 건드리지 말라'는 사인이나 수사 가이드라인을 검찰에 주려는 의도에서 '현재로선 위법행위가 확인되지 않았다'고 말했을지 모른다. 하지만 국민과 언론이 검찰 수사를 주시하고 있다는 걸 간과해선 안 된다. 검찰이 대통령과 법무장관의 눈치를 보며 적당히 수사하는 것처럼 보일 때 국민은 더욱더 분노할 것이고, 결국엔 특검 수사가 시작될 것이다.

조 씨의 범죄혐의가 확인된다면 대통령은 그를 자르지 않을 수 없을 것이다. 조 씨 아내의 불법과 부정이 명확하다는 검찰 수사결과가 나올 경우 대통령이 '아내는 아내일 뿐 남편과는 무관하다'며 선을 긋고 버틸 수 있을지 의문이다. 아직은 가정假定의 영역에 해당하지만 검찰 수사결과에 따라 조 씨를 경질할 수밖에 없는 상황이 얼마든지 전개될 수 있다. 이때엔 민심에 역행하는 결정을 한 문 대통령은 뭇매를 맞게 될 것이다. 대통령이 자처해서 이런 '리스크위험'를 떠안았으니 대통령의 판단력이 고장 난 것 아니냐는 이야기가 나오는 것이다.

대통령의 민심 배반으로 한국당·바른미래 손잡아…
보수통합, 보수중도 대통합 길 열려

'조국 사태'로 대통령의 국정운영이 독선적이고 일방적임이 다시 한 번 확인됐다. 한국당과 바른미래당은 전면적 총력투쟁에 돌입했다. 한국당 황교안 대표와 바른미래당 손학규 대표가 기민하게 손을 잡았고, 데면데면했던 양당엔 연대의 고리가 생겼다. 바른미래당 유승민 전 대표도 한국당과 함께 투쟁을 하겠다고 했고, 독일에 있는 바른미래당의 안철수 전 대표도 힘을 보탤지 모른다. 양당은 검찰 수사와 별도로 국회 국정조사권을 발동해 '조국 일가 의혹'을 규명하는 방안을 추진하고 있다. 조 씨 해임건의안을 국회에 제출하는 문제도 검토하고 있다.

민주당이 정의당 조국 사태 전개과정에서 '정의'와는 딴판인 정의당의 정략성도 확인됐다 등 '위성정당'과 함께 두 야당의 투쟁에 맞서겠지만 검찰 수사 상황에 따라 형세는 달라질 수 있다. 조 씨 아내의 범죄혐의가 한층 명확해 지고, 조 씨의 범죄혐의도 드러난다면 국민의 분노는 더욱더 분출할 것이고, 여당도 국정조사를 마냥 거부하기 어려울 것이다. 이런 상황이 전개된다면 조 씨 해임건의안이 국회에서 처리되기도 전에 조 씨는 물러나고, 대통령은 레임덕 권력누수의 늪에 빠지는 일이 현실화할 수도 있다.

이 같은 시나리오가 실제로 벌어질 것인지 지켜봐야겠지만 대통령의 무리수로 보수세력은 통합의 동력을 갖게 됐다. 검찰 수사 결과와 그로 인한 정치적 파장에 따라선 보수와 중도가 결합하는 대통합의 길도 열릴 수 있다. 통합이 어떤 강도, 어떤 형태로 이뤄질지 예단하긴 어렵지만 '조국 사태'가 그 계기를 마련해 준 것만은 틀림없어 보인다.

야권통합으로 내년 선거구도 바뀌면 민주당 패배할 수도

　대통령과 여권은 국회 패스트트랙에 태운 준연동형제 선거법안 미니 정당에 유리한 법안을 처리해서 '좌파연대 우파분열'의 선거 구도를 만들려는 속셈을 갖고 있다. 그런 복안이 조 씨 때문에 틀어질지 모른다. '조 씨 지키기'에 모든 걸 걸다시피 한 대통령과 민주당 때문에 보수통합의 동력이 생기고, 그 파워가 커질 수 있어서다.

　민심과의 대결을 택한 대통령의 오만한 결정이 보수중도 단일대오 형성의 반작용을 낳는다면 내년 4월의 총선 분위기는 달라질 것이다. "우리가 죽을 쒀도 괜찮다. 한국당은 변하지 않고 있고, 바른미래당은 콩가루 정당이다. 우리가 야당을 잘 만났다"며 느긋해 하던 민주당이 야권통합으로 선거구도가 달라지고, 정권심판론까지 통할 경우 선거에서 큰 낭패를 볼 수도 있다. 민주당이 패배할 경우 문 대통령이 입게 될 타격은 글로다 표현할 수 없을 정도일 것이다.

　마키아벨리는 "국민의 미움을 사는 지도자는 위태롭다"고 했다. 문 대통령은 그 위태로운 길로 들어섰다.

09 문 대통령의 정의? 편의적이고 편파적이다

중부일보
2019년 6월 5일

"분노는 정의의 출발이다. 뜨거운 분노가 있어야 정의를 바로 세울 수 있다."

문재인 대통령이 2017년 2월 남긴 어록이다. 박근혜 당시 대통령 파면을 예상하고, 대선 행보를 하던 중 강조한 이야기다. 민주당 내 경쟁자였던 안희정 당시 충남지사가 "박 대통령이 선한 의지로 좋은 정치를 하려 했는데 뜻대로 안됐다"고 하자 "안 지사 말에는 분노가 빠져 있다"고 공격하면서 한 발언이다. 이후 청와대에 입성한 문 대통령은 박근혜·이명박 정권에 대한 분노를 수시로 표출하면서 각종 수사와 조사를 지시했다. 취임 다음날인 2017년 5월 11일엔 '박근혜 정부 국정농단 사건' 철저 수사를, 그달 22일에는 이명박 정부의 '4대강 사업'에 대한 감사원 정책감사 실시를 지시했다. 7월엔 "방산비리는 이적행위"라며 강도 높은 수사를 하라고 했다.

박근혜 정부 고위직 수십 명을 교도소로 보낸 '국정농단' 수사와 재판은 여전히 진행형이고, 억울함과 치욕을 느낀 몇몇 인사는 목숨을 끊었다. 4대강 사업에 대한 감사원의 네 번째 감사는 과거 감사 결과를 스스로 부정하고 정권 입맛에 맞게 결론을 정리한 '정치감사'란 지적을 받았다. 지금 4대강 주변에선 보狀 해체 등 감사 후속조치를 둘러싼 분열과 갈등으로 후유증을 앓고 있다. '방산비리'의 경우 무죄를 받은 피고인들이 전 합참의장을 포함해 즐비하다. 대통령이 예단과 분노에 근거해 무리한 지시를 하고 수사당국은 대통령을 의식해 과도한 수사를 했다는 것을 50%에 가까운 사건 무죄율이 말해 주고 있다.

문 대통령은 2017년 5월 17일 법무부와 서울중앙지검의 '돈봉투 만찬'을 묵과할 수 없다며 이영렬 지검장과 안태근 검찰국장에 대한 감찰을 지시했다. 같은 해 8월엔 박찬주 육군대장 부부의 공관병 '갑질 의혹'을 질타하면서 "뿌리 뽑으라"고 했다. 이들은 모두 박근혜 정부에서 출세했던 사람들이다. 대통령의 분노가 전해지자 검찰은 이 지검장과 안 국장을 면직했고, 법정에 세웠다. 그러나 이 전 지검장은 무죄와 복직 판결을 받았다. 안 전 국장은 돈 봉투가 아닌 별건의 사건인사보복으로 실형을 살고 있다. 대통령 노기怒氣가 영향을 미쳐 구속된 박찬주 전 대장은 '갑질' 문제엔 무죄 판결을 받았다. 대신 김영란법을 위반한 죄760만 원 어치 향응을 받았다는 것로 400만 원 벌금형을 선고받아 수사의 치졸성만 부각됐다.

두 사건의 경우 대통령이 분노를 공개적으로 나타내면서 수사하라 마라 할 성질의 것은 아니었다. 대통령이 지시를 한 까닭이 분노를 참지 못해서인지, '적폐청산'이란 정치적 의도에서 비롯된 것인지, 둘 다 인지는 알 수 없다. 그러나 그런 시시콜콜한 지시가 대통령의 격에 어울리지 않고, 대통령의 분노 표출이 지나쳤다는 것은 법원 판결로 증명되지 않았나 싶다.

문 대통령이 정의의 근본으로 애지중지하는 '분노'의 대상은 과거 정권과 야권으로 한정되어 있다. 대통령이 그렇게 화냈던 검찰의 '돈봉투' 사건보다 더 한 잘못이 대통령 주변에서 벌어져도, 민노총이 무법천지의 난장판을 숱하게 벌이면서 공권력을 유린해도 대통령은 말이 없다. 청와대 비서실 곳곳에 '춘풍추상春風秋霜, 남에게는 봄바람처럼 내게는 가을서리처럼'이란 액자를 걸게 한 대통령이 행동은 정반대로 하는 것이다. 그렇다면 그의 분노는 일방적인 것이고, 그걸 바탕으로 한 그의 정의는 편향적이고 편의적인 것에 불과하다. 문 대통령의 정의가 온전하다는 평가를 받으려면 '내 편의 잘못', '민노총의 불법'에 서릿발 같은 분노를 표출하고 바로잡는 일부터 시작해야 할 것이다. 대통령에게 필요한 건 '정의의 평등'이다.

10 문 대통령, "정치 어렵다" 한탄 말고 정치 살려라

국가미래연구원 뉴스 인사이트
2019년 5월 28일

국회 마비, 정치 실종 상태가 오랫동안 지속되고 있다. 민주당과 바른미래·민주평화당·정의당이 지난 4월 30일 선거제도 개편 법안과 고위공직자범죄수사처_{공수처} 신설 법안, 검경 수사권 조정 법안을 패스트트랙_{신속처리안건}에 태운 이후 한국당이 강력 반발하면서 국회의 기능은 정지됐다. 한국당은 5월 한 달을 장외에서 '민생투쟁'을 벌였고, 여당인 민주당은 한국당을 비난하면서 세월을 보냈다.

국회엔 탄력근로제 확대 법안 등 처리가 시급한 법안들이 쌓여 있다. 정부가 4월 말 제출한 6조 7천억 원 규모의 추가경정예산안도 계류되어 있다. 민주당에선 선거법안 등을 패스트트랙에 태운 원내대표_{홍영표 의원}가 임기 종료로 물러났고 지난 5월 9일 새로운 원내대표_{이인영 의원}가 선출됐지만 국회 정상화의 돌파구는 아직 열리지 않고 있다.

이런 '먹통 국회'를 보며 국민은 분통을 터뜨리고 있다. "국회의원들에게 무노동 무임금 원칙을 적용해서 세비를 반납케 하자", "국회의원에 대한 국민소환제를 실시하자"는 등의 이야기도 나오고 있다.

"정치 어렵다"는 건 정치를 못하기 때문
용렬함 버려야

여야 대립으로 국회가 마비되고 정치 실종을 지탄하는 목소리가 분출하자 문재인 대통령은 "정치라는 것이 참으로 어렵다는 것을 절감하고 있다"고 했다. 5월 초 사회 원로들을 청와대로 불러 오찬을 함께 한 자리에서다. 대통령의 토로를 접하면서 이런 반문反問이 떠올랐다.

"대통령이 정치를 어렵다고 느끼는 건 그가 정치를 못하기 때문 아닐까? 대통령이 정치력을 발휘하지 못하고 있으니 정치가 쉽게 안 풀리는 게 아닐까? 대통령은 남 탓보다 자기 탓을 먼저 해야 하는 것 아닌가? 정치는 하기 나름 아닌가"

문 대통령은 원로들과의 오찬에서 "대통령이 나서서 문제를 풀어야 한다"는 이야기를 들었다. 그럼에도 대통령은 별다른 노력을 하지 않았다. 원로들이 소위 적폐청산과 소득주도성장 정책 등의 부작용을 지적하며 변화를 주라고 했지만 대통령은 꿈쩍도 하지 않았다. 그러니 "무엇 때문에 불렀는지 모르겠다"는 말들이 원로들 사이에서 나왔고, 이런 볼멘소리는 대통령의 경직성과 목석木石 이미지만 부각시켰다.

대통령은 국정운영의 최고책임자다. 국회가 정지되면 입법이 마비되고 법에 근거해 이뤄지는 행정도 멍이 든다. 국회 파행은 국정 부실로 이어지고, 국정 부실은 대통령의 책임으로 귀결된다. 미국 대통령들이 통상 의회에 먼저 손을 내밀고 야당 지도부는 물론 야당 의원들과도 자주 만나는 건 대통령이 의회와 야당을 배척하면 할수록 손해를 보는 건 대통령 자신이라는 점을 잘 알기 때문이다.

문 대통령과 민주당은 지난 2년 간 '청산의 정치', '배제의 정치'에 치중했다. 이에 야당은 '저항의 정치', '투쟁의 정치'로 맞섰다. 그로 인해 문제를 하나씩 둘씩 풀어가는 정치의 순기능은 마비됐고, 대통령의 국정운영에 영향을 미치는 현안들은 '대결과 갈등의 정치' 소용돌이에서 속절없이 표류하고 있다.

'성과' 내고 싶다면 대통령이 제1야당 대표에게 손 내밀어야

문 대통령은 요즘 관료 등에게 "성과를 내야 한다"는 말을 자주 한다. 성과가 나지 않고 있으니 조바심을 내고 있는 것이다. 그러나 성과를 못 내는 가장 큰 책임이 자신에게 있다는 것을 여전히 깨닫지 못하는 것 같다. 성과는 '아래 사람들'을 채근한다고 해서 이뤄지는 게 아니다. 대통령이 성과를 원한다면 성과를 낼 수 있는 길을 스스로 찾아 나서야 한다. 정치가 어렵다고 한탄만 할 게 아니라 정치의 기능을 살리는 노력을 대통령이 먼저 해야 하는 것이다.

문 대통령은 취임 2주년을 맞은 5월 9일 KBS와의 대담에서 북한에 식량을 지원하는 문제를 논의하기 위한 여야 대표들과의 만남을 제의했다. 하지만 황교안 한국당 대표는 의제를 한정하지 말고 1 대 1로 만나 국정 전반에 대해 논의하자고 했다. 청와대는 단독회담 형식은 안 된다고 못을 박았다. 그러나 문 대통령이 생각을 달리해서 황 대표의 제안을 수용해도 손해 볼 게 없다고 본다. 대통령이 통 크게 판단해서 꽉 막힌 정국을 먼저 풀려고 한다는 이미지를 심어줄 수 있기 때문이다.

'1 대 1 만남'이 말싸움으로 시작해서 말싸움으로 끝난다고 해도 대통령은 제1야당 대표의 주장을 들으려고 노력했다는 평가는 받을 터이니 문 대통령이 황 대표를 단독으로 못 만날 이유가 없다. 문 대통령이 황 대표와 따로 만나면 다른 당 대표들도 같은 대접을 해야 하는 부담이 있을 테지만 대통령이 불편과 피곤을 감수하고서라도 야당 대표들과 1 대 1 연쇄 회동을 한다면 국민의 점수는 대통령이 더 많이 받지 않겠는가. 게다가 연쇄 회담에서 정국의 경색을 풀 수 있는 어떤 해법이나 단서를 도출한다면 그 공功 가운데 가장 큰 몫은 대통령에게 돌아가지 않겠는가.

청와대나 민주당이 '문재인–황교안'의 1 대 1 회담을 기피하는 근저에는 용렬함이 깔려 있다고 본다. '단독회담을 하면 제1야당 대표이자 보수의 차기 대권 유력주자인 황 대표를 키워주는 결과를 낳을 테고 황 대표가 문 대통령에게 공세적으로 나올 테니 받아들일 수 없다'는 게 여권의 판단일 것이다.

청와대와 여당이 대통령과 5당 대표가 한 자리에서 만나는 회담을 고집하는 속내엔 회담장에서 황 대표를 고립시키고 그의 목소리를 5분의 1

로 축소시키겠다는 의도가 담겨 있을 듯싶다. 선거제도 변경, 공수처 설치, 검경 수사권 조정, 대북 지원 등과 관련해 적어도 정의당·민주평화당 대표들은 문 대통령을 거들게 확실한 만큼 청와대와 여당은 이들의 도움을 받는 단체회담 형식을 고집하는 것으로 보인다.

그러나 이렇게 해서는 정치를 살릴 수 없다. 여권이 이처럼 좁쌀식 사고를 하기 때문에 정치가 어렵고 성과가 나지 않는 것이다. 노무현 정부 때 노무현 대통령이 꽉 막힌 정치를 풀기 위해 한나라당에 연정을 하자고 파격적인 제의를 했듯 문 대통령도 발상의 전환을 해야 한다.

민주당, 패스트트랙 사과하고 선거법안 합의처리 약속해야

민주당도 마찬가지다. 내년 총선 결과에 결정적인 영향을 미칠 선거제도 개편과 관련한 법안을 제1야당의 의견을 묵살한 채 패스트트랙에 올린 독선과 독주에 대해 한국당에 사과의 뜻을 담아 유감을 표명하고 선거법안은 일정 시한 내에 반드시 합의 처리를 하겠다는 약속을 한다면 국회는 정상화될 수 있을 것이다. 한국당이 패스트트랙 철회를 요구하지만 민주당이 사과하면서 선거법안 합의처리를 약속한다면 한국당은 수용할 수 있을 것이다. 대통령이 사정의 칼을 하나 더 쥘 수 있는 공수처 신설이나 비대해질 경찰권력에 대한 견제장치가 부족한 검경수사권 조정 문제와 관련해서도 한국당과 협의해서 처리하겠다는 입장을 민주당이 천명한다면 한국당은 원내로 복귀할 수 있을 것이다.

문 대통령과 민주당은 4월 25일 국회에 제출된 정부 추경안의 조속 처리를 희망하고 있다. 경제와 민생이 계속 나빠지는 만큼 정부 재정을 가능한 한 빨리 풀겠다는 것이다. 그러나 국회가 열리지 않는다면 추경 처리도 무한정 지연될 터, 급한 쪽은 대통령과 민주당이다. 한국당과 치고받고 싸우면서 시간을 허비할수록 손해를 보는 쪽은 대통령과 정부·여당이다.

대통령이 국정운영에서 성과를 내고 싶다면 효과가 없는 방식은 버려야 한다. 제1야당을 배척하고 따돌리는 방식, 그래서 모든 걸 싸움과 투쟁의 도가니에 빠트리는 방식은 결코 문제를 해결하지 못한다는 사실을 인식해야 한다. 이젠 새로운 정치적 상상력을 발휘해야 한다. 대통령과 민주당이 통 크게 양보하면서 대승적으로 나온다면 정치 복원의 물꼬는 트일 수 있을 것이다. 정치는 하기 나름이다. 마음먹기에 달렸다. 정치가 어렵다는 건 마음이 용렬하고 상상력이 부족하다는 고백에 지나지 않는다.

11 허영과 환상의 탑에 갇힌 문재인 정부

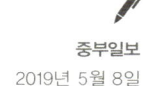

중부일보
2019년 5월 8일

　더닝-크루거 효과Dunning Kruger effect라는 말이 있다. 능력이 없는 사람에 관한 것으로, 뜻은 다음과 같다. ① 자신의 능력을 과대평가한다. ② 다른 사람의 진정한 능력을 알아보지 못한다. ③ 자신의 능력이 부족해서 생긴 곤경을 깨닫지 못한다. ④ 노력과 훈련을 통해 능력을 크게 향상시킨 뒤에야 과거의 능력부족을 깨닫는다.
　1999년 미국 코넬대 교수이자 사회심리학자인 데이비드 더닝과 대학원생 저스틴 크루거는 이런 가설을 세우고 대학생들을 대상으로 실험을 했다. 독해력, 문법, 체스 등의 테스트를 한 다음 성적과 학생들의 자평을 비교했더니 흥미로운 결과가 나왔다. 낮은 점수를 받은 학생들은 시험 결과에 자신감을 나타낸 반면 성적이 좋은 학생들은 스스로 점수를 짜게 매긴 걸로 나타났기 때문이다. 더닝과 크루거는 실험 결과를 논문에 실으면서 '무능한 사람은 잘못된 결정을 하고서도 무능해서 모른다'고 지적했다. "이 시대의 아픔 중 하나는 자신 있는 사람은 무지無知한데, 상상력과 이해력이 있는 사람은 의심하고 주저한다는 것"버틀랜드 러셀, "무지는 지식보다 더 확신을 가지게 한다"찰스 다윈는 등의 말도 인용하면서다.

이들의 주장은 지난 2년간 국정운영을 해 온 문재인 정부에도 해당하지 않나 싶다. 문 대통령이 줄기차게 밀어붙인 소득주도성장소주성 정책의 결과는 참담하다. 그건 통계청과 한국은행 등이 집계하는 경제지표에도 고스란히 나타나고 있다. 2008년 글로벌 금융위기 후 10년 만에 마이너스 성장올해 1분기 국내총생산 증가율 -0.3%, 1분기 설비투자 -10.8%, 1분기 제조업 총생산 -2.4%, 수출 5개월 연속 하락지난해 12월 -1.7%, 올해 1월 -6.2%, 2월 -11.4%, 3월 -8.2%, 경기 동행·선행지수 10개월 연속 동반하락 등 경제의 건강 점수엔 '마이너스'가 줄줄이 기록되고 있다.

엉망진창인 경제지표를 입증하듯 삶의 현장엔 "못 살겠다"는 아우성이 가득하다. '소주성'으로 직격탄을 맞은 자영업자 10명 중 8명81.9%은 이 정권 출범 전보다 살림살이가 나빠졌다고 했고한국경제연구원·조선일보 공동조사, 자영업자 대출 연체율도 상승하고 있다금융감독원과 금융기관 최근 통계. 2016년 77.7%였던 자영업 폐업률은 현 정부 임기 1년차인 2017년에는 87.9%, 2년차인 2018년에는 89.2%로 올라갔다국세청 통계. 일자리와 아르바이트 자리를 찾는 청년들의 고통도 심화했음은 두말할 필요도 없다.

그런데도 문 대통령은 "경제의 기초체력이 튼튼하다" "소주성은 족보가 있는 이야기"라고 했다. 1분기 성장도, 투자도, 수출도 모두 마이너스라는 정부 발표가 나왔는데도 그렇게 말했다. 현실을 무시한 최저임금의 과도한 인상으로 자영업자들의 폐업이 늘고 일자리가 오히려 사라지고 있다는 지적을 통계가 뒷받침하는데도 "최저임금 인상의 긍정 효과가 90%"라고 했던 지난해의 허영 그대로다.

김정은이 핵을 포기할 생각이 없다는 것이 하노이 회담에서 확인됐고, 이후 김정은과 북한 당국자들 입을 통해서도 드러났는데도 문 대통령 인식은 '소주성'에 대한 것처럼 바뀌지 않고 있다. 김정은과 북핵에 대해서도 현실은 외면한 채 환상의 탑을 쌓고 있는 것이다. 더닝-크루거 가설 마지막은 '노력과 훈련을 통해 무능과 허영을 극복할 수 있다'는 거다. 그러나 '무능한 줄 모르고, 그래서 곤경에 처한 줄도 모르는' 이들이 무슨 반성을 하고 무슨 노력을 하겠는가. 그러니 '답이 없다'다. 2년의 뒷걸음질도 안타까운데 남은 3년도 답이 없는 채로 지나갈까봐 두렵다.

12 개탄스러운 대통령의 위선과 유체이탈 화법

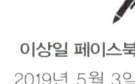

이상일 페이스북
2019년 5월 3일

　소위 적폐수사와 관련해 특정사안들을 구체적으로 언급하며 사실상 수사 지시를 해놓고 "적폐수사는 통제할 수 없고 해서도 안 된다"는 문재인 대통령의 언행은 참 위선적이지 않나요?
　정부기관 곳곳에 정치적 목적의 '적폐청산TF'를 만들라고 지시한 대통령, 그런 TF가 고발하면 얼씨구나 하며 수사에 들어가는 검찰, 이로 인한 피로감이 쌓여가는데도 대통령과는 무관한 일인 것처럼 사회 원로들에게 말하는 문 대통령의 그런 유체이탈 화법을 원로들이 수긍했을까요?
　검찰·경찰 수사권 조정을 하면 뭐합니까. 두 기관을 정치권력의 도구로 쓰는 대통령과 여당이 바뀌지 않고 있는데 검찰 권력을 경찰에 좀 나눠 준다고 해서 그들이 진정 국민을 위한 이들 기관으로 거듭날까요? 검경수사권 조정으로 인권의식이 부족한 경찰이 막강해지고 그들을 견제하고 통제하는 장치가 미흡한 상태로 법안이 처리된다면 그건 그것대로 큰 문제입니다. 하지만 더 중요한 건 이들 기관의 독립성·중립성 확보인데, 청와대와 여당은 그럴 생각이 없다는 것이 심각한 문제입니다. 소위 사법개혁을 책임진다는 조국 청와대 민정수석이란 사람은 이런 점에 대해서는 아무런 생각이 없는 엉터리 법학자이지요. 하긴 엉터리가 어디 그 사람뿐인가요? 대통령의 코드인사 때문에, 그리고 인사가 실패해도 밀어붙이는 대통령의 오만 때문에 함량 미달인 사람들이 즐비하니….

민정수석이 SNS에 오지랖 넓게 이 얘기, 저 얘기 하는 등 야당에 싸움 거는 일에 한눈팔다 보니 검경의 이견을 미리 조정하지 못한 점, 그래서 엉성한 법안이 국회 패스트트랙에 우격다짐으로 태워지자 검경의 파열음이 나오고 민주당에서도 다른 목소리가 나와 청와대는 청와대대로, 민주당은 민주당대로 곤혹스러워하는 점, 이 모두가 사법개혁인지 개악인지를 담당하는 조국 수석의 무능 탓 아닐까요?

한국당 황교안 대표의 광주 방문 현장에서 의도적으로 망신 주기에 나선 그곳 좌파단체의 행동을 즐기면서 제1야당을 공격하는 민주당의 태도는 용렬하기 짝이 없고요.

대통령은 원로들 앞에서 "정치가 어렵다"고 했는데 왜 그런지 생각이 짧아서 모르나 봅니다. 대통령이 정치를 못 해서 어려운 거죠.

마음먹기에 따라, 행동하기에 따라 얼마든지 감동을 주는 정치를 할 수 있고, 그래서 야당의 협조를 충분히 얻을 수 있고, 그로 인해 문제를 하나하나 풀어가는 정치를 얼마든지 쉽게 할 수 있는데 대통령이 그런 모습을 보인 적이 있나요?

야당을 궁지로 모는 일에만 몰두하면서 반발하는 야당을 발목잡기 세력, 적폐세력이라고 낙인찍기에 바빴던 것이 현 집권세력의 행태 아니었던가요? 게다가 집권 측의 신적폐도 많이 드러나고 있으니 그들의 야당 탓, 언론 탓에 신물을 내는 국민들도 날로 증가하고 있는 것 아닌가요?

13 문재인 대통령, 책임윤리 어디다 뒀나

중부일보
2019년 4월 3일

　말도 많고 탈도 많은 장관후보자 7명을 내놓고, 여론이 나빠지자 만만한 관료·교수 출신 2명은 탈락시킨 '문재인 청와대' 태도는 한마디로 말하자면 '뭐가 어때서?'다. "도대체 검증을 어떻게 하기에 이런 사람들을 고르느냐"라는 물음을 던지는 국민들에게 청와대는 '무엇이 문제냐?'는 식으로 대꾸하고 있다.

　윤도한 청와대 국민소통수석은 1일 "(검증하는) 인사·민정 라인에서 특별한 문제가 파악된 것은 없다"며 "문제가 없으니 특별한 조치도 없다"고 말했다. "인사·민정수석이 뭐가 잘못됐다고 지적하는지 모르겠다"고도 했다. 기자들이 낙마한 조동호 과학기술정보통신부장관 후보자와 최정호 국토교통부장관 후보자의 문제를 거론하며 "정무적 판단을 잘못한 데 대해 인사·민정의 책임이 있지 않나"라고 묻자 윤 수석은 "후보자가 지명되는 상황까지는 문제 되는 것은 없었다"고 했다. 그러면서 "조 후보자 아들들이 미국에서 (유학하면서) 벤츠·포르쉐를 타는 것이 무슨 문제이겠냐"라고 했다. 최 후보자에 대해선 "지명 당시 집이 세 채였는데 이게 국민 눈높이에 맞지 않는다고 후보에서 제외해야 하느냐. 그게 흠인지 모르겠다"고 했다.

윤 수석이 국민과 소통하겠다는 건지, 국민의 염장을 지르겠다는 건지, 그리고 표현 능력이 그것 밖에 안 되는 건지는 몰라도 그의 말엔 대통령의 뜻과 고집이 담겨 있다. 그것은 남은 장관후보자 5명과 '조 남매' 조국 민정수석과 조현옥 인사수석만큼은 꼭 끌어안고 가겠다는 것이다. 김연철 통일부장관 후보자와 박영선 중소기업벤처부장관 후보자의 낙마, '조 남매'의 경질을 요구하는 한국당 등 야당에 밀리지 않겠다는 것, '조 남매'를 문책해야 한다는 민주당 일각의 불만이 확산되지 않도록 쐐기를 박겠다는 의도다.

현행 인사청문회법상 장관 후보자는 흠결이 많고 여론이 나빠도, 그래서 야당 반대로 국회 청문보고서가 채택되지 않아도 대통령이 임명하면 그만이다. 문 대통령은 이미 장관급 8명을 이런 방식으로 임명했다. 문 대통령은 청문보고서 채택 가능성이 전혀 없는 김연철·박영선 후보자에 대해서도 임명을 강행할 것이다. 청와대 수석 비서관 임면 여부는 오로지 대통령의 손에 달린 만큼 '조 남매'는 이번에도 자리보존을 할 것이다.

문 대통령은 '여기서 밀리면 레임덕 권력누수 현상이 온다'는 심리에서 이런 수手를 두는 것이겠지만 그건 하수下手다. 감동도 없고, 책임의식도 없어서다. 청와대와 여당에선 대통령의 결정을 '정면돌파'라고 포장하지만 장관다운 장관감을 내놓지 못한 대통령에게서 사과 한마디 듣지 못한 국민은 '정면돌파'란 말에서 오기와 오만을 읽을 것이다.

막스 베버는 정치인에게는 신념과 책임윤리가 있어야 한다고 했다. 문 대통령에게 확고한 신념은 있어 보인다. 북한의 천안함 폭침을 부정하고 북한을 제재한 5.24 조치를 비난했으며, 사드 배치는 망국이라고 한 김연철씨를 통일부장관 후보자로 내놓은 것만 봐도 대통령의 신념 타당성은 별개의 문제이 어느 정도인지 알 수 있다.

하지만 문 대통령이 확고한 책임윤리를 갖고 있는지는 의문이다. 그간 인사 참사가 여러 번 발생했지만 문 대통령은 진솔하게 사과한 적이 없다. 청문보고서가 채택되지 않은 사람을 장관 시키면서 "보고서 채택이 안 된 사람들이 더 잘하더라"라는 어이없는 말도 하지 않았던가. 전前 정권의 잘못된 인사를 모질게 비난했던 문 대통령이지만 자신의 허물엔 참으로 관대하다. 청와대 곳곳에 '춘풍추상春風秋霜, 남에겐 봄바람처럼 훈훈하게, 자신에겐 가을서리처럼 매섭게'이란 액자를 걸어놓고도 말과 행동은 정반대로 하고 있으니 이 얼마나 무책임하고 위선적인가.

14 문재인 정권의 비르투스(역량),
너무 빈약하다

국가미래연구원 뉴스 인사이트
2018년 12월 20일

"최저임금 속도가 너무 빠릅니까?"

2018년 12월 11일 정부 세종청사에서 고용노동부 업무보고를 받고 난 문재인 대통령이 최저임금과 근로시간 단축 문제를 담당하는 근로기준정책관실을 찾아 던진 질문이다. 문 대통령이 공무원들에게 "현장에서 (최저임금 상승을) 체감해 보니 어떠냐?"며 그렇게 물었다는 뉴스를 접하고서 "이제야 그걸 묻느냐? 아직도 몰라서 묻느냐?"고 따지고 싶었다.

문 대통령은 같은해 5월 31일 국가재정전략회의에서 이렇게 자랑했다. "고용 근로자의 근로소득은 증대됐다. 올해 최저임금 인상을 결정할 때 기대했던 효과가 나타나는 것이다. 소득주도 성장, 최저임금 인상의 긍정적 효과를 자신 있게 설명하라. 긍정효과가 90%다."

이 때에 비하면 지금 대통령의 기氣는 많이 죽은 것 같다. 하긴 삶의 현장에선 아우성이 나오고 대통령에 대한 국민 지지율도 지속적으로 추락하고 있으니 풀이 죽지 않으면 이상하다. 문 대통령의 둔하디 둔한 현실감각에도 드디어 경고등이 켜진 모양이다. 대통령이 뒤늦게라도 걱정하기 시작한 건 다행이지만 그렇다고 해서 역효과가 나는 정책을 무리하게 밀어붙인 그의 책임은 가벼워질 수 없다.

대통령의 현실감각, 너무 둔하다

문 대통령이 '긍정효과 90%' 운운했던 지난 5월에도 경제와 민생은 확연히 나빠졌고, 저소득층의 고통이 가중되고 있다는 걸 당시의 정부 통계로도 충분히 확인할 수 있었다. 통계청이 5월 24일 발표한 '가계소득 동향'에 따르면 하위 20% 1분위인 가계의 올해 1분기 월평균 소득은 지난해 같은 기간 대비 8.0% 줄어든 128만 6700원이었다. 당시로선 역대 가장 큰 폭으로 줄었다. 반면 소득 최상위 20% 5분위 가계의 소득은 월평균 1015만 1698원으로 9.3% 증가해 당시로선 역대 가장 큰 폭으로 늘었다.

최저임금 인상과 소득주도성장이 의도한 것과는 반대의 효과가 나타난 것이다. 이 정부가 소득주도성장을 밀어붙이면서 내세웠던 명분인 '양극화 해소'를 비웃듯 양극화는 악화되고 있다는 결과가 나왔다. 이에 앞서 발표된 4월 실업률은 4.1%. 2001년 4월 4.1% 이후 가장 높은 실업률이 기록됐다는 우울한 지표가 역시 통계청에 의해 공개됐다. 그런 상황에서 대통령이 '긍정효과가 90%'라고 했으니 참으로 어이없는 일 아닌가.

대통령이 억지나 다름없는 말을 한 지 닷새 뒤 국책연구기관인 한국개발연구원KDI은 '최저임금 인상이 고용에 미치는 영향'이란 제목의 보고서를 발표했다. 앞으로 2년 간 최저임금이 연 15%씩 인상되면 2019년에 9만 6000명, 2020년에는 14만 4000명의 고용 감소가 발생할 걸로 추정된다는 보고서였다. KDI는 이처럼 일자리 감소를 우려하면서 "최저임금의 빠른 인상은 (기업의) 비용을 급속히 증가시킨다. 속도 조절을 고려해야 한다"고 강조했다.

하지만 정권은 이런 충고를 듣지 않았다. 2018년 7월 14일에 결정된 내년도 최저임금 인상률은 10.9%. 대통령이 임명한 공익위원들이 노동계 위원 편을 드는 상황에서 아무리 하소연을 해도 소용없다고 판단한 사용자 위원들이 정부 세종청사에서 개최된 최저임금위원회 전원회의에 불참한 가운데 이뤄진 결정이었다. 노동계 위원 9명, 사용자 위원 9명, 공익위원 9명으로 구성된 최저임금위원회는 실질적으론 18명이 노동계를 대변하는 일방적인 구조로 운영되고 있다는 것이 다시 한 번 확연히 드러난 날이었다.

문재인 정권 출범 2년 간 29%나 인상된 최저임금이 내년엔 10.9%가 또 오른다고 하자 영세상공인, 자영업자, 중소기업 관계자들은 "나를 잡아 가라"며 궐기하고 나섰다. 그러나 대통령과 정부·여당은 냉담했다. 상공인과 자영업자 등은 최저임금을 업종별로 차등 적용해야 한다고 주장했지만 대통령은 "주5일제 근무처럼 (최저임금도) 제도가 정착되면 도움이 된다"며 일축해 버렸다. 문 대통령이 폐기 또는 대폭 수정이 필요하다는 경제학자들의 충고를 무시하고 소득주도성장 정책을 강행한 결과 하반기엔 경제와 민생 상황이 한층 더 악화했다. 최근엔 대통령도 "고용과 민생에서 성공하지 못했다"고 말할 정도이니 더 이상 부연할 필요도 없다.

민노총에만 관대한 대통령

　삶의 현장에서 영세상공인들이나 자영업자들, 중소기업인들이 "죽겠다"고 하는 데도 외면해 온 대통령은 '떼법'으로 무법천지를 만들어 온 민노총의 요구는 성심성의껏 들어주려고 했다. 문 대통령은 2018년 11월 5일 청와대에서 열린 여·야·정 협의체 회의에서 탄력근로제를 연말까지 매듭짓기로 약속했다. 주 52시간제 시행에 따른 기업의 부담을 덜어주기 위해 현행 최장 3개월인 탄력근로제 단위기간을 늘리자는 합의였다.

　정부와 여야는 단위기간을 6개월로 늘리는 데 사실상 합의했으나 민노총이 반대하자 대통령은 스스로 한 약속도 뒤집어 버렸다. 탄력근로제 입법에 반대하는 민노총이 경제사회노동위 참여를 거부한 것을 의식한 대통령은 "경제사회노동위에서 (민노총과 함께) 탄력근로제를 논의하면 국회에 시간을 더 달라고 부탁하겠다"고 했다. 민주노총 눈치를 살피겠다는 뜻이었다. 이에 여당인 민주당은 탄력근로제 확대를 위한 연내 입법을 바로 포기했다. 여당은 내년 2월엔 꼭 입법을 하겠다고 하지만 그때 가봐야 알 수 있는 일이다. 여당이 2월 입법을 추진할 땐 민노총 요구가 상당히 반영된 안을 들고 나올 공산도 크다.

　국가와 기업의 경쟁력 하락은 민노총의 터무니없는 요구와 비민주적이고 과격한 행태와도 관련이 있다는 게 정설이다. 이런 지적이 잇따르는 데도 대통령은 민노총에게 싫은 소리 한 번 하지 않았다. 대통령이 소득주도성장과 함께 내세운 혁신 성장은 규제 개혁과 함께 노동의 유연성을 담보하는 노동 개혁이 이뤄져야 가능하다. 그런데 규제 개혁은 말뿐이고, 민주당과 시민단체, 이익집단의 벽에 가로 막혀 있다. 노동 개혁은 아예 시도조차 하지 않고 있다. 대통령은 규제 개혁은 말하나 노동 개혁은 입에도 올리지 않고 있다. 이것이 우리의 현실인데 혁신 성장이 가능하겠는가. 듣기 좋은 헛구호에 그칠 뿐이다.

민노총 소속 정규직은 경제가 추락하건 말건, 기업이 골병들건 말건 귀족급 고연봉을 받으면서도 임금과 수당을 올려 달라고 하고 파업 공갈로 떼를 쓴다. 그들은 가족과 친인척에 세습고용 혜택을 받게 하는 등 별별 특권을 다 누리고 있으면서도 만족할 줄 모른다. 민노총 소속 비정규직은 가만히 있어도 정규직을 폐찬다. 그 바람에 청년들의 취업 기회는 좁아지거나 봉쇄되고 있다. 민노총 가입 노조원은 증가하고, 민노총 위세는 갈수록 커지고 있으니 일자리를 찾지 못한 청년들과 주 52시간은커녕 주 100시간 정도 일해야 겨우 최저임금 수준의 소득을 올리는 자영업자들의 상대적 박탈감도 비례해서 커지는 게 이 나라의 서글픈 실상이다.

이제야 최저임금 걱정, 너무 늦은 것 아닌가

문 대통령이 뒤늦게 최저임금 인상 속도를 걱정하고 새로 짜인 경제팀

이 최저임금 결정구조를 고치겠다고 하니 만시지탄晩時之歎이지만 반길 일이다. 그러나 곧 다가올 내년엔 최저임금이 10.9%가 다시 오른다. 탄력근로제는 확대되지 않은 상황에서 주 52시간 근로를 지키지 못하는 기업은 형사고발을 당하고 처벌을 받아야 할 판이다. 이젠 비교적 건실한 중소기업도 버티기 힘들어서 비명을 지를 게 틀림없다. 정부가 뒤늦게 사정을 살핀다며 부산을 떨어봐야 소용이 없을 것이다. 무슨 개선책이 나온다 해도 상공인과 자영업자, 중소기업 입장에선 '사후약방문死後藥方文'일 것이다.

운 좋아 탄생한 정권의 실력, 형편없다

문재인 정권은 운運이 좋아서 탄생했다. 전前 정권이 한심해서 국민이 분노하고 등을 돌리는 바람에 민주당 세력이 집권한 것이다. 그런데 이 정권의 국정운영도 형편없긴 마찬가지다. 집권 1년 6개월 간 흠결과 자격미달로 낙마落馬한 장·차관 후보자 숫자가 박근혜 정부 전 기간을 합친 것과 맞먹을 정도다. 전문성 없는 '낙하산들'을 공공기관에 마구 꽂는 적폐는 과거 정부 때보다 심하면 심했지 덜하지 않다.

KTX 열차 탈선 등 사고가 빈발한 코레일, 국민연금 운용 실적이 '역대급'으로 저조한 국민연금관리공단 등 해당 분야에 어떤 지식도 없고, 경험도 없는 이들을 '민주당 출신이라서', '문재인 대선 캠프 사람이라서', '코드가 맞아서' 라는 등의 이유로 공공기관 책임자로 앉히고 있으니 어찌 문제가 발생하지 않겠는가. 이런 무자격자들이 꿰찬 공공기관이 한둘이 아니고 셀 수 없을 정도로 즐비하니 이것이 신新적폐가 아니고 무엇인가.

현 정권의 경제와 민생 성적표가 박근혜 정부보다 훨씬 나쁘다는 것은 각종 경제지표와 통계, 삶의 현장에서의 아우성이 증명하고 있다. 전문 시위꾼이나 민노총 조합원이 아닌 영세상공인과 자영업자, 중소기업인들이 피켓을 들고 무리를 지어 거리로 나선 것은 지난 정권에선 볼 수 없었던 일 아닌가.

탈원전의 부조리와 모순도 심각

대통령이 밀어붙인 탈脫원전 정책의 부작용도 심각하다. 원자력 발전 축소로 전력 생산 비용은 높아졌다. 많은 흑자를 내던 한국전력은 이제 적자에 허덕이고, 적자 규모는 갈수록 커지고 있다. 원전 대신 석탄발전이 느는 바람에 이산화탄소 배출과 미세먼지 농도는 높아졌다. 국제환경단체가 "한국은 환경악당"이라며 "문재인 대통령, 석탄 투자 그만하세요"라고 시위하고 나서고 항의서한을 정부에 보낼 정도다.

정부는 원전 축소로 전력 공급이 불안해 질 수 있음을 의식한 듯 중국과 러시아에서 전기를 수입하는 계획도 세웠다. 세계에서 가장 안전하다는 평가를 받은 원전을 정권이 죄악시하는 바람에 원전 산업은 붕괴되고 있다. 관련 기업들은 경영을 축소하고, 사람들을 내보내는 등 구조조정에 들어갔다. 알짜 일자리가 사라지고 기업 경쟁력이 죽고 있는 것이다.

안에서 이처럼 멍이 들고 있으니 밖에서인들 온전할 수 있겠는가. 이명박 정부 시절 우리는 아랍에미레이트 바라카에 원전을 수출했고, 그 운영권도 우리가 맡았다. 하지만 최근엔 그 운영권이 흔들리고 있다. 아랍에미레이트가 원전 운영에 프랑스를 끌어들이는 결정을 했기 때문이다. 정부는 문제없다고 했지만 두고 볼 일이다.

현 정권은 전 정부에서 7000억 원이나 들여 잘 수리해 놓은 멀쩡한 원전을 안전성이 없고 경제성도 없다며 폐쇄했다. 그러고선 밖에 나가 "한국 원전은 안전성도 좋고 경제성도 좋다"며 사 달라고 한다. 모순도 이런 모순이 없고, 촌극도 이런 촌극이 어디 있겠는가. 외국 사람들을 바보로 아는 모양인데 이 정권에서 원전 수출 실적이 하나라도 나온다면 그건 기적이나 다름없다. 정권은 원전 대신 태양광에 주력하고 있으나 발전 비용은 많이 들고 효율 원전 85%, 태양광 15%은 떨어진다는 것은 주지의 사실이다. 그런 태양광을 산과 바다와 저수지, 도심 건물 등 곳곳에 설치한다며 정권 측이 민주당이나 시민단체 출신 등의 인사들에게 보조금을 퍼주고 있으니 '태양광은 좌파들의 먹잇감'이란 말까지 나오는 상황이다.

적폐청산에 망가지는 검찰과 사법부

과거 정권의 적폐를 청산하는 일을 소득주도 성장처럼 밀어붙여 온 대통령은 과거 문제에 대한 기초적 사실관계도 확인되지 않은 상황에서

'유죄'를 단정하는 듯한 발언을 남발했다. 그러면서 수사 가이드라인을 제시했다. 기무사의 세월호 관련 활동이나 계엄 문제 검토 문건등에 대한 대통령의 언급이 단적인 예다. 대통령이 답을 정한 듯 사건의 성격을 규정해 버린 상황에서 하명下命을 받은 셈인 검찰이 독립적으로 냉철한 수사를 한다는 것은 불가능하다.

검찰의 무리한 수사가 적폐인데, 적폐청산을 외쳐온 대통령의 '말씀' 때문에 검찰이 적폐를 저지르고 있으니 이것이 정의이고 공정인가. 급기야 전직 장성이재수 전 기무사령관이 스스로 목숨을 끊었다. 검찰의 무리한 수사에 대한 억울함을 항변할 길이 없어 극단적인 선택을 한 것이다. '검찰 독립과 중립' 운운하던 이들이 권력을 잡은 다음 검찰을 '충견忠犬'으로 부리며 벌이는 과도한 적폐청산 놀음, 그 살벌함과 무도함에 죽음으로 맞서는 이들이 나오면서 정권과 검찰에 대한 국민의 실망과 분노는 커졌다. 이런 상황에서 검찰 독립이 가능하다고 하면 소가 웃을 일이다.

정권은 대법원과 법원을 정치에 물들게 함으로써 사법부 독립도 훼손했다. 그런데도 '사법개혁' 운운하는 데, 정권 측이 말하는 개혁은 기실은 사법부 '코드화'이고, '좌파화'일 것이다. 전직 대법관·헌법재판관 등 법조인 200여 명이 김명수 대법원장을 겨냥, "사법부의 정치화, 정권의 시녀화를 자초해 사법부 독립을 근본적으로 침해했다"며 퇴진을 요구하는 초유의 일이 벌어진 것도 '사법부의 코드화'를 우려한 결과다.

김 대법원장은 지방법원장에서 단번에 대법원장이 되는 파격과 행운의 주인공이다. 정권 측과 코드가 맞기 때문에 문 대통령이 그를 낙점했다는 게 정설. 그런 문 대통령에게 대법원장은 보은報恩이라도 하듯 같은 코드의 판사들을 사법부 요소요소에 배치하고 사법부의 과거를 먼지 털 듯 털고 있다. 이런 사법부가 삼권분립이란 헌법정신에 맞게 제 역할을 다 할 수 있을까라는 의문이 법원 안팎에서 나오는 건 당연하다. 사법부를 이렇게 만든 책임은 누구에게 있을까? 대법원장 책임도 크지만 그를 사법부 수장 자리에 앉힌 대통령도 책임을 져야 하지 않겠는가.

북핵은 진전 없고, 한미동맹은 흔들리고

북한 핵문제는 또 어떤가. 1년을 기다렸지만 핵문제의 본질적 해결과 관련해선 어떤 진전도 없지 않은가. 북한이 풍계리 핵실험장을 폭파하고 동창리 미사일 엔진실험장을 폐쇄한 게 변화라면 변화라고 할 수 있지만 북한은 그에 대한 검증도 받지 않고 있다. 풍계리 핵실험장이 완전히 쓸모없게 파괴됐다는 것을 국제사회는 아직 확인하지 못하고 있는 것이다. 게다가 북한은 올해에도 핵 능력과 탄도미사일 개발 능력을 고도화하는 작업을 지속적으로 전개해 온 것으로 파악되고 있다.

그런 가운데 북핵 해결의 입구에 해당하는 핵무기·핵물질·핵시설의 신고는 아직 이뤄지지 않고 있다. 북한은 신고할 의향도 내비치지 않고 있다. 성실 신고 여부는 차치하고 신고조차 꺼리는 북한 태도와 관련해 "김정은에게 핵문제 해결 의지가 있다"고 한 문 대통령은 설명을 해야 한다.

북핵에선 큰 진전이 없는데 한미 동맹의 틈새는 많이 벌어졌다. 정부는 부인하지만 미국 조야朝野에서 나오는 소리는 한국에 대한 불만, 불만,

불만이다. 핵문제 해결에 성의를 보이지 않는 북한에 대해 제재의 고삐를 더욱 죄는 미국이 대북제재를 풀자고 하는 문 대통령과 한국 정부를 좋게 보겠는가. 뜻대로 따라주지 않는 미국을 바라보는 문 대통령에게도 불만은 있을 것이다. 국민은 한미 간 동맹이 더 흐트러질 수 있음을 우려하고 있다. 한미 동맹이 굳건하지 못하다면 북핵 문제를 해결하기 어렵고, 우리 안보도 불안해 질 것이라고 보기 때문이다. 한반도에 진정한 평화를 이룩하려면 북핵 문제부터 해결해야 한다는 확고한 책임의식이 필요하다. 북핵은 미국에 맡기고 김정은과의 만남 등 보여주기식 관계개선에만 열중하는 대통령과 정부는 이 문제에 있어서도 국민에게 믿음을 주지 못하고 있다.

적폐청산과 내로남불에 국민 피로감 쌓여

현 정권이 지난 1년 7개월 동안 한 일 가운데 건설적이고 생산적인 일은 거의 없다. 과거의 잘못은 광정匡正하는 건 당연히 필요하다. 하지만 정권이 몰두해 있는 적폐청산 작업 중엔 도가 지나친 게 적지 않고, 말이 안 되는 것도 많다. 대통령이 펄쩍 뛰며 '엄정처리'를 지시한 사안들 가운데 사드 추가 배치나 계엄령 문건처럼 문제 삼기 어렵다고 결론지어진 것들이 있다. 대통령이 유죄를 단정하며 찍은 사람들 중에 법원에서 무죄를 받은 이들도 여럿 있다. '대통령이 속단해서 쓸데없이 흥분했다'는 인상을 주는 일들이 이어지면서 적폐청산에 대한 국민 피로감도 쌓이고 있다.

정의를 독점한 양 적폐청산 몰이를 해 온 이 정권은 '내로남불'내가 하면 로맨스 남이 하면 불륜에선 으뜸이다. 취임 후 청와대에서 "낙하산을 내려 보내지 않겠다"고 야당 대표들 앞에서 약속했던 문 대통령은 하루가 멀다 하고 낙하산 인사를 하고 있다. KTX 열차 탈선 사고로 코레일의 낙하산 사장이 그만 둔 다음날 한국공항공사 사장에 경험 없는 낙하산을 버젓이 내려 보냈다. 지난 총선 때 민주당 후보로 출마했다 낙선한 사람을 챙긴 것이다.

열차 탈선을 날씨 탓이라고 해서 무경험의 극치를 보여줬던 코레일의 물러난 사장, 경기 고양시 백석역 온수관 파열 사고 당시 '웃음 보고'를 해 시민의 분노를 샀던 한국지역난방공사의 전문성 없는 낙하산 사장이 사람은 아직도 자리를 보전하고 있다에 대한 국민의 불쾌한 기억이 생생한 상황에서 또 낙하산을 내리 꽂는 건 국민이 정권의 안중에도 없다는 이야기 아닌가.

청와대 민정수석실 산하 특별감찰반 활동과 관련한 청와대 대응도 '내로남불'이다. 특별감찰반에서 감찰 대상이 아닌 민간인에 대한 정보 수집을 한 것으로 드러나자 청와대 대변인은 "문재인 정부 유전자에는 애초에 민간인 사찰이 존재하지 않는다"고 했다. 청와대가 오락가락 해명으로 의심을 더 사게 해놓고 '아니라고 하면 아닌 것'이라고 선을 긋고 있는 것이다. 국민이 이 말을 믿을 걸로 본다면 오산도 큰 오산이다. 청와대와 여당이 야당 처지였다면 이런 엉터리 설명을 순순히 받아들였겠는가.

청와대는 여권 중진인 러시아 대사와 도로공사 사장에 대한 의혹은 감찰 보고서를 받아보고서도 깔아뭉갰다. 두 사람 문제에 대한 청와대

해명도 엉성하기 짝이 없다. "여권 인사들의 문제를 보고했기 때문에 보복을 받고 있는 것"이란 김태우 전 특별감찰반 수사관의 주장은 그래서 그럴 듯하게 들린다. 청와대는 김 전 수사관의 일탈행위라며 꼬리 자르기를 하느라 안간힘을 쓰고 있다. 하지만 새로운 의혹은 연일 터져 나오고 청와대 해명은 갈팡질팡으로 설득력을 잃고 있으니 사건이 어떻게 청와대 뜻대로 정리되겠는가. 이번 일로 정권의 치부는 드러날 것이고, 정권의 기반은 크게 흔들릴 것이다.

정권의 무능과 내로남불 사례는 이밖에도 수두룩하다. '정의'와 '공정'을 자랑한다는 정권이 정의롭지 못하고 공정하지 못한 경우도 헤아리기 어려울 정도로 많다. 대통령 지지율이 지속적으로 추락해서 급기야 부정평가가 긍정평가보다 더 많이 나오는 상황 알앤써치의 12월 셋째주 정례 여론조사 결과 부정평가 49.8%, 긍정평가 46.2%에 이른 것은 정권의 말과 행동이 다르다는 것을 국민이 알게 됐기 때문일 것이다.

운(運, 포르투나)은 가고 비르투스(역량)는 없고

문 대통령의 국정운영 동력은 정권의 무능과 부도덕, 표리부동表裏不同으로 인해 급속히 떨어지고 있다. 운運이 좋아서 집권한 대통령이지만 그 운도 예전 같지 않아 보인다. 행운의 여신, 이른바 포르투나Fortuna가 변덕스럽다는 것은 역사가 증명하는 바다. 그래서 비르투스Virtus, 역량를 길러야 한다고 현인賢人들은 누누이 강조했다. 포르투나가 등을 돌려 불운이 닥칠 때 그걸 이겨낼 수 있는 힘은 비르투스에서 나오기 때문이다.

이 비르투스를 문재인 정권은 함양하지 못했다. 인재를 널리 구하지 못하고 '캠코더'캠프, 코드, 민주당만 쓰는 편협함, 이념에 얽매여 현실을 바로 보지 못하는 고루함, 허구에 불과한 정책을 밀어붙여 경제와 민생을 추락시킨 '선무당' 식 만용, 적폐청산 몰이를 하면 국민이 언제든 열광할 거라는 오판, '우리가 하는 일은 정의요, 선善'이라는 오만, 지리멸렬한 야권은 상대가 되지 못한다는 안이함 등이 한데 어우러진 결과다.

그런데도 정권은 노선과 방향, 태도를 근본적으로 바꿀 생각은 없어 보인다. 정권의 비르투스가 엉망이라는 것을 아직도 모르기 때문일 것이다. 오만한데다 어리석어서 그럴 터, 이대로 간다면 내년엔 대통령과 정권에 더 큰 위기가 닥칠 것이다.

15 대통령님, 국민 미움 더 사면 위험합니다

중부일보
2018년 12월 5일

　문재인 정부 출범 후 1년 6개월이 지나는 동안 대통령 지지율은 35% 포인트 정도 떨어졌다. 리얼미터가 YTN 의뢰로 지난달 26~30일 실시한 여론조사 결과 대통령의 국정수행에 대한 긍정평가는 48.4%, 부정평가는 46.6%였다. 긍정과 부정의 격차는 오차범위인 1.8% 포인트. 리얼미터에 따르면 대통령 지지율은 9주 연속 하락세다. 이 추세대로라면 부정평가가 긍정평가를 넘어서는 것은 시간 문제다. 대통령 지지율이 뚝뚝 떨어지면서 민주당의 지지율도 쑥쑥 빠지고 있다.

　대통령과 여당 지지율이 내리막길을 타는 건 '정권이 무능한데 오만하기까지 하다'는 이미지가 확산되기 때문이 아닐까 싶다. 정부 통계가 나올 때마다 확인되는 경제 추락과 민생 피폐는 무능의 대표적 예다. 문 대통령은 집무실에 일자리 상황판을 내걸고 '일자리 대통령'이 되겠다고 공언했으나 일자리는 여기저기서 사라지고 있다. 그 와중에 불법 파업과 불법 점거, 불법 폭행을 자행해 온 '민주노총'만 알짜 일자리를 챙기고 있다. 그들 때문에 청년들의 취업은 봉쇄되는데도 대통령과 정권은 결코 민주적이지 않은 민주노총의 무법천지를 수수방관하고 있다.

대통령은 "국민의 삶을 나아지게 하겠다"고 약속했지만 그것이 공염불이라는 걸 깨닫는 국민이 늘고 있으니 모든 조사에서 대통령이 가장 못하는 것으로 '경제와 민생'이 꼽힌다는 게 증거 대통령과 여당 지지율이 하강하는 것은 당연하다. 정권의 소득주도성장 정책이 경제·민생 파탄의 주범이라고 대다수 경제학자들이 지적하는데도 실책을 인정하지 않고 밀어붙이는 대통령의 모습에선 오기와 오만의 그림자가 어른거리니 지지율이 떨어지지 않는다면 이상하다.

그런 가운데 청와대에선 적폐나 다름없는 일들이 줄줄이 터졌다. 대통령이 "음주운전은 살인행위"라고 한지 얼마 되지 않아 대통령을 곁에서 모시는 의전비서관이자 대통령 비서실장의 핵심 측근이 만취 상태에서 운전을 했다. 문제의 비서관은 대통령과 코드만 맞을 뿐 의전의 '의'자도 모르는 무경험자여서 '의전참사'를 여러 번 일으켰던 사람이다. 그런 이를 요직에 앉혀 청와대에 망신살이 뻗치도록 했으니 책임은 대통령에게 있는 것 아니겠는가. 그런가 하면 청와대 경호처 직원은 술에 취해 민간인을 폭행하고 경찰서에서 행패를 부려 빈축을 샀다.

기강이 엉망인 청와대를 만신창이로 만든 사건은 기강을 잡아야 할 민정수석실에서 발생했다. 특별감찰반원들이 이런 저런 비위를 저지른 게 드러났기 때문이다. 청와대는 잘못을 알고서도 쉬쉬하다 언론이 보도

한 다음에야 전원 원대복귀 조치를 취했다. 늑장대응을 한 것이다. 그러고도 모자라 청와대는 정직하게 사실을 밝히지 않고 있다. 이 일에 책임지겠다는 사람도 나오지 않았다. 여당에선 대표와 '똘마니 의원들'이 궁색한 논리로 "조국 민정수석에겐 책임이 없다"고 주장하지만 우군인 정의당조차 냉랭하다. 해외 순방 중이던 문 대통령은 기자간담회에서 이 문제를 질문하려 한 기자에게 "질문 받지 않고 답하지 않겠다"며 차단해 버렸다.

전前 정권의 문제는 미주알고주알 공개하고 때리면서 '우린 정의롭고 투명한 국정운영을 하겠다'고 호언장담했던 걸 대통령과 청와대, 여당이 기억한다면 이렇게 오만하고 치졸하게 나올 수는 없는 일이다. 이런 태도가 국민의 울화를 치밀게 한다는 것을 모른다면 그 또한 멍청함이고 오만이다.

마키아벨리는 ≪군주론≫에서 "인민의 미움을 받는 것을 피하라"고 충고했다. 문 대통령 지지율 하락이 그에 대한 국민의 미움이 커지고 있다는 증거임을 청와대와 여당이 인식하지 못한다면 '20년 집권' 운운하며 건방을 떠는 이 정권은 단명短命으로 끝날 것이다.

16 대통령님, 밥 넘어갑니까?

중부일보
2018년 11월 7일

"냉면이 목구멍으로 넘어갑니까?" 문재인 대통령을 따라 평양에 간 대기업 총수들이 옥류관에서 식사할 때 리선권 북한 조국평화통일위원장이 했다는 말이다. 이 소식에 그간 오만방자하기 짝이 없던 리선권의 경질을 문 대통령이 김정은에게 요구해야 한다는 목소리가 분출했다. 그러자 정부·여당은 문제 발언 실종시키기와 초점 흐리기에 나섰다.

국회 국정감사장에서 "비슷한 얘기를 들었다. 짚고 넘어가야겠다고 생각했다"고 했던 통일부 장관은 며칠 뒤 "전해 전해서 들은 것이라 뭐라고 하는 것이 적절한지 모르겠다"고 흐리멍덩하게 말했다. 여당 원내대표는 "당시 자리에 있던 기업 총수 절반에게 확인했는데 이야기를 못 들었다거나 심각한 게 아니었다고 하더라"라며 흔적조차 지우려 했다. 권력이 기업 총수들을 상대로 입막음을 시도하고 있다는 비판은 그래서 나왔다.

북한 심기를 살피는 일이라면 만사를 제치고 나서는 여권의 발 빠른 조치로 리선권은 면죄부를 받게 생겼다. 시계 때문에 회담장 출석이 늦었다고 한 조명균 통일부 장관에게 "시계도 주인 닮아서"라고 대놓고 핀잔을 줬던 리선권의 안하무인과 기고만장은 이 정권이 알아서 설설 기는 한 계속될 것이다.

리선권의 '목구멍' 발언을 없던 일로 치부한 이 정권의 책임자들이야 말로 "밥이 목구멍으로 넘어가느냐?"는 힐난을 들어야 할 것이다. 경제가 파탄지경이어서 서민을 비롯한 국민 대다수의 삶이 고달파졌기 때문이다. 한국은행과 통계청이 각종 경제지표를 발표할 때마다 확인할 수 있는 건 경제 추락이고, 고용 참사이며, 민생 피폐다.

그런데도 청와대나 민주당은 '환경 탓', '남 탓'을 하고 있다. 국제경제 환경이 나빠져서, 생산가능인구 감소 등 인구 구조가 바뀌어서, 전前 정권과 전전前前 정권이 경제 구조조정을 하지 않아서 등등의 변명만 늘어놓고 있는 것이다. 그들은 정치의 요체인 '책임윤리'를 리선권 발언 지우듯 머릿속에서 지워버린 것처럼 보인다.

문 대통령은 지난 1일 국회에서 시정연설을 했다. 그는 "국민의 삶을 함께 돌아보는 자리가 되었으면 한다"고 했지만 통계와 여론조사 등을 통해 증명되고 있는 힘겨워진 국민의 삶에 대해 책임을 느끼고 진솔하게 성찰하고 반성하는 내용의 이야기는 하지 않았다. 대신 "경제 체질과 사회 구조가 바뀌고 성과가 나타날 때까지 시간이 걸릴 수밖에 없다"며 소득주도성장론 등 기존 정책을 그대로 밀고 가겠다고 했다.

'일자리 정부'를 자처한 대통령이 고용 참사가 발생한 데 대해 사과 한

마디 하지 않고, 일자리 대란의 주범으로 대다수 경제학자들이 꼽고 있는 소득주도성장론을 신주단지처럼 받들겠다고 하는 걸 보고서 탄식이 절로 나왔다.

대통령이 문제의 경제정책은 놔두고 그걸 집행하는 사람들 경제부총리와 청와대 정책실장을 바꿀 거라는 이야기엔 냉소를 금할 수 없었다. 경제와 민생에 독이 되는 정책을 고수하는데 사람을 바꿔봐야 무슨 소용이 있겠는가, 후임자로 거론되는 이들이 '그 나물에 그 밥'이니 뭐가 달라지겠는가 싶어서였다.

제 밥그릇 챙기기에 혈안인 민주노총 등 노동계에 대해 대통령이 한마디도 하지 않은 걸 보면서는 '규제 개혁은 말뿐이고 노동 개혁은 외면하는 데 무슨 재주로 혁신 성장을 하겠다는 건가'라고 묻고 싶었다.

19세기 영국 정치가 벤저민 디즈레일리는 "오두막이 행복하지 않으면 궁전도 안전하지 않다"고 했다. 민생이 나빠지면 정권이 위험해진다는 얘기다.

민주당 대표가 '20년 집권, 나아가 50년 집권' 운운하며 희희낙락하고 있지만 경제를 멍들게 하는 정책을 고집해서 민생이 결단날 때엔 이 정권을 겨냥한 '촛불'이 등장할지 모른다.

17　공허하기 그지없는 문재인 대통령의 시정 연설

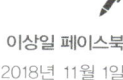

이상일 페이스북
2018년 11월 1일

2018년 11월 1일 문재인 대통령이 국회 본회의에 출석해 내년도 예산안을 설명하는 시정연설을 했습니다. '함께 잘 사는 포용적 성장' 등 말 자체론 그럴듯한 말들이 나열됐지만, 일자리 정부를 자처했던 정권에서 일자리 참사가 발생하고, 영세상공인을 비롯한 서민들의 삶이 더욱더 어려워진 데 대해 책임감을 느끼는 성찰과 반성의 이야기는 전혀 나오지 않았습니다.

현재의 고통은 경제기조를 바꾸는 과정에서 나타나는 불가피한 것이라며 영세상공인과 자영업자, 아르바이트를 하는 청년 등을 힘겹게 만든 소득주도성장 정책을 계속 추진하겠다고 대통령은 밝혔습니다.

대통령이 고집스레 소득주도성장 정책을 밀고 가겠다고 하는 가운데 그 정책을 설계해 온 장하성 청와대 정책실장, 정책집행을 해 온 김동연 경제부총리를 동시에 경질하는 것을 청와대가 검토하고 있다는 보도와 관측이 나왔습니다.

청와대는 "대통령의 결심이 서지 않았다"고 하지만 청와대와 정부, 민주당에선 교체를 기정사실화하는 분위기라고 합니다. 사람 교체 검토는 정책이 실패했다고 보기 때문일 텐데 사람은 바꾸면서 문제의 정책은 놔둔다는 건 어리석은 일 아닐까요.

새로 들어와서 정책을 집행할 사람도 '그 나물의 그 밥'일 게 뻔한데 그들이 같은 정책을 추진하고 집행한다고 해서 달라질 게 있을까요. 거의 모든 경제학자들이 정책에 문제가 있다고 하는데 깨닫지 못하는 대통령과 청와대·민주당의 주류는 독선에 빠져 현실을 바로 보지 못하고 균형감각도 상실한 지독한 '확증편향' 병에 걸려 있는 것 아닐까요.

대통령은 혁신 성장을 강조하면서 규제 혁신을 속도감 있게 추진하겠다고 했지만 구체적인 규제 개혁 비전은 제시하지 않았습니다. 이 정권에서 위세를 부리면서 제 밥그릇만 챙기고 무리한 요구를 하는 데 여념이 없는 민노총을 비롯한 노동계를 개혁하겠다는 얘기는 일언반구도 하지 않았습니다. 노동 개혁 의지는 없고, 규제 개혁은 거의 말뿐인 상황에서 무슨 재주로 혁신 성장을 하겠다는 것인지 의아했습니다.

18. 문재인 정권, 교조주의 못 버리면 삼류가 된다

중부일보
2018년 9월 5일

　문재인 대통령이 장관 5명을 바꿨다. 교육·국방·산업통상·고용노동·여성부 장관이 경질됐다. 환경부 장관도 바뀔 것이라고 한다. 중폭의 개각에 대해 청와대 대변인은 "키워드는 심기일전과 국민체감"이라고 밝혔다.

　문재인 정부가 출범한지 1년 4개월가량이 됐지만 정권은 특별한 성과를 내지 못했다. 경제는 나빠졌고 민생은 고달파졌으며, 북핵 문제는 오리무중五里霧中이다. 대통령과 정부·여당에 대한 국민의 기대는 실망으로 바뀌는 형국이다. 대통령 지지율의 급속한 하락이 그 방증이다. '적폐청산'을 내걸며 전前 정권, 전전前前 정권 때리기로 재미를 봤던 현 정권에겐 위기가 아닐 수 없다. 대통령이 일부 장관 교체 카드를 꺼낸 것은 이런 불길한 흐름의 맥을 끊어보자는 것이다. 개각으로 '국면전환'을 해보겠다는 것인데, 그 말을 대놓고 할 수 없으니 '심기일전'이란 표현을 쓴 것이다.

국민체감? 국민이 느낄 수 있도록 일 잘 하고, 성과를 내 보자는 뜻일 테니 깎아 내릴 이유는 없다. 정권에 대한 국민의 종합적 체감지수가 높아진다면 정권도, 대통령도 박수를 받을 것이다. 정권 재창출도 기대할 수 있을 것이다. 이를 위해 장관은 얼마든지 바꿀 수 있는 일이다.

하지만 장관을 교체한다고 해서 성과가 절로 나고, 정권에 대한 국민체감지수가 자동으로 올라가진 않는다. 바뀐 장관이 잘 할 것이라고 속단할 수도 없다. 전임자보다 전문성이 더 떨어진 장관 후보자도 있지 않은가. 후임들의 역량은 차분히 지켜보면서 판단하면 되는 문제다. 그보다 더 중요한 건 정권의 주요 정책, 특히 실패했다고 지적받는 것들을 그대로 두고 장관만 바꿀 경우 '국민체감'이 좋아질 수 있을까 하는 점이다.

2018년 9월 1일 문 대통령이 참석한 가운데 청와대에서 열린 당·정·청 전원회의에서 내려진 결론은 경제난難과 민생고苦 심화의 주범으로 꼽히는 소득주도성장 정책의 속도를 오히려 높이겠다는 것이었다. "고통을 최소화하는 보완책을 마련하면서"라는 단서가 달렸지만 역효과를 내고 있는 기존 정책을 한층 더 강하게 밀어붙이겠다는 거였다. 절대 다수의 경제학자들이 비판하고, 김동연 경제부총리나 김광두 국민경제자문위 부의장 등 정권의 일부 핵심인사들도 우려를 표명한 소득주도성장론의 추진속도를 더 내겠다고 하니 현실을 몰라도 너무 모르지 않나 싶다.

소득주도성장론을 이처럼 신주단지 모시듯 하는 데 그 핵심 수단인 최저임금 인상과 근로시간 단축 문제를 다루는 고용노동부 장관을 민주당 의원에서 관료 출신으로 바꾼다고 한들 무엇이 얼마만큼 달라지겠는

가. 소득주도성장론이 기업의 의욕을 꺾고 있는 상황에서 '혁신 성장'을 주창하고, 관계 장관산업통상을 학자에서 관료 출신으로 바꾼다고 해서 기업 투자에 불이 붙고, 일자리가 넘쳐날 것 같은가. 게다가 혁신 성장은 '빛 좋은 개살구'가 아닌가. 규제 개혁은 거의 말뿐이고, 노동 개혁은 시도도 못하고 있지 않은가. 혁신의 알맹이도 없으면서 무슨 재주로 4차 산업혁명을 주도할 수 있다는 말인가.

이 정권은 국민과 국민경제를 이념의 실험대상으로 삼는 것 같다. 1년 이상의 실험이 심각한 부작용을 일으키고 있는데도 실험의 강도를 높이겠다고 하니 이쯤 되면 오기나 교조주의 콘테스트의 1등감이 아닐 수 없다. 이렇게 간다면 이 정권도 '삼류'라는 소릴 듣게 될 것이다. 대통령은 '일류'가 되고 싶지 않은가. 그걸 바란다면 무능한 장관 교체에 그치지 않고 현실에서 통하지 않는 정책들과 태도까지 싹 바꿔야 한다. 정책실패를 인정하고 수정하는 유연성을 갖추지 않으면 일류가 되기 어렵고, 정권에 우호적인 국민체감 지수도 올리기 어려울 것이다.

19　　　　　　　　　　　　　대통령에겐
　　　　　　　　　'상인적 현실감각'이 필요하다

중부일보
2018년 8월 1일

　　문재인 대통령이 휴가 중이다. 청와대는 "휴가 그 자체"라며 대통령의 대민對民 접촉 등 외부활동은 없을 것이라고 했다. 비서들은 "충분한 휴식을 취하시라"고 했겠지만 문 대통령이 만사萬事를 잊고 쉴 수만은 없을 것이다. 그가 업무에 복귀하면 무슨 메시지를 내놓을까, 개각을 통해선 어떤 변화를 줄까 등 국정에 대한 국민과 언론의 관심이 큰 만큼 문 대통령도 휴가지에서 여러 구상을 할 것이다. 문 대통령이 생각을 어떻게 가다듬을지 알 순 없지만 바라고 기대하는 건 '예리한 현실감각'이다.
　　그는 올해 신년사에서 "국민의 삶의 질을 최우선 국정목표로 삼아 국민이 피부로 느낄 수 있는 변화를 만들겠다"고 천명했다. 지난해 말 청와대 정책기획위원회 출범식 땐 "정부 정책이 국민의 삶을 바꾸지 못하면 아무 의미가 없다"고 했다. 옳은 국정목표이고, 맞는 말씀이다. 그런데 삶의 현장은 어떤가. 정부 정책으로 삶이 좋아졌는가? 이렇게 묻는다면 '아니오'라고 답할 국민이 훨씬 많을 것이다. 이 정부가 위한다고 하는 서민과 청년층에서도 '노No'라는 응답이 제법 많이 나올 것 같다.

통계청의 5월 발표에 따르면 올해 1분기1~3월 가구 소득 하위 20%의 월평균 소득은 8.0% 줄었다. 같은 기간 상위 20%의 월평균 소득은 9.3% 늘었으니 하위 층의 상대적 박탈감은 한층 컸을 것이다. 청년실업률도 아주 심각한 수준인 10.5%체감실업률은 23.2%, 통계청 6월 발표로 나타났고, 개선될 기미는 전혀 보이지 않고 있다. 소득은 줄고 일자리를 찾기 어려운데 물가는 줄줄이 오르고 있으니 서민이나 청년에겐 삼중고三重苦, 사중고다.

삶의 현장에선 식당, 치킨집, 피자집, 편의점, 여관 등의 폐업이 속출하고 있다. 그나마 문을 연 곳에선 종업원이나 아르바이트생을 내보내고 가족노동에 의존하는 형태가 늘고 있다. 온 가족이 매달려서 번 음식점의 한 달 이익이 대통령 공약 덕분에 올해만 16.4%가 오른 최저시급을 받는 노동자들 소득에도 못 미친다고 하는 자영업자들도 적지 않다. 이런 상황에서 최저임금위원회가 내년도 최저임금 인상률을 10.9%로 결정하자 전국의 자영업자들과 중소기업들은 "나를 잡아 가라"며 불복종 운동을 전개하기 시작했다. 최저임금의 급격한 인상 등 비용 상승으로 사업 존폐의 기로에 몰리자 모두 궐기하고 나선 것이다.

문 대통령은 휴가 전인 지난 26일 저녁 서울 광화문의 한 호프집에서 음식점·편의점 주인, 중소기업 사장, 취업준비생 등과 만났다. 만남은 청와대 기획에 따른 것이지만 초대받은 이들이 낸 목소리는 삶의 현장에서 국민이 겪는 어려움을 대변하는 것이었다. 그러나 그들의 얘기에 대통령이 보인 반응은 실망스러웠다. 최저임금의 업종별 차등 적용 요구 등을 일축하면서 "과거 주5일제 근무처럼 제도가 정착되면 도움이 된다"고 하는 등 그대로 가겠다는 뜻을 밝혔기 때문이다. 해야 할 말을 꼼꼼하게 준비하면서 대통령의 현실감각을 기대했을 참석자들은 맥이 빠졌을 것이다.

문 대통령은 휴가지에서 생각해 보기 바란다. 호프집에서 들은 목소리가 힘든 삶을 사는 이들의 '절제된 절규'가 아니었는지, 신년사에서 강조한 '국민이 피부로 느끼는 변화'가 의도한 것과는 반대인 '살기 힘들어졌다'가 아닌지 등등. 집권 세력이 추앙하는 김대중 전 대통령은 "서생적 문제의식과 상인적 현실감각을 함께 가져야 한다"고 했다. 문 대통령의 소득주도성장론이 서생적 문제의식에서 나온 것이라면 그것이 현실 세계에선 심한 역효과를 일으키고 있는 것은 아닌지, 대통령이 상인적 현실감각으로 냉철하게 진단해야 할 때다.

대통령 체면보다
국민의 삶이 우선이다

20

중부일보
2018년 6월 6일

"하위 20%의 가계소득이 줄어 소득분배가 악화됐다. 이는 우리에게 매우 아픈 지점이다." 2018년 5월 29일 → "고용근로자 근로소득은 전반적으로 증대됐다. 올해 최저임금 인상을 결정할 때 기대했던 효과가 나타나는 것이다. 소득주도성장, 최저임금 인상의 긍정적 효과를 자신 있게 설명하라. 긍정 효과가 90%다." 2018년 5월 31일

문재인 대통령의 발언이 이처럼 달라진 것은 정부 경제정책의 핵심인 소득주도성장과 그 중요수단인 최저임금 인상 정책이 흔들리는 걸 막기 위해서다. 문 대통령의 5월 29일 발언이 급격한 최저임금 인상의 부작용을 인정하는 것으로 비쳐질까봐 대통령이 서둘러 정책기조의 불변을 강조하고 나선 것이다.

문 대통령은 "긍정효과가 90%이니 자신 있게 설명하라"고 하면서도

근거를 제시하진 않았다. 대통령 말씀이 이틀 전과 완전히 달라졌는데도 청와대는 이유를 '자신 있게' 설명하지 않았다. 그로 인해 비판여론이 형성되자 청와대는 뒤늦게 통계청 통계2018년 1분기 가계동향 조사결과에서 기준을 바꾼 결과를 대통령의 달라진 발언의 근거로 삼았다고 밝혔다.

청와대 의뢰를 받은 노동연구원과 보건사회연구원이 통계청의 가계소득 원본자료에서 '월급받는 근로자'만 따로 떼어내서 분석했더니 최하위 10%를 뺀 90%의 근로자의 소득이 늘었다는 것이다. 그런데 최저임금의 급격한 인상으로 고용시장에서 쫓겨난 사람들과 종업원 인건비 상승으로 소득이 준 자영업자들, 즉 삶의 현장에서 큰 고통을 겪는 이들은 분석대상에서 빠졌다. 최저임금 인상으로 타격을 받은 이들을 제외하고 혜택을 본 취업 근로자들의 소득만을 분석해서 '긍정효과가 90%'라고 한 것이 청와대 측 통계인 것이다.

당초 통계청 통계가 나오자 대통령은 '아프다'고 했다. 그런 통계가 청와대의 주문으로 가공된 다음에는 '기대했던 효과가 나타났다'는 대통령의 낙관론을 뒷받침하는 자료로 둔갑한 셈이니 마술도 이런 마술은 없을 듯싶다. 앞으로 통계청이 통계를 내놓을 때마다 청와대가 나쁜 건 빼고 좋은 것만 간추린 통계를 제시해서 경제실상을 호도할까봐 두렵고, 주눅든 통계청이 다음부터는 청와대 입맛에 맞는 통계만 내놓을까봐 걱정스럽다.

더욱 가관可觀인 것은 통계를 사실상 변조하고서도 '그게 어때서'라는 식으로 나오는 청와대의 낯 두꺼움이다. 청와대에서 이런 비정상이 발생하는 이유는 대통령의 소득주도성장론정부가 최저임금 인상, 복지 확대로 국민

소득을 올려주면 소비와 생산이 늘어나고 소득이 다시 증대된다을 신주단지 모시듯 모두가 떠받들고 있어서다. 그러나 이 '이론 아닌 이론'은 역사적으로나 실증적으로 유용성이 입증되지 않은 것이다. 절대 다수의 경제학자들이 처음부터 의문을 나타낸 이유도 여기에 있다.

한국개발연구원KDI은 4일 "올해 최저임금 인상으로 고용감소가 최대 8만 4000명에 달하며, 정부 계획대로 내년과 후년에 최저임금을 15%씩 인상하면 향후 2년 간 고용감소는 24만여 명에 이를 것"이라며 과도한 최저임금 인상의 부작용을 경고했다. 청와대가 통계 놀음을 할 때가 아니라는 걸 KDI도 얘기하고 있는 것이다.

대통령의 정책이 관념적으로 아무리 좋다고 해도 현실세계에서 통하지 않으면 무슨 소용이 있겠는가. 청와대 경제참모들은 소득주도성장론의 타당성을 철저하게 따져봐야 한다. 경제를 잘 모르는 대통령에게는 이상과 현실의 괴리, 전망과 실제의 차이를 정직하게 설명하기 바란다. 대통령도 열린 태도로 현장의 문제를 점검하면 좋겠다. 정책의 폐기나 수정이 대통령의 체면을 깎는 것일 수는 있지만 그것이 국민을 위한 더 나은 선택이라면 얼마든지 감수할 수 있는 것 아닌가.

21. 청와대의 정직성, 도마 위에 올랐다

중부일보
2018년 1월 3일

임종석 청와대 비서실장이 아랍에미레이트연합 UAE를 방문한 까닭은 도대체 무엇일까. 청와대의 설명이 매번 바뀌고, 언론과 정치권이 여러 갈래의 의혹을 제기함에 따라 국민은 무엇이 진실이고, 거짓인지 알 수 없게 됐다. 여야 공방은 새해 벽두에도 계속되고, 의혹은 날로 증폭되고 있으니 이 얼마나 소모적이고 한심한 일인가.

박근혜 정부는 최순실씨 문제를 덮고 감추려다 국민의 분노를 샀고, 대통령은 권좌에서 쫓겨났다. 이것이 주는 교훈을 누구보다도 잘 아는 측이 현 정권일 것이다. 문재인 대통령이 '투명성'과 '소통'을 강조하는 이유도 그 때문일 것이다. 그런데 임 실장에 대한 청와대의 태도는 최순실씨 관련 의혹을 깔아뭉개기로 일관했던 전前 정권의 모습과 다를 바 없다. 추측의 난무로 국민은 혼란을 느끼고, 정치권은 정쟁을 하는데도 청와대는 진술한 이야기를 하지 않고 있다. 외교관이 임 실장을 수행했는데도 외교부 장관은 "외교부가 모르는 일이 있다"며 입을 닫아 버렸다.

임 실장은 2017년 12월 9일 UAE로 떠났다. 문 대통령의 중국방문12월 13~16일을 앞두고 청와대와 외교부가 온통 준비에 매달리던 시기에 이뤄진 갑작스런 출국이었다. 청와대는 임 실장 출국 다음날에야 이 사실을 밝혔다. 그러면서 파견 장병 격려가 목적이라고 했다. 불과 한 달 전에 송영무 국방장관이 다녀 간 곳에 임 실장이 대통령 특사로 간 이유가 '장병 격려'라니? 이런 설명은 처음부터 의문을 낳았다.

임 실장은 지난달 10일 UAE 왕세제를 면담했다. 그 자리엔 UAE 원자력공사 이사회 의장이 배석했다. 이 일이 언론에 의해 드러나고, UAE에 수출한 원전 건설과 관련해 문제가 생긴 것 아니냐는 관측이 나돌자 청와대는 말을 바꾸기 시작했다. 방문 목적이 '장병 격려'에서 '파트너십 강화' → '박근혜 정부 때 소원해진 관계 복원' → '대통령 친서 전달'로 변한 것이다. 그래놓고도 "양국 관계에 문제가 없다"고 말하고 있으니 그야말로 뒤죽박죽 아닌가.

임 실장이 UAE로 떠나기 전 최태원 SK그룹 회장을 만났다는 사실, 최 회장이 UAE에 다녀오고 나서 임 실장에게 면담을 요청했다는 사실도 언론에 의해 확인됐다. 그 전까지 두 사람의 만남을 공개하지 않았던 청와대의 해명은 또 오락가락했다. "면담 후 기업 피해 문제를 해결하기 위해 UAE를 방문한 것 같다"고 했던 고위 관계자들의 얘기는 나중에 "만남은 기업의 일반적 애로사항을 듣기 위한 것일 뿐 UAE 방문과 무관하다"는 말로 대체됐다.

청와대는 UAE와의 군사협력 관계에 문제가 생겼다는 관측에 대해서도 부인하고 있다. 국회 국정조사를 추진하겠다고 하는 자유한국당에 대해선 "사실을 말하면 한국당이 감당할 수 있겠는가"라고 했다. 진실을 밝히지 않으면서 야당에 으름장만 놓는 청와대, 과거에 봤던 낯익은 모습 아닌가.

청와대 측은 "외교엔 상대국이 있는 만큼 말을 못하는 사정이 있다"고 말한다. 수긍할 수 있는 얘기다. 하지만 일본에 대해선 그렇게 하지 않지 않았나. 박근혜 정부 때 이뤄진 일본군 위안부 합의와 관련해 외교문서를 모두 들추고 비공개 내용도 '이면합의'란 딱지를 붙여 국민에게 다 알려주지 않았던가. 박근혜 정부 시절 UAE와 멀어졌다면 그 이유도 밝히는 게 일본과의 형평을 고려할 때 맞는 일 아닌가. 지난 정부의 외교 문제를 조사해서 공개한 만큼 현 정부의 외교 문제도 숨김없이 털어놓는 게 옳지 않은가. 청와대가 문제를 은폐하면 은폐할수록 탄핵당한 정권의 청와대를 닮아간다는 지적이 나올 터, 청와대는 투명성과 정직성의 도마 위에 올랐다는 사실을 심각하게 받아들여야 할 것이다.

22. 사법부의 '견제와 균형'은 사라진 것인가

중부일보
2017년 11월 20일

　김명수 대법원장은 국회 인준 과정에서 야당의 거센 반대에 직면했다. 대법관 경력이나 법원 행정 경험이 없는 그가 파격적으로 발탁된 것은 문재인 대통령의 '코드인사' 결과이고, 그런 그가 대법원장이 된다면 사법부는 독립성을 잃고 정치적으로 치우칠 우려가 있다고 야당은 주장했다.

　그가 특정성향 판사들 모임인 우리법연구회와 그 후신後身격인 국제인권법연구회 회장을 지냈고, 이들 연구회 출신이 청와대·법무부 등에서 요직을 차지한 터라 야당의 걱정은 컸다. 인사청문회에서 코드 문제를 따진 야당이 대법원장 후보자 임명동의안 표결에서 대거 반대표를 던진 것은 사법부의 미래에 대한 불안감이 해소되지 않았기 때문일 것이다.

　김 대법원장 취임 50일이 지난 지금 사법부 모습은 어떤가. 야당의 우려가 기우였음을 보여주어야 하는데, 오히려 걱정한 대로 가는 것 같다.

김 대법원장은 '판사 블랙리스트' 의혹에 대한 재조사를 지시했다. 대법원 산하 법원행정처가 판사들 성향을 분류하고, 특정성향 판사들의 신상자료를 별도로 관리하면서 인사에 반영한 것 아니냐는 의혹을 다시 들여다보겠다는 것이다.

양승태 전임 대법원장 시절 '사실무근'이란 결론을 내린 진상조사위 조사를 믿지 못하겠다고 하는 특정성향 판사들의 손을 들어준 것이다. 모든 의혹을 해소하고 논란을 종결짓기 위해 재조사를 하는 건 나쁘지 않다고 본다. 사법부가 안정을 되찾고, 사법신뢰를 회복하는 길이 거기에 있다면 딴죽을 걸 이유도 없다.

중요한 건 재조사의 공정성과 신뢰성이다. 그것이 흔들리면 또 다른 분란이 생길 터, 김 대법원장이 놓치고 있는 것은 바로 이 문제가 아닌가 싶다. 그는 조사위원장에 민중기 서울고법부장판사를 지명했다. 자신이 이끌었던 우리법연구회 회원이었고, 재조사를 요구해 온 법관대표회의 소속 판사에게 조사 지휘권을 준 것이다.

민 판사가 임명한 6명의 조사위원 구성도 문제가 있다. 위원 5명이 '양승태 사법부'의 조사 결과를 부정하고 재조사를 하자고 한 인권법연구회와 법관대표회의 멤버여서다. 이처럼 출발부터 편향성을 노출한 재조사위가 공정하고 공평한 조사를 할 수 있을지, 조사 대상자들의 협력을 얻을 수 있을지 의문이다. 이런 의구심이 해소되지 않은 상황에서 조사가 진행된다면 새로운 논란과 갈등이 생겨 사법부가 내홍에 휩싸일 수도 있다.

김 대법원장은 인사에서도 같은 코드의 판사들을 중용하고 있다. 그는 판사 3천명의 인사실무를 담당하는 법원행정처 인사총괄심의관, 대법관 추천위원회의 일선 법관 몫 위원에 인권법연구회 소속 판사들을 나란히 임명됐다.

이제 우리법연구회·인권법연구회·법관대표회의 구성원은 전두환·노태우 정권 시절 군을 장악했던 '하나회' 조직을 연상시킬 정도로 득세했다는 말까지 나오고 있다. 이들은 김 대법원장의 든든한 지원군이 되겠지만 그들의 특정성향과 그들을 요직에 앉히는 코드인사로 사법부는 골병이 들지도 모른다. 사법부가 조화와 균형을 잃고, 정치에 오염될 수 있어서다.

23 새해를 맞는 마음이 어두운 이유

중부일보
2019년 1월 3일

　새해를 맞는 마음은 밝음으로 가득 차 있다. 모두가 멋진 설계를 하고 희망을 이야기하기 때문이다. SNS 상에는 그런 환한 마음, 활기찬 의욕이 넘쳐 난다. 저마다 꿈과 희망을 가꾸려는 아름다운 모습을 접하면서 그런 모든 염원이 실현되고 성취되면 좋겠다는 소망을 가져 본다.

　그러나 현실을 생각하면 마음이 어두워지는 것 또한 사실이다. 국민의 삶과 행복을 책임져야 하는 정권이 별로 달라질 것 같지 않은 징후, 경제와 민생은 더 나빠지고 북한은 핵을 없애지 않고 시간을 끌 것이라는 예상 등에 따른 걱정이 마음 한 구석에 자리 잡고 있어서다.

　문재인 대통령은 지난해를 마감하는 12월 31일 이렇게 말했다. "사회에 '경제 실패' 프레임이 워낙 강력하게 작동하고 있어서 성과가 제대로 전달되지 않은 점이 안타깝다."

청와대에서 민주당 지도부와 오찬을 함께 한 자리에서 "(언론이) 보도하고 싶은 것만 부정적으로 보도하는 상황이 너무나도 안타깝다"며 그런 말을 한 것이다. 언론보도가 불만스럽다는 대통령의 심정은 어느 정도 이해가 간다. 전임자들도 마찬가지로 그런 불만을 나타냈었다. 그러나 언론의 역할 중 핵심은 비판이다. 때론 비판이 지나쳐서 대통령으로선 억울할 수 있다. 하지만 대통령과 정부가 잘 한다면 칭찬엔 인색할지언정 비판은 하지 못하는 게 언론이다.

'경제 실패' 프레임? 대통령은 그 프레임 때문에 정권이 비판받고 있다는 투로 이 말을 썼다. 실패라고 하는 언론이나 야당의 주장을 인정할 수 없다는 뉘앙스도 담겨 있다. 그런데 실패가 아니라면 이 프레임이 강력하게 작동하기 어렵다. 언론과 야당이 그런 프레임을 만들려고 아무리 애를 써도 국민이 실패라고 여기지 않으면 그 프레임은 통하지 않는다. 더욱이 성과가 크고 많다면 그런 프레임은 존재할 수조차 없다.

대통령 집무실의 일자리 상황판에 적힌 통계를 비롯해 경제 실패의 증거는 차고 넘친다. 대통령은 오찬장에서 지난 한 해의 부족함을 성찰하고 달라지겠다는 뜻을 밝혔어야 옳았다. 심기일전과 환골탈태를 다짐해도 모자랄 터에 '남 탓' 타령을 했으니 정부에 기대를 걸기 어렵지 않은가.

대통령이 맥락 없는 얘기를 한 날 국무회의는 경제를 더 추락시킬 것이라는 지적을 받는 최저임금 시행령안을 의결했다. 2019년 최저임금이 주휴週休수당 산입으로 실질적으론 33%나 올라가는 내용의 시행령을 통과시킨 것이다. 지난해 최저임금의 과도한 인상16.4%으로 자영업자 폐업, 일자리 감소, 물가 상승, 소득 양극화 확대 등의 폐해가 발생했다. 그보다 충격파가 더 클 걸로 보이는 결정을 정부가 밀어붙인 만큼 2019년을 바라보는 마음이 어찌 낙관적일 수 있겠는가.

　문 대통령이 새해 첫날 SNS를 통해 내놓은 신년사엔 "평화가 한 분 한 분의 삶에 도움이 되도록, 돌이킬 수 없는 평화로 만들겠다"는 대목이 있다. 남북 사이에 '돌이킬 수 없는 평화'를 만들겠다고 하는 다짐에 이의를 달 사람은 없을 것이다. 문제는 말이 아닌 실행이고 정확한 현실인식이다. 북한 핵이 단 하나라도 존재하는 한 '돌이킬 수 없는 평화'는 공염불이다. 그런데 대통령은 평화만 말할 뿐 '북핵의 돌이킬 수 없는 폐기'는 입에 올리지 않고 있다.

　김정은 신년사엔 '완전한 비핵화'란 말만 있을 뿐 어떻게 하겠다는 얘기가 없다. 반면 미국이 제재를 풀지 않으면 '새로운 길'을 모색하겠다는 공갈은 담고 있다. 북한은 지난해처럼 시간을 끌면서 한미동맹을 흐트러뜨리고 한국의 맹목적 종북 세력을 늘리는 일에 주력할 것이다. 그런 북한에 현 정권은 또 끌려 다닐 거고, 북핵 문제는 여전히 표류할 공산이 크다. 이럴진대 어찌 마음이 어둡지 않겠는가.

한국당, 우파, 정치 관련

제II장

한국 정치, 고칠 수 있는 방법은?

10월 3일과 9일 광화문과 주변 도로를 가득 메운 이들 중 절대 다수는 동원된 이들이 아니었다. 공정과 정의를 짓밟고도 "뭐가 문제냐"라고 하는 정권의 뻔뻔함에 화가 나서, 민생과 안보를 파탄지경에 빠뜨리고서도 반성도, 국정전환도 하지 않는 정권의 오만함에 울화통이 터져서, 나라 망하는 꼴을 볼 수 없으니 힘을 모아 바로 잡자는 의기가 투합해서 전국에서 국민들이 자발적으로 집결한 곳이 광화문이다. 그런 그들의 소망과 염원을 대통령과 여당은 무시하고 서초동에 모인 지지층만 바라보고 있으니 구제불능이다. 그러니 대안은 다른 곳에서 찾을 수밖에 없다. 야당, 특히 한국당의 역할이 중요한 이유다. 한국당이 야권과 중도우파의 중심이 되어서 쇄신과 통합을 동시에 이루고 내년 4월 총선에서 승리할 수 있을 것인가? 정권이 폭주하는 것에 제동을 걸어야 한다고 생각하는 국민들 중 다수의 관심사는 여기에 있다.

24 한국당이 호감도를 높이고 승리하는 길은?

국가미래연구원 뉴스 인사이트
2019년 7월 18일

　문재인 대통령의 국정운영에 대한 국민지지 여부 긍정·부정 평가를 묻는 여론조사 결과는 매주 나온다. 정당지지율도 함께 제시된다. 조사기관인 한국갤럽이나 리얼미터 등이 내놓는 결과엔 일관성이 있어 보인다. 대통령에 대한 긍정·부정 평가는 반반이다. 약간의 등락이 있긴 하지만 한쪽으로의 쏠림현상은 나타나지 않고 긍정과 부정이 엇비슷하게 나오는 게 요즘의 흐름이다. 정당별 지지율에선 여당인 민주당이 오차범위 밖에서 제1야당인 자유한국당을 앞서는 걸로 나타난다. 한 자리 수에 머물고 있는 다른 정당들에 대한 국민 지지율에도 별다른 변화가 보이지 않는다.
　이런 결과에 대해 "조사가 맞느냐? 믿을 수 있느냐?"라고 의심하는 국민들도 많다. "문재인 정권에 아주 비판적인 사람들이 내 주변에 수두룩한데 여론조사는 늘 이상하게 나온다"고 이야기하는 분들도 많다. 집권 2년 2개월이 지난 시점에서 현 정권에 실망한 국민들이 크게 늘어난 만큼 문 대통령 지지율이 집권 1년차보다 크게 떨어진 것은 사실 '여론조사를 못 믿겠다'고 하는 이들이 많아진 것은 자연스런 현상이 아닐까 싶다.

여론조사엔 오류가 있을 수 있다. 낮은 응답률 등 표본 모집에 한계가 있고, 전화인터뷰와 ARS 자동응답시스템 중 어떤 것을 중심으로 조사가 진행되는지 등 조사방식에 따른 편차가 있을 수 있으며, 설문을 어떻게 구성하느냐에 따라 응답 결과가 달라질 수 있기 때문이다. 여론조사기관별로 상당히 다른 조사결과가 나오는 경우가 있는데, 그건 이 같은 조사방법상의 한계에서 비롯된다고 할 수 있다. 그럼에도 여론조사를 무시할 수 없는 이유는 민심을 비교적 객관적으로 측정할 수 있는 과학적인 방법이고, 조사결과에서 중요한 함의를 얻을 수 있기 때문일 것이다.

현 국면에서 여론조사에 가장 큰 불신을 가진 쪽은 한국당 측이 아닐까 싶다. 한국당 당원들의 경우 노골적으로 불만을 나타내는 경향이 강하다. 그래서 조사결과에 큰 의미를 부여하지 않는다고 말하는 분들도 많다. 하지만 조사결과를 믿고, 안 믿고를 떠나 '그것이 당에 줄 수 있는 함의는 무엇일까'라며 깊이 생각해 보는 게 중요하지 않나 싶다.

한국당에 대한 호감도는 낮고 비호감은 높은 게 문제

여론조사기관마다, 조사시기마다 결과가 다르고, 경우에 따라선 차이도 많이 나지만 거의 모든 조사에서 대동소이 大同小異한 결과가 나오는 것이 있다. 한국당에 대한 국민 호감도가 낮다는 것이다. 한국당이 정당 지지율에서 민주당에 이어 확고부동한 2위로 자리 잡은 것은 모든 여론조사에서 확인되고 있지만 한국당의 비호감도가 높게 나오는 것 또한 사실이다.

7월 5일 발표된 한국갤럽 조사2~4일 전국 성인 1008명 조사, 신뢰수준 95%, 표본오차 ±3.1%에서 한국당에 '호감이 간다'고 한 응답은 23%, '호감이 가지 않는다'는 응답은 65%였다. 민주당의 경우 '호감이 간다'는 47%, '호감이 가지 않는다'는 39%다. 조사에 응한 전체 응답자 1008명 중 성향을 '보수'라고 밝힌 이는 255명, '진보'라고 한 사람은 261명으로 엇비슷했다. '중도'는 312명, '모름·응답거절'은 182명이었다. 중도파와 모름·무응답층에선 한국당에 대한 호감도가 매우 낮게 나왔다. 중도성향에서 한국당에 호감이 간다고 한 이들은 16%에 불과했다. 중도층의 75%는 '한국당이 비호감'이라고 답했다. '모름·무응답층'의 경우 한국당에 호감20%, 비호감49%, 모름·응답거절31%의 분포를 보였다. 중도성향에선 민주당에 호감49%을 갖고 있는 응답자가 비호감40%을 느끼는 이들보다 많았다.

한국당의 경우 보수층의 호감도도 그다지 높지 않았다. 보수성향의 응답자 중 한국당에 호감을 나타낸 이들은 50%, 비호감을 가진 이들은 41%였다. 진보성향을 가진 이들 중 80%가 민주당에 호감을 갖고 있고, 12%만이 비호감을 느낀다고 한 응답결과와는 대조적이다.

보수의 마음도 다 못 잡은 한국당, 중도로의 확장 쉽지 않아

이런 조사결과에서 읽을 수 있는 함의는 무엇일까? 한국당이 보수의 마음을 아직 확고하게 잡지 못했다는 것, 그리고 중도층으로의 확장도 쉽지 않을 것이란 점이다. 이런 상태에서 2020년 4월 21대 총선을 치른다면 한국당이 이길 수 있을까? 민주당 정권이 경제와 민생을 엉망으로 만들고, 북핵 문제는 조금도 해결하지 못한 채 안보에 많은 허점을 노출했는데도 내년 총선에서 그들을 준엄하게 심판하지 못한다면, 그래서 정권의 독선과 독주가 계속되도록 허용한다면 한국당은 감당하기 어려운 책임론에 직면할 것이다. 한국당 입장에선 최악인 이런 시나리오가 현실로 전개되지 않도록 하려면 한국당은 국민의 호감도를 높이고 신뢰를 얻는 방안들을 다각도로 모색해야 할 것이다.

한국당의 이미지는 굳어져 있다. '웰빙·꼴통'의 인상이 여전하고, 변화하고 쇄신하는 느낌을 주지 못해서다. 보수세력에서 한국당에 대한 호감도가 50%밖에 나오지 않는 건 새누리당에서 이름만 바뀌었을 뿐 내용물은 거의 그대로인 한국당에 냉담한 보수층짐작컨대 보수성향이지만 합리적이고 개혁적인 사람들이 제법 두터워서일 것이다. 중도층에서 한국당에 대한 비호감도가 매우 높은 까닭도 고착화된 한국당의 이런 이미지 때문일 것이다.

한국당의 문제의식은 바로 이 지점에서 시작돼야 한다. 개혁적 보수와 중도층의 마음을 얻기 위한 노력을 경주하지 않고서는 총선에서 승리하기 어렵다는 인식에서 출발해야 한다. 황교안 대표 등 당 지도부의 언행,

당의 정책을 비롯한 각종 구상이 당에 변화를 주는 것이어야 하고, 그런 변화를 국민이 체감할 수 있을 정도가 돼야 선거의 향방을 좌우하는 층에서의 호감도가 올라갈 것이다.

황 대표는 안정감을 주는 데는 어느 정도 성공했지만 쇄신의 바람은 불러일으키지 못했다고 본다. 당의 주요 자리를 '친박친박근혜'으로 채웠고, 그중 일부는 사고를 쳤기 때문에 황 대표의 인사는 감동을 주지 못했다. 막말로 큰 물의를 빚은 인사들에 대한 문책이 뜨뜻미지근하다는 인상을 준 점, 국회 상임위원장 자리를 놓고 벌어진 당내의 밥그릇 싸움을 명쾌하게 정리하지 못한 점도 황 대표의 리더십에 상처를 줬다. 정치의 세계에 처음 발을 디딘 황 대표로선 '정상참작'을 받아야 할 점도 있고, 그런 맥락에서 지난 5개월 간 당을 무난히 이끌어 왔다고 평가할 수 있지만 부족한 점도 드러났다. 그걸 어떤 발상과 리더십으로 극복하느냐가 관건이다.

국가적 난제에 청와대 회동 하자고 한 황교안 대표, 그런 유연성 종종 발휘해야

한국과 일본이 충돌하는 현 상황에서 황 대표가 형식에 구애받지 않고 문재인 대통령과 만나겠다고 한 건 잘한 일이다. 대통령과의 1 대 1 회동 형식을 고집하던 황 대표가 국가적 비상상황에서 국익을 논의하기 위해 다른 야당 대표들과 함께 청와대에서 만나도 좋다고 밝힌 건 대승적 차원에서 생각을 바꾼 것이고, 정치력을 발휘한 것이라고 호평해도 좋을 듯싶다. 상황의 변화나 사정 변경에 따라 유연한 태도를 취하고, 때론 양보를 할 때 정치적으로 얻는 것이 더 많다는 걸 황 대표는 이번 일을 계기로 실감할 수 있을 것이다.

황 대표가 앞으로도 이런 유연성을 종종 발휘한다면 국민의 기대나 호감도는 높아질 수 있다. 남들이 보기에 절대 하지 못할 것 같은 걸 하면서 일종의 허를 찌른다면 놀람과 함께 감동을 줄 수 있어서다. 그간 경직되고 편협한 리더십을 보여 온 문재인 대통령과 비교될 수도 있으니 더욱 해 볼만 하지 않은가.

정치에 있어서 태도가 중요한 까닭도 여기에 있다. 태도가 이미지를 형성하고, 이미지는 국민 지지와 표로 연결되기 때문이다. 국민은 문 대통령과 민주당, 황 대표와 한국당의 태도를 관찰하면서 어느 쪽이 비교우위가 있는지 종합점수를 매긴 다음 총선에서 표를 던질 것이다.

일하는 시늉하다 흐지부지하는 웰빙 습관 버려야

태도와 함께 중요한 건 내용이다. 한국당과 황 대표의 비전이나 구상, 정책이 어떤 내용을 담고 있느냐에 따라 국민의 신뢰와 호감도는 차이가 날 것이기 때문이다. 한국당이 보수의 근간, 즉 자유민주주의체제와 시장경제를 지키기 위해 노력해 온 것은 사실이나 부족한 게 있다. 대안 제시 능력과 실행력이 약하다는 이야기다. 민주당 정권이 나라의 정체성을 흔들어도 한국당이 제대로 대처하지 못한다는 지적은 그래서 나오는 것이다.

　황 대표와 한국당은 이 문제를 바로 잡지 않으면 안 된다. 현 정권이 눈치만 보고 방관하는 민주노총의 '무법천지'와 관련해 한국당이 노동의 유연성과 공권력의 엄정성을 살리는 방안을 내놓는 등의 행보를 통해 대안 정당의 모습을 보이는 게 필요하다. 경제와 민생, 북한 핵문제를 비롯한 안보, 교육, 환경, 문화예술 등 모든 분야에서 한국당이 충분하고 충실한 방책을 갖고 있다는 것을 국민이 느낄 수 있게끔 해야 할 것이다.

　그러기 위해선 당의 체질과 관성을 바꿔야 한다. 특정 현안이 발생하면 처음엔 특위나 TF를 구성해서 일을 하는 시늉을 하지만, 시간이 지나면 그것이 있는지 없는지 관심도 두지 않는 그런 무사안일을 버려야 한다. 한번 팀을 구성하면 반드시 현실적으로 대안이 될 수 있는 결과물을 내놓도록 황 대표가 직접 챙기는 시스템을 구축하는 일도 해야 한다.

당내 잘못 스스로 시정하는 책임윤리 보여야 정권 비판 먹힌다

　대표와 한국당이 문재인 정권의 문제를 지적하고 비판하는 것은 당연한 일이고, 야당의 책무이기도 하다. 정권에 대한 한국당의 각종 비판이 설득력을 얻을 수 있으려면 어떻게 해야 할까. 비판이 합리와 근거에 뿌리를 두고 있어야 함은 물론이다. 현실적으로 타당성이 없거나, 감정에 지나치게 치우친 인상을 줄 경우 도리어 비판을 초래할 터, 공격하기에 앞서 사리분별에 맞는지 신중하게 따져 봐야 한다. 그리고 '나의 잘못'에 대해 스스로 책임을 지고, 개혁하고 광정(匡正)하는 모습을 보이는 것도 중요하다.

나의 문제는 덮어두고 미루면서 남의 잘못을 질타하고 시정을 요구한다면 국민이 잘한다고 하겠는가. 한국당은 그간 환부를 과감하게 도려내는 조치를 취하지 못했다. 그동안 이런 저런 이유로 방치해 둔 문제에 대해 책임을 물을 건 묻고 바꿀 건 바꿔서 한국당이 책임윤리를 실천하고, 자정自淨능력을 키우는 일에도 주력한다는 걸 보여줘야 한다.

보수통합의 구체적 그림 내놓고 실행해야

선거에선 구도가 중요하다. 보수든, 진보든 크게 분열하는 쪽이 불리하다. 황 대표가 보수대통합을 강조하는 건 이런 이유에서다. 그러나 보수통합에 대한 황 대표와 한국당의 구체적인 그림은 제시되지 않은 상황이다. 보수성향이 아주 강한 '태극기 부대' 지지층을 가진 우리공화당과 보수층이지만 상대적으로 개혁적인 성향을 가진 이들의 지지에 기반한 바른미래당의 보수세력 유승민·안철수 세력을 한국당이 모두 흡수하는 통합은 현실적으로 쉽지 않아 보인다.

두 정당 중 어느 한 쪽을 고르라는 선택지가 주어질 경우 황 대표와 한국당은 깊은 고민을 할 테지만, 양자택일을 해야 한다면 외연을 보다 더 넓힐 수 있는 쪽을 택할 수밖에 없을 것이다. 한국당에 대한 중도층의 호감도가 낮고, 그런 중도층을 잡지 못할 경우 총선 승리가 어렵다는 현실을 고려할 때 바른미래당 보수세력과의 통합을 먼저 모색하는 게 옳지 않나 싶다.

그러나 이 역시 쉬운 일은 아니다. 한국당이 쇄신하고 변화하지 않으면 바른미래당 측과의 통합 동력이 생기지 않을 것이기 때문이다. 그러니 쇄신과 변화가 먼저다. 그게 이뤄진다면 한국당에 대한 보수층이나 중도층의 호감도도 높아질 것이고, 통합의 구심력도 커질 것이다. 한국당이 그런 동력을 바탕으로 바른미래당의 보수세력 국민의 당 출신인 호남세력은 함께 하기 어려울 듯과의 통합을 성사시키고, 그 시너지가 발휘된다면 내년 총선은 사실상 1 대 1구도로 바뀔 수도 있을 것이다.

황 대표가 이런 구도를 만들 수 있을지 주목받게 될 것이며, 그의 리더십도 이런 맥락에서 검증받을 것이다. 황 대표가 통합의 리더십을 확실히 보여줄 수 있느냐에 따라 총선 전망도 달라질 것이다. 총선 결과는 그의 대권 도전에 큰 영향을 미칠 것이므로 황 대표에겐 명운이 걸린 문제가 선거구도와 지형을 바꿀 수 있는 보수통합의 성공 여부다.

9월 정기국회 시작 전 당직 쇄신으로 당에 변화 줘야

정기국회가 시작되는 9월이 되면 황 대표 체제도 6개월이 지난 시점이 된다. 여름휴가철도 지나고 20대 국회가 사실상 마지막으로 일하게 되는 정기국회 100일의 출발점이 9월 초다. 이때에 맞춰 황 대표가 당에 변화의 신호탄을 올리면 좋지 않을까 싶다. 친박으로 포진된 주요 당직을 개편해 당내의 탕평을 이루고, 당 밖으론 보수통합을 적극 추진하는 행보를 한다면 국민은 한국당의 변화를 주시할 것이다. 그리고 정기국회 100일 동안 한국당 의원들이 총력을 다해 일하는 모습을 보여준다면, 그래서 대안세력이 충분히 될 수 있다는 점을 각인시킨다면 총선 전망은 밝아질 것이다. 황 대표가 이번 정기국회 기간 중 의원들의 원내 활동을 꼼꼼하게 점검하고, 그걸 공천에 일부 반영하겠다고 한다면 웰빙 체질인 한국당 의원들의 태도와 움직임은 달라질 것이다.

공천은 선거의 승패를 좌우하는 중대한 문제다. 2016년 20대 총선에서 새누리당이 민주당에 패배한 결정적인 원인은 공천실패다. 청와대의 감정적인 공천 개입과 당 지도부의 무기력, 상향식 공천시스템의 와해 등이 어우러져 '참사'가 일어났고, 그것이 박근혜 전 대통령 탄핵과 문재인 정권 탄생의 씨앗이 됐다. 황 대표는 이길 수 있는 공천의 밑그림을 그려야 한다. 보수통합과 연계된 문제인 만큼 민심을 잘 헤아리면서 치밀하게 구상해야 한다. 당 안팎에서 많은 사람들의 조언도 구해야 할 것이다.

민주당은 정당지지율에서 한국당에 꽤 앞서고 있지만 위기감을 갖고 있다고 본다. 경제와 민생이 아주 나빠졌고, 외교와 안보는 형편없으며, 북한은 핵문제 해결을 위한 진정성을 전혀 보이지 않고 있기 때문에 민심의 바다에서 '정권 심판론'이 작동할까봐 내심 걱정하는 게 민주당이다. 그런 여당이 선거 때 내밀 카드는 '공천혁명'일 것이다. 정치불신의 대상인 현역 의원들을 대폭 물갈이하고, 경쟁력 있는 신진들을 내세워서 민심을 얻으려고 할 것이다. 2016년 새누리당의 공천실패를 반면교사로 삼아 '현역의원 찍어내기'가 아닌 '시스템을 통한 현역 물갈이와 참신한 인재 발탁'

이란 포장으로 선전할 것이다.

'감동공천'으로 민주당 압도해야 선거 이긴다
'친황 공천' 소리 들으면 필패

황 대표와 한국당은 이에 대비해야 할 것이다. 여당에 충분히 맞불을 놓을 수 있는 '공천혁명' 카드를 내놓고 선거를 치러야 할 것이다. 이에 대한 연구가 당에서 진행되고 있으니 지켜봐야겠지만 한국당으로선 보수통합과 인적 쇄신이란 두 마리 토끼를 함께 잡는 공천 카드를 제시해야하기 때문에 어려움이 더 크다고 할 수 있다. 4년 전처럼 줄세우기식 공천을 해서 소위 '친황(친황교안) 공천'을 했다는 지적을 받게 될 경우 내년 총선에서 좋은 결과를 얻기 어려울 것이다.

현역 의원들의 경우 의정·지역활동을 엄정하게 평가해서 기준에 미달하는 이들은 '친황'이든, '비황'이든 상관없이 과감하게 정리하는 등 객관성을 최대한 살리는 공천방안을 연구해야 할 것이다. 현역들과의 경쟁에서 불리할 수밖에 없는 신진이나 원외인사들 중 경쟁력을 충분히 갖춘 이들이 총선에 나갈 수 있는 기회를 부여하는 시스템도 만들어야 할 것이다.

공천과정에서 현역 의원들이 탈락하고 그들 일부가 다른 보수정당으로 이동해서 출마하면 한국당이 피해를 볼 가능성도 있다. 친박 현역의원들의 경우 공천을 받지 못하면 일부는 우리공화당 간판으로 선거에 나갈지 모른다. 하지만 이를 지나치게 두려워할 필요는 없다고 본다. 한국당의 공천이 보수통합과 정치쇄신·인적쇄신 차원에서 좋은 평가를 받을 정도로 과단성과 담대함을 나타낸다면 보수와 중도층을 상대로 한 한국당의 흡인력은 커질 것이기 때문이다.

한국당이 공천을 통해 "한국당이 완전히 달라졌다", "한국당이 정신 차렸다"는 평가를 받게 된다면 보수와 중도층에서 한국당에 대한 호감도는 크게 올라갈 것이고, 그 호감도가 표로 나타날 것이다. 황 대표와 한국당의 성패는 내년 총선 공천에 달려 있다. 민주당과의 공천경쟁에서 어느쪽이 보다 감동적이냐에 따라 선거결과는 달라질 것이다. 선거의 승패는 차기 대권 경쟁에도 심대한 영향을 미칠 터, 황 대표는 선거의 최대변수인 공천과 보수통합에 '올인'하지 않으면 안 된다.

25

한국당 황교안 대표가 성공하려면

국가미래연구원 뉴스 인사이트
2019년 2월 28일

자유한국당 황교안 대표 체제가 출범했다. 우파의 차기 대선 주자로 여론조사 1위를 달리던 황교안 전 국무총리가 1월 15일 한국당에 입당하면서 예견됐던 그대로의 결과가 2월 27일 한국당 전당대회에서 나왔다. 당심당원 선거인단 투표 70%, 민심여론조사 30%가 반영된 당 대표 경선에서 황교안 전 총리는 50.0%를 득표했다. 경쟁자였던 오세훈 전 서울시장 득표율은 31.1%, 김진태 의원 득표율은 18.9%였다.

정치신인으로 당에 입당한지 44일 만에 추대가 아닌 경쟁으로 당 대표를 차지하는 저력을 보이면서 우리 정치사에 새로운 기록을 남긴 황교안 대표. 그런 그가 앞으로 어떤 리더십을 발휘할지 국민은 궁금해 하면서 주시하고 있다. 당 대표 경선은 당내의 '대세론'을 타고 무난하게 치렀지만 내년 총선을 앞두고 당을 이끄는 건 차원이 다른 고난도高難度의 문제이므로 그의 역량이 주목받고 있는 것이다.

당에 대한 국민 신뢰 높이는 일이 가장 중요

황 대표 앞에 놓인 가장 중대한 과제는 당에 대한 국민의 신뢰를 높이는 일이다. 국민 신뢰를 회복하지 않고서는 내년 총선에서 승리하거나 선전善戰하기 어렵기 때문이다. 한국당이 국민의 믿음을 충분히 얻지 못한 결과 21대 총선에서 실패하면 황 대표의 대권 꿈은 물거품이 될 수 있다. 총선에서 실망스러운 결과가 나올 경우 황 대표는 지난해 6월 지방선거 패배의 책임을 지고 물러난 홍준표 전 대표처럼 사퇴할 수밖에 없을 것이다. 그런 상황이 도래한다면 당은 다시 비상대책위 체제로 가동될 것이고, 한국당을 지지하는 국민이나 무당파이지만 민주당의 재집권을 바라지 않는 국민은 차기 대권 주자로 황 대표가 아닌 다른 인물을 바라 볼 가능성이 크다. 당의 총선 승리와 황 대표의 대권 꿈은 동전의 양면처럼 하나로 결부되어 있는 셈이니 그가 어떻게 하느냐에 당과 본인의 성패가 달려 있다.

황 대표는 취임 일성으로 '통합', '투쟁', '민생과 현장'을 강조했다. 제1야당으로서 옳은 지향점이다. 문제는 실현이고, 국민 감동이다. 국민 신뢰를 높이고, 외연도 확장하려면 세 가지 목표의 감동적 실현이 중요한 것이다.

'보은 인사'로는 감동 못주고 당 통합도 어려워

통합? 황 대표는 당내 통합을 먼저 이루고 '더 넓은 통합'도 하겠다고 밝혔다. 당 바깥의 우파까지 결집시켜 내년 총선을 정권과의 1대1 대결구도로 치르겠다는 것이다. 황 대표가 이 포부를 실현하려면 부단한 노력을 경주해야 한다. 통합의 진정성을 느낄 수 있게끔 해야 하고, 경우에 따라선 당을 틀을 깨는 정치력도 발휘해야 할 것이다. 그의 시야가 당 밖을 향하기에 앞서 우선 당내에서부터 단합과 통합의 의지를 실천적으로 보여주는 게 필요하다.

황 대표는 경선에서 친박계에 큰 빚을 졌다. 황 대표가 입당과 당 대표 도전을 결심하기까지, 그리고 당내에 아무런 조직이 없던 그가 대세론을 누리며 경선을 치르기까지, 모든 과정에서 친박계가 든든한 후원군 역할을 했다. 세勢가 없던 황 대표로선 경선에서 이기기 위해 어쩔 수 없이 친박계의 도움을 감사한 마음으로 받았을 것이다. 그러나 지금부턴 부채의식에서 벗어나야 한다. 당을 신세진 사람 중심으로 편협하게 운영하면 안 된다는 이야기다. 당을 그렇게 끌고 가면서 문재인 대통령을 향해 '캠코더 캠프·코드·민주당 중심 인사'를 하고 있다고 비난할 수는 없는 일 아닌가.

황 대표의 첫 시험대는 인사다. 당의 주요 자리를 어떻게 채우느냐에 따라 황 대표의 단합과 통합 주장이 말뿐인지, 행동으로 실천하는지에 대한 평가가 나올 것인 만큼 황 대표가 감동을 주는 인사를 하기 바란다. 빚 갚는 식의 보은報恩 인사로는 당의 단합과 통합을 일구기 어렵다. 그렇게 해선 황 대표가 흔들릴 때 당내 비주류의 도움을 받기도 어려워진다는 점도 유념해야 할 것이다.

　당 밖의 우파, 나아가 중도 세력까지 통합하는 일은 인내와 양보, 정치력이 요구되는 매우 어려운 과제다. 황 대표가 우파의 분열 상태를 해소해서 통합을 실현하고 중도로까지 당의 외연을 확장하는 것에 성공한다면 내년 총선에서 돌풍을 일으킬 수도 있다고 본다. 정권의 오만과 독선이 날로 심해지고, 경제와 민생은 갈수록 어려워지는 만큼 한국당이 달라져서 정권에 반대하는 정당과 정파를 통합하는 구심체가 된다면 한국당이 원내 제1당이 될 수도 있을 것이다.

탄핵과 5·18 문제 국민 눈높이에 맞게 정리해야
당 밖 세력 통합엔 오세훈에게도 역할 맡기길

　그러기 위해선 황 대표부터 새로운 면모를 보여야 한다. 경선 때처럼 친박을 의식하는 이미지, 탄핵의 굴레에서 벗어나지 못한 모습 등에서 과감히 탈피해서 계파와 과거를 초월하고 합리적 보수의 가치에 걸맞은 비전을 제시하면서 당을 이끌어야 한다는 것이다. 경선 결과 민심 여론조사에선 오세훈 전 서울시장 50.2%에게 13.5%포인트 뒤진 37.7% 밖에 얻지 못한 것은 황 대표가 '탄핵과 과거에 갇혀 있다'는 느낌을 준 탓이 컸을 것이다. 전당대회에서 민심 1위 오세훈과 당심 1위 황교안의 괴리가 확인된 만큼 황 대표는 당심을 다지되 민심을 얻는 노력을 기울여야 할 것이다.

　탄핵 문제를 국민 눈높이에 맞게 정리하는 일, 5·18 관련 행사와 발언으로 국민 분노를 산 의원들의 징계 문제도 국민의 평가를 받을 수 있을 정도로 깔끔하게 마무리하는 일 등을 통해 바른 비전을 지니고 정도正道를 걷는 지도자임을 보여주는 게 급선무다. 그래야만 당심과 민심의 간극을 좁힐 수 있고, 국민 신뢰를 높일 수 있다. 이런 것들이 선행되지 않을 경우 당 바깥의 우파, 중도파와의 통합은 현실성 없는 희망사항에 그칠지도 모른다.

 2월 28일 황 대표의 예방을 받은 손학규 바른미래당 대표가 "정당과 정당 간에는 존중을 해 줘야 한다. '당 대 당 통합', 이런 얘기는 하지 말라. 그건 정당 정치를 부정하는 것이다"라고 한 것은 황 대표의 '더 넓은 통합'이 용이한 목표가 아님을 확인케 하는 것이다. 경선 기간 중 '박근혜를 극복하자'고 한 오세훈 전 시장은 당의 확장성에서 자신이 우위에 있다고 주장했고, 여론조사에서 50%를 넘는 득표율을 얻어 그걸 입증해 보였다. 그런 오 전 시장에게 당 밖의 세력 통합과 외연 확장을 위해 역할을 할 수 있도록 황 대표가 힘을 실어주는 것도 필요하다. 그런 것이 정치력이고 리더십이다.

무기력한 투쟁은 독(毒), '투쟁의 HOW' 연구하라

 투쟁? 황 대표는 전당대회 대표 수락 연설에서 "이 단상을 내려가는 그 순간부터 문재인 정권의 폭정에 맞서 국민과 나라를 지키는 치열한 전투를 시작하겠다"고 밝혔다. 다음날 첫 최고위원회의를 주재하는 자리에선 "국민의 가장 큰 바람은 이 정부의 잘못된 정책과 폭정을 막아내라는 것"이라며 "변화를 끌어낼 수 있는 대안정당으로서 투쟁하는 모습을 보여야 한다"고 강조했다.

여권에서도 "우리가 오만해 진 것 같다"는 말이 나올 정도로 현 정권은 독선과 독주를 하고 있다. '내로남불내가 하면 로맨스, 남이 하면 불륜 정권'이란 비난이 쏟아져도 아랑곳하지 않고 국민에게 독이 되고 해가 되는 정책을 불도저식으로 밀어붙이고 있다. 그런 정권에 질린 국민들이 "한국당은 뭘 하느냐"고 비판하는 만큼 제1야당답게 투쟁을 잘 하는 것은 꼭 필요한 일이다. 황 대표가 강조하는 '투쟁'은 정권의 잘못되고 무리한 국정운영에 제동을 걸고 야당의 타당한 비판과 지적을 정권이 협치協治를 통해 반영하도록 유도할 수 있다는 점에서 옳은 문제의식이다.

관건은 국민의 지지를 받을 수 있고 정권이 부담스러워할만한 투쟁, 효과적이고 강력한 그런 투쟁을 과연 할 수 있는가다. 지난해 말 국회 운영위에 청와대 조국 민정수석을 출석시켜 놓고서도 청와대의 민간인 사찰 의혹 등을 제대로 규명하지 못하고 청와대 변명의 장場만 마련해 준 무기력하고 한심한 투쟁, 2월 국회를 보이콧한다고 하면서 '5시간 반 릴레이 단식농성'이란 코미디 투쟁법을 선보여 여당의 공격을 받고, 언론과 국민의 비웃음을 사는 등의 그런 어처구니없는 투쟁은 하나마나한 것이고, 안 하느니만 못하다.

투쟁을 한다면 여당 입장에선 잘못을 인정하고 시정할 수밖에 없을 정도로 통렬한, 그래서 국민에겐 통쾌함과 시원함을 주는 그런 걸 해야 당의 지지도 올라가고 황 대표의 리더십도 인정받을 것이다. 그러기 위해선 당 안팎에서 지혜를 구하고 집단지성 차원에서 제대로 된 전략전술을 마련해야 한다.

한 끼도 굶지 않으면서 '릴레이 단식' 운운하는 것이 원내대표단 사이에서 즉흥적으로 결정됐고, 그런 졸속적인 투쟁방식을 당의 어느 누구도 사전에 제동을 걸지 못했다는 점을 반면교사로 삼아 투쟁의 '어떻게how'를 치밀하게 연구하는 버릇부터 길러야 한다. 한국당의 투쟁력은 황 대표의 역량과도 직결되는 것인 만큼 어떤 때에 어떤 것을 가지고, 어떤 방식으로 투쟁할 것인지, 그리고 여당과 국민은 어떻게 반응할지 등에 대해 황 대표 자신이 깊이 고민하지 않으면 안 된다.

시늉뿐인 '민생놀이', 더 이상 안 된다

민생과 현장? 황 대표는 최고위원회의에서 "도탄, 파탄에 빠진 민생을 챙기는 것이 중요하다"면서 "책상 앞이 아니라 현장에서 일하는 정당으로 바꾸겠다"고 말했다. 국민이 삶의 현장에서 느끼는 각종 민생 문제에 적극 대응하지 못했던 당의 웰빙 체질을 고치겠다는 것인데, 이 역시 말대로 쉽게 되는 일은 아니다. 당과 의원들의 치열한 문제의식, 행동력과 실천력이 하루아침에 생기는 것은 아니기 때문이다.

한국당이 웰빙정당이란 지적을 받은 건 어제 오늘의 이야기가 아니다. 전신인 새누리당, 그 전신인 한나라당도 그런 소리를 들었다. 오랜 기간 따가운 비판을 받고서도 바뀌지 않는, 그 까닭부터 황 대표는 생각해

봐야 한다. 의원들, 특히 영남을 비롯해 보수가 강세인 지역에서 당선된 의원들이 국민의 삶에 얼마나 큰 관심을 기울이는지, 그들이 지역이나 국회에서 얼마나 성실한 활동을 하는지 여부부터 점검해봐야 할 것이다. 지역에선 주민들과 소통하지 않고 지역현안 해결에 무관심하며, 국회에선 상임위 회의에 소홀하고, 소관 부처의 문제에 대해서도 잘 알지 못하는 의원들이 얼마나 수두룩한지, 의원 전원을 상대로 철저하게 조사하면 황 대표도 '이렇게 심하단 말인가!' 라며 놀랄 것이다. 웰빙이 왜 고질병인지 깨닫게 될 것이다.

무사안일에 빠진 의원들에게 민생과 현장을 아무리 강조해도 소용없다는 것은 경험칙이다. 의원들이 현장에서 시늉만 하고, 그것이 보여주기식 '민생놀이' 이상도, 이하도 아니라는 것은 그 사람들을 겪어본 국민이나 언론은 다 알고 있다.

의원의 민생·의정 활동 공천에 반영하라

그렇다면 어떻게 해야 하는가. 황 대표가 의원들을 닦달해야 한다. 의원들이 민생의 문제를 제대로 짚고 실천 가능한 대안을 내놓도록 요구하면서 놀고먹지 않도록 괴롭혀야 한다. 그리고 의원들의 활동을 점수로 매겨서 내년 총선 공천 때 반영하겠다는 방침도 밝혀야 한다.

한국당 의원들 중엔 줄서기에 능한 사람들이 많다. 국회나 지역에서 일을 열심히 안 해도 줄만 잘 서면 공천을 받을 수 있다고 믿는 이들이 많고, 과거 공천의 가장 중요한 기준도 후보의 실력이나 역량이 아닌 줄과 끈이었다. 그러니 의원들의 시선은 국민과 지역주민이 아닌 공천권을 쥔 권력자가 누구냐에 쏠려 있다. 그런 식으로 줄을 대서 선수를 쌓은 중진들이 꽤 많은 게 사실인 만큼 황 대표가 성공하려면 이런 병폐부터 없애야 한다. 일은 안 하고 줄을 서려는 의원들에겐 공천 때 불이익을 주겠다고 한다면 국민은 찬사를 보낼 것이다.

황 대표가 의원들의 성실한 의정활동과 지역활동을 줄기차게 당부하고, 실제로 어떤 활동을 하고 있는지 치밀하게 따져서 공천에 반영하는 등의 조치를 취하지 않는 한 '현장과 민생'을 목이 쉬도록 외쳐도 소용 없을 것이다. 웰빙 체질을 가진 의원들은 그 때만 들은 척하며 시늉으로 응답할 터여서다.

황 대표가 '민생과 현장'의 문제에서 이벤트에 치중했던 과거의 대표들과 다른 모습으로 진정성을 보여준다면 국민은 감동을 느낄 수도 있을 것이다. 이걸 잘 하면 대여對與투쟁의 동력 동력도 커질 것이다. 한국당이 민생의 문제에서 현장을 파고들며 제대로 된 대안을 제시하도록 황 대표가 적극 나선다면 국민은 박수를 보낼 것이다. 그럴수록 한국당의 투쟁력은 강화될 것이고, 정권은 부담을 느끼게 될 터이니 황 대표와 한국당이 하기에 달렸다. 한국당이 민생 문제 해결에 적극적이고, 투쟁도 잘한다는 평가를 받게 되면 황 대표가 바라는 '더 넓은 통합'의 동력도 커지지 않겠는가.

총선 이기려면 공천혁명으로 감동 줘야, 2000년 이회창 공천에서 교훈 얻어라

황 대표에게 가장 큰 고비는 내년 총선이다. 총선을 잘 치르면 한국당 대통령 후보가 될 확률이 더 높아지는 반면 실패하면 정치에서 아예 손을 떼야 할지도 모른다. 총선에서 승리하려면 통합도 중요하고 효과적인 투쟁도 필요하며, 민생과 현장을 잘 챙기는 것도 역시 긴요하다. 하지만 총선을 앞둔 민심에 감동의 물결을 일으키려면 공천을 잘하는 것이 가장 중요하다. 2016년 20대 총선에서 현재의 민주당 세력이 분열된 상황<u>국민의 당 탄생</u>에서도 새누리당이 패배한 것은 공천혁명은커녕 공천참사라고 불릴 정도로 잘못된 공천을 해서 민심의 외면을 자초했기 때문이란 걸 잊어서는 안 된다.

현 정권이 실패한 걸로 판명 난 소득주도성장 정책을 폐기하지 않고 계속 밀어붙이고 있는 만큼 올해의 경제상황은 더욱 나빠질 것이며, 국민의 고통도 한층 커질 것이다. 정권의 오만하고 독선적인 국정운영에 대한 국민 피로감은 갈수록 커질 것이며, 대통령과 여당인 민주당의 지지율은 지속적으로 하락할 것이다. 대통령과 민주당엔 큰 위기가 닥칠 가능성이 크고, 실제로 그런 분위기가 조성된다면 민주당은 공천혁명이란 깜짝 카드를 선보일지 모른다. 당내의 중진들과 안일하게 의정 활동했던 의원들을 대폭 물갈이하는 등 충격적인 조치를 취하면서 '민심에 부응하는 공천혁명을 했다'고 선전하며 선거에 임할 가능성이 얼마든지 있는 것이다.

민주당의 대폭 물갈이 공천에 대비해야

그 경우 국민은 한국당을 바라볼 것이다. 황 대표가 당을 잘 이끌면서 점수를 땄다고 하더라도 공천에서 감동을 주지 못한다면 총선 민심은 순식간에 민주당에 쏠릴 수도 있다. 황 대표 본인에겐 사활死活적인 총선을 성공적으로 치르는 문제는 당을 안정적으로 운영하는 문제보다 훨씬 어렵고 중대한 일인 만큼 황 대표는 내년 총선 때 공천을 어떻게 해야 할 것인지 지금부터 고민해야 할 것이다.

이를 위해 당내에서보다는 당 바깥에서 지혜를 구하는 것이 필요하다. 당내 인사들은 이해관계에 매몰되어 자기중심적으로 이야기할 수밖에 없을 것이므로 당 밖에서 상황을 객관적으로 진단하고 사심 없이 조언할 수 있는 사람들의 얘기를 많이 듣는 것이 좋을 것이다.

김대중 정부 시절인 2000년 16대 총선을 앞두고 한나라당 이회창 총재가 자신의 든든한 울타리 역할을 했던 중진 김윤환·이기택·신상우 씨 등을 공천에서 탈락시키는 등 그야말로 혁명적인 조치로 국민의 마음을 사로잡아 총선에서 승리한 사례에서 교훈을 얻을 수도 있을 것이다. 당시 이 총재가 총선에서 실패했다면 2년 뒤인 2002년 대선의 한나라당 대통령 후보는 다른 사람 차지가 됐을지도 모른다. 2020년 21대 총선의 2년 뒤인 2022년 대선을 바라보는 황 대표에겐 '이회창의 공천혁명'이 시사하는 바는 매우 크다고 할 수 있다.

황 대표가 정권의 폭주를 막고 싶다면 내년 총선 때 반드시 승리해야 할 것이다. 그가 당 운영에서 리더십을 발휘해 웰빙 체질을 바꾸고 내년 총선 때 과거 '이회창 공천'을 뛰어넘은 '황교안 식 공천혁명'으로 국민에게 감동을 안긴다면 민심은 한국당으로 향할 수 있을 것이다.

26 6·13 지방선거는 야권 근본 재편의 기회, 놓치면 미래 없다

국가미래연구원 뉴스 인사이트
2018년 5월 27일

우리는 세상사를 논할 때 '운칠기삼運七技三'을 종종 이야기한다. 조직에서 일어나는 일이나 운동경기의 과정과 결과를 보면서, 그리고 주변 사람들의 성공과 실패 스토리를 거론하면서 '운運이 기량이나 실력보다 더 많이 작용한다'는 뜻으로 이 말을 곧잘 사용한다.

서양도 우리와 다르지 않은 것 같다. 고대 로마에선 포르투나Fortuna와 비르투스Virtus란 말을 자주 썼다. 포르투나는 행운의 여신을 뜻하는 단어로, 우리가 말하는 운과 상통하는 것이다. 비르투스는 역량, 능력, 힘을 의미한다. 결국 사람의 운명에 영향을 미치는 요인은 이 두 가지라는 게 로마인들의 인식이었으니 동서양의 차이가 없다고 할 수 있다.

로마인들은 포르투나의 영역은 통제할 수 없고, 행운의 여신이 언제 변덕을 부릴지 알 수 없는 만큼 비르투스, 즉 실력과 역량을 기르는 게 중요하다고 생각했다. ≪군주론≫을 쓴 마키아벨리도 이 점에 주목했다. 군주가 주어진 포르투나를 비르투스로 잘 통제하고, 관리하고, 극복할 수 있는 가에 군주의 성패가 달려 있다며 비르투스를 함양하는 것이 군주의 덕목이라고 마키아벨리는 강조했다.

문재인 정부, 운은 좋지만 역량은 미지수

이런 관점에서 보면 박근혜 전 대통령에겐 비르투스가 많이 부족했다고 할 수 있다. 후임자인 문재인 대통령에겐 포루투나의 힘이 강력하게 작용했다고 볼 수 있다. 최순실씨의 국정농단 사태, 박근혜 전 대통령 파면, 촛불시위 분위기에서 대선을 편안하게 치를 수 있었기 때문이다. 문 대통령이 국정을 맡은 지 1년이 지난 시점에서 이 정부의 성공과 실패를 언급하긴 이르지만 미흡한 점, 불안해 보이는 것들이 꽤 많이 있다고 본다. 지난해 5월 대선 때 행운의 여신이 문 대통령 편에 선 덕에 집권했지만 문재인 정부의 국정운영 역량, 비르투스는 훌륭하다고 말하긴 어렵다.

문 대통령은 '국정의 만사萬事'라고 하는 인사에서 우리가 탄복할 정도의 역량을 보여주지 못했다. 임기 초 장·차관급 인선에서 낙마한 사람들의 숫자가 박근혜 전 대통령 초기보다 많은 8명이나 되고, 정부기관 책임자들 중엔 무능하다고 평가받는 이들이 제법 많다.

경제부총리와 외교부 장관은 존재감이 없어 보인다는 얘기를 듣고 있다. 교육부총리는 수능 절대평가 전환, 유치원 영어 금지 등과 관련해 오락가락해서 혼란을 초래한데다 대입 정책은 위원회로 결정 책임을 미뤄 무능하고 무책임하다는 지적을 받고 있다. 노조 출신인 고용노동부장관은 편향된 사고로 특정 기업을 괴롭힌다는 비판을 들었고, 환경단체 출신인 환경부 장관은 재활용 쓰레기 처리 문제 등에서 역량 부족을 드러냈다. 원자력안전위원회는 라돈검출 침대 문제와 관련해 혼선을 빚고 국민을 불안케 해서 총리가 대신 사과했고, 한때 업무도 제대로 파악하지 못한 식약처장은 총리의 꾸지람을 들었다. 대통령 외교안보특보는 혼란을 주는 발언을 남발해 대통령의 경고를 받았고, 문제의 특보와 갈등을 빚은 국방장관도 청와대의 경고를 먹었다.

민생 나아지지 않았지만 정부는 태평, 적폐도 답습

새 정부가 들어선지 1년이 지났으나 민생은 나아진 게 별로 없다는 것이 중론이다. 중산층과 서민이 체감하는 경기는 1년 전보다 나쁘고, 물가는 오르고 있으며, 최저임금의 급격한 상승과 노동시간 단축 등으로 일자리가 줄어 서민과 청년들의 고통은 한층 커졌다는 지적들이 쏟아지고 있다. 정부 측에서 경제를 걱정하는 고위층은 김광두 국민경제자문회의 부의장이 거의 유일하고 대다수 관계자들은 태평스럽고 한가한 이야기들을 하고 있다. 그들은 몇 가지 통계를 내밀며 "현재 나쁘지 않고, 곧 더 좋아질 것"이라고 주장한다. 그런 그들을 보며 '믿음이 간다. 듬직하다'고 생각하는 국민은 대통령 지지율이 상당히 높은 상황에서도 소수이지 않을까 싶다.

　적폐를 청산한다는 정부에서 같은 적폐를 반복하는 일도 국민은 목격하고 있다. 덩치가 크고 중요한 공공기관에 전문성도 없고, 능력도 검증되지 않은 인사들이 낙하산으로 내려 와 좋은 자리를 꿰차는 일이 계속 벌어지고 있는 게 그 단적인 예다. 문 대통령은 취임 후 청와대에서 야당 대표들과 만난 자리에서 "낙하산 인사를 하지 않겠다"고 공언했다. 그러나 그 약속은 허언이 되어 버렸다. 언론과 야당이 이를 비판해도 꿈쩍도 하지 않는 청와대와 정부의 모습은 그들이 욕하는 과거 정권을 많이 닮았다.

　문재인 정부의 비르투스는 이처럼 빈약해 보인다. 그럼에도 포르투나는 아직 현 정부의 편이다. 정권을 견제해야 할 야당이 한심해도 너무 한심하기 때문에 문 대통령이나 정부는 여전히 '운칠기삼' 이상의 운을 누리고 있다.

자유한국당은 변화와 혁신 노력 부족하고, 바른미래당은 집안싸움으로 날 샌다

　제1야당인 자유한국당엔 변화나 개혁의 기운이 일지 않고 있다. 야당이 됐는데도 웰빙 체질은 바뀌지 않고 있다. 당에 혁신위원회가 있지만 무엇을 어떻게 혁신했는지 국민은 잘 알지 못한다. 박근혜 전 대통령을 제명하고, 친박 핵심의원 몇 명의 당협위원장 자리를 박탈한 게 혁신의 거의 전부인 듯싶고, 당은 예나 지금이나 당권을 가진 사람의 사당私黨처럼 운영되고 있다는 지적을 받고 있다. 혁신위원회가 있어도 그만, 없어도 그만이다.

이 당의 소속 의원 숫자는 114명이나 된다. 그러나 정책 생산능력은 의석 30석의 바른미래당이나 6석인 정의당에 비해 우수하다고 할 수 없다.

제2의 야당인 바른미래당의 행보도 엉망이다. 안철수·유승민 세력이 합리적이고 개혁적인 중도보수 정당을 만든다고 했을 때 "의석 수는 작아도 개혁도 변신도 하지 않는 한국당보다는 나을 것"이라며 기대를 건 국민들이 많이 있었다. 두 세력이 바른미래당 출범 준비를 했을 때의 지지율이 한국당보다 높게 나왔던 건 그런 기대감의 표출이었다. 하지만 6·13 지방선거 및 국회의원 재·보선을 20여 일 앞둔 지금의 모습은 어떤가. 인재다운 인재를 충원하지 못하고 정책다운 정책을 내놓지 못한 것도 실망스러운데 양대 세력이 죽도록 싸우는 풍경은 목불인견目不忍見이다.

국회의원 보궐선거 지역 한 곳의 공천을 놓고 옹졸하게 티격태격해 온 양측의 알력과 갈등은 바른미래당의 미래를 스스로 없애버리고 복福과 운運을 차버리는 것이나 다름없다. 제2야당이 내부 싸움에만 골몰하고 있으니 한국당으로선 고맙기 그지없고, 민주당으로선 반갑기 짝이 없다. 한국당은 지지층을 바른미래당에 잠식당할지도 모른다는 걱정을 하지 않아도 되게 생겼으니 긴장할 이유가 없다. 한국당이 긴장할 게 없으니 과감하게 변하지도 않는다. 여당인 민주당만 살판 날 정도로 야당들이 허약한 것이다.

민주당이 누리는 이런 행복은 국민에겐 불행의 씨앗이 될 수 있다. 민주당이 야권 지리멸렬로 얻게 된 반사이득에 취한 나머지 오만해 질 수 있고, 청와대와 정부는 국회에서 여당이 가진 힘만 믿고 독주할 수 있어서다. 이럴 때엔 정책 실패, 정치 실패가 발생할 가능성이 크다. 그 경우 피해는 국민이 입게 되는 만큼 야당이 달라져서 정부·여당을 제대로 견제할 수 있어야 야당에게도 좋고 국민에게도 좋다.

6·13 선거 계기로 통합 대안 야당 만들어야 정부·여당이 긴장한다

다가오는 6.13 지방선거는 이런 쓸 만한 야당을 만들 수 있는 좋은 계기가 될 수 있다. 야권이 지방선거 치르고 나서 미래지향적이고 개혁적인 모습으로 전면 재편되는 드라마를 연출한다면 국민은 야권을 다시 볼 것이고, 민주당과 정부는 긴장할 것이다.

이번 선거를 앞두고 야권은 나름대로 최선을 다하겠지만 결과는 좋지 않을 것이라는 게 일반적인 전망이다. 광역단체장과 기초단체장 선거, 12곳의 국회의원 재·보선에서 한국당과 바른미래당은 참담함을 금할 수 없을 정도로 충격적인 성적표를 받아들 가능성이 크다. 이런 두 야당에게 중요한 건 선거 결과를 어떻게 받아들이고 어떻게 미래를 설계하는가다. 실의에 빠져 자포자기하거나, 당내에서 알량한 당권을 노리고 당파 싸움을 벌이거나, 양당이 자기의 몸집만을 불리기 위해 상대정당에서 사람을 빼내는 일에 치중한다면 양당엔 미래가 없다.

양당이 "차라리 잘 됐다. 폐허에서, 무無에서 다시 시작하자. 이제 소리小利와 아집을 버리자"는 데 뜻을 모으고 신진인사들과 함께 '헤쳐 모여' 방식으로 개혁적이고 통합적인 대안 야당을 건설한다면 미래의 희망을 가꿀 수 있다고 본다.

이를 실현하는 일은 매우 어려울 것이다. 한국당과 바른미래당의 기싸움이 치열할 것이고, 양당의 진로에 대한 구성원들의 의견도 크게 엇갈릴 것이기 때문이다. 그러나 양당 인사들이 근시안적이고 편협한 생각을 버리고 어떻게 해야 야권을 재건할 수 있을지 나의 입장이 아닌 국민의 눈높이에서 진지하게 생각한다면 지혜로운 길을 찾을 수 있을 것이다.

지금의 한국당과 바른미래당의 처지는 '운공기공運空技空, 즉 '운 제로, 기 제로'라고 해도 과언이 아니다. 두 야당이 무기력하고 무능하기 때문에 운도 없고, 역량도 없다는 얘기다. 양당은 이걸 인정하고 이 지점에서부터 문제를 풀어가야 한다. 두 당이 선거 후에 당 대표나 최고위원 정도를 바꿔서 그대로 유지된다고 할 때 두 당의 신뢰도와 호감도는 올라가기 어려울 것이다.

한국당과 바른미래당, 신진세력과 합쳐 새로운 야당 건설해야

이제 두 당은 '나 혼자서는 안 된다'고 생각해야 한다. '나에겐 운도 없고, 실력도 없고, 국민 신뢰도 없다. 내가 모든 걸 내려놓아야 좋은 대안 야당이 들어설 공간이 생긴다'고 판단해야 한다. 양당은 이런 마음가짐으로 선거 직후 비상대책위원회를 꾸리고 기득권을 모두 버리는 과감한 조치를 취해야 한다. 그럴 경우 국민은 야권의 혁신적 변화를 기대하고 지지를 보낼 것이다. 참신하고 훌륭한 바깥의 인재들도 새로운 야당 건설에 힘을 보탤 수 있을 것이다.

양당 국회 의석의 단순합계 143석 의 사려 깊은 인사들이 이 일을 주도해서 성사시킨다면 국회 의석 130석 안팎의 새로운 야당이 탄생할 수 있고, 그 과정에서 참신하고 훌륭한 인재들이 대거 합류할 수 있을 것이다. 이미지가 굳어져 버린 두 야당이 신진들과 함께 보다 합리적이고 열려 있는 중도보수 성향의 통합 야당으로 새롭게 거듭날 경우 민주당 독주를 걱정하는 국민은 박수를 보낼 것이다. 민주당은 신경을 곤두세울 것이다.

새로운 야당 건설이 쉽지는 않겠지만 어려운 일을 해 내는 것이 바로 역량이고 비르투스다. 그 일이 아무리 힘들다고 해도 북한을 비핵화하는 것보다는 쉬울 터, 북한의 완전한 비핵화를 주장하는 두 야당이 이기심을 버리고 판단만 제대로 한다면 감동적인 성공 드라마를 쓸 수 있다고 본다.

선거 후의 민주당엔 변화 없을 터, 야권이 변신하면 행운의 여신도 미소지을 것

지방선거 후의 민주당은 어떤 모습일까. 바뀌는 건 당 지도부뿐일 것이다. 8월 전당대회를 통해 민주당 당권을 장악할 세력은 '친문 친문재인'일 것이다. 그런 민주당에 변화의 바람이 불 것 같은가. 국민은 지방선거 결과에 도취해서 자만에 빠지는 여당, 지난 1년과 다름없이 '청와대 출장소' 노릇을 하는 그들만의 여당을 계속 보게 되지 않겠는가.

이런 그림이 그려지는 상황에서 한국당과 바른미래당이 당의 간판까지 내리면서 강도 높은 변혁의 몸부림을 친다면, 그리고 일부 인물들에 대한 인적 청산을 단행하고 훌륭한 신진들과 함께 새로운 대안 야당을 건설한다면 민심의 기류가 달라지지 않겠는가. 야권이 이런 역량을 발휘할 때 저 멀리 떠나간 것처럼 보였던 행운의 여신, 포르투나도 다가와서 미소를 보낼 것이다.

27 청와대에 '악마의 변호인◆'을 둬라

국가미래연구원 뉴스 인사이트
2018년 10월 9일

2017년 5월 25일 문재인 대통령 주재로 청와대 수석·보좌관 회의가 열렸다. 보름 전 취임한 문재인 대통령이 비서실장 등 주요 참모진 인선을 마무리하고 처음으로 소집한 청와대 고위 관계자 회의였다. 문 대통령은 "회의엔 미리 정해진 결론이 없고, 배석한 비서관들도 언제든지 발언할 수 있다"며 "받아쓰기는 이제 필요 없다"고 말했다. 그러면서 "대통령의

◆ **악마의 변호인** devil's advocate

어떤 사안에 대해 의도적으로 반대 의견을 개진해서 토론을 활성화하고, 보다 나은 선택을 할 수 있도록 생각의 폭을 넓혀 주는 역할을 하는 사람을 뜻한다. 가톨릭의 성인 sainthood 추대 과정에서 추천된 후보를 비판적 시각에서 검증하고, 그에 대한 치열한 찬반 논쟁을 유도해 성인이 될 자격이 있는지를 충분하고도 엄격하게 따질 수 있도록 하는 사람을 '악마의 변호인'이라 했다. 성인다운 성인이 추대되도록 선의에서 악역을 담당하는 사람이다.

참모가 아니라 국민의 참모라는 생각으로 자유롭게 말씀해 달라"고 주문했다.

임종석 비서실장이 "대통령님 지시사항에 이견을 제시할 수 있느냐"고 하자 문 대통령은 "대통령 지시에 대해 이견을 제기하는 것은 해도 되느냐가 아니라 해야 할 의무"라고 강조했다. "(국정의) 잘못된 방향에 대해 한 번은 바로 잡을 수 있는 최초의 계기가 여기 수석·보좌관 회의인데 그때 다들 입을 단아버리면 잘못된 지시가 나가 버린다. 여기서 격의 없는 토론이 이뤄지지 않으면 다시는 그렇게 못 한다"고도 했다.

대통령 말씀이라고 무작정 받아쓰기만 하지 말라, 수석비서관이나 보좌관보다 계급이 낮은 배석자들도 듣지만 말고 소신 있게 발언하라, 미리 정해진 결론이 없으니 자유롭고도 활발하게 토론하자는 문 대통령 당부는 신선해 보였다. 언론도 청와대에서 '3무無의 열린 회의'가 열리게 됐다고 보도했다. 받아쓰기도, 계급장도, 사전 결론도 없는 회의를 하겠다는 문 대통령의 뜻은 다른 목소리를 많이 듣는 열린 태도를 취하겠다는 것이어서 반가웠다. 박근혜 정부와는 비교가 많이 되겠구나 하는 생각도 했다.

'이견 제시는 참모의 의무'라고 한 대통령 말씀 지켜지고 있나

그런 문재인 정부가 출범하고 1년 5개월이 흘렀다. 그간 대통령의 초심初心은 잘 유지되고 있다고 말할 수 있을까? 받아쓰기는 박근혜 정부에 비해 좀 줄었을지 모른다. 그러나 '대통령 지시에 이견을 제기하는 것은 해야 할 의무'라는 그 의무를 다 하는 청와대 참모들은 과연 얼마나 될까? 아니, 있기는 있는 걸까? '대통령의 참모가 아니라 국민의 참모라는 생각으로 자유롭게 말해 달라'는 말씀이 그들 뇌리 속에 과연 박혀 있을까?

청와대 회의 때 참모 중에서 대통령에게 '노No'라고 말한 경우가 있다는 얘기는 아직까지 들어보지 못했다. 국무회의 때 대통령 면전에서 '안 됩니다'라고 한 장관이 있다는 말도 전해들은 적이 없다. 언론에도 그런 사례가 보도된 적이 없는 것 같다.

김광두 국민경제자문회의 부의장이 대통령과 만난 자리에서 최저임금의 과도한 인상을 걱정하며 소득주도성장론의 수정을 이야기한 걸로 알려졌지만 그는 청와대 참모나 각료는 아니다. 그나마 대통령 앞에서 쓴소리를 한 인사는 김 부의장이 거의 유일한 걸로 알려져 있다. 김동연 경제부총리의 경우 최저임금 인상의 속도조절 필요성을 언급하긴 했지만 그가 대통령 면전에서 대통령의 핵심정책인 소득주도성장론의 문제를 거론한 적은 없다고 한다.

물론 정권의 내밀한 일을 언론이나 바깥사람들이 다 알 수는 없는 노릇이다. 하지만 청와대 수석·보좌관 회의나 국무회의에서 대통령에게 직언을 하거나 쓴 소리를 하는 이가 있다면 대개는 알려지게 마련이다. 그런 일이 있다면 참석자·배석자들이 사이에 화제가 되고 다른 이들에게까지 전파되기 때문이다.

주옥(珠玉) 같은 대통령 취임사, 실천에 옮겨지고 있나

문 대통령은 2017년 5월 10일 취임하는 자리에서 국민의 기대를 한껏 부풀게 했다. "지금 제 머리는 통합과 공존의 새로운 세상을 열어갈 청사진으로 가득 차 있다"며 포부를 밝힌 그의 취임사 중 감동적인 대목 몇 가지를 열거하면 다음과 같다.

"이번 선거에서는 승자도 패자도 없습니다.
우리는 새로운 대한민국을 함께 이끌어 가야 할 동반자입니다."

"오늘부터 저는 국민 모두의 대통령이 되겠습니다. 저를 지지하지 않은 국민 한 분 한 분도 저의 국민이고, 우리의 국민으로 섬기겠습니다. 저는 감히 약속드립니다. 2017년 5월 10일, 이날은 진정한 국민통합이 시작되는 날로 역사에 기록될 겁니다."

"분열과 갈등의 정치도 바꾸겠습니다.
보수와 진보의 갈등은 끝나야 합니다. 야당은 국정운영의 동반자입니다.
대화를 정례화하고 수시로 만나겠습니다."

"대통령의 제왕적 권력을 최대한 나누겠습니다.
권력기관은 정치로부터 완전히 독립시키겠습니다."

"전국적으로 고르게 인사를 등용하겠습니다. 능력과 적재적소를 인사의 대원칙으로 삼겠습니다. 저에 대한 지지 여부와 상관없이 유능한 인재를 삼고초려해 일을 맡기겠습니다."

"문재인과 더불어민주당 정부에서 기회는 평등할 것입니다. 과정은 공정할 것입니다. 결과는 정의로울 것입니다."

이밖에도 "소외된 국민이 없도록 노심초사하는 마음으로 항상 살피겠다"는 등 박수를 받을만한 좋은 어록을 문 대통령은 많이 남겼다. 그런데 그 훌륭한 말씀들이 과연 지켜지고 있는 것인가. 이를테면 진정한 국민통합이 시작됐는가? 야당은 국정운영의 동반자로 대접받고 있는가? 대통령에 대한지지 여부와 상관없이 인재가 고르게 등용되고 있는가? 대통령 권력은 분산되었는가? 권력기관은 독립됐는가? 모든 이에게 기회는 평등하고 과정은 공정하며 결과는 정의로운 것인가? 문 대통령에게 이 같은 질문들을 던진다면 그가 어떤 답을 내놓을지 궁금하다.

국회와 야당을 질책한 대통령을 말린 참모 한 명 없는 청와대

문 대통령은 2018년 9월 11일 국무회의에서 자유한국당과 바른미래당을 겨냥, "중차대한 민족사적 대의 앞에서 제발 당리당략을 거둬주시기 바란다"고 화살을 날렸다. 전날 두 야당이 일주일 뒤 평양에서 열릴 3차 남북정상회담에 함께 가길 거부한 데 대한 섭섭함을 꾸지람으로 표출한 것이다.

두 야당이 평양에 따라갈 수 없다고 한 데는 북한이 핵무기·핵시설·핵물질의 성실한 신고 의사도 밝히지 상황에서, 즉 북핵 문제의 본질과 관련해 큰 진전이 없는 상황에서 괜히 들러리를 설 이유가 없다는 판단이 작용했다. 야당 입장에선 충분히 그럴 수 있는 일이다. 그런데 그런 야당을 질책하는 대통령의 모습, 그것이 야당을 동반자로 대접하는 태도일까. 분열과 갈등의 정치를 끝내겠다는 자세일까.

국회나 정당과는 사전에 일절 상의도 하지 않은 채 청와대 비서실장이 불쑥 '대통령 가시는 길에 국회 의장단과 정당 대표들도 따라 가시라'고 하는 것이 국회와 야당을 존중하는 모습일까. 오죽하면 민주당 출신 문희상 국회의장이 청와대 요청 후 한 시간 만에 거절했겠는가.

대통령이 정상회담을 하는 자리에 입법부 수장을 데려가겠다고 하는 것은 '제왕적 대통령'에게나 어울릴 발상이고, 입법부의 행정부 견제라는 삼권분립의 헌법정신도 망각한 처사다. 국회와 야당이 청와대 요청에 퇴짜를 놓은 건 당연한 일이다. 그런데도 대통령이 그걸 '당리당략'으로 치부하며 나무라는 것, 그것도 행정부의 일을 논의하는 국무회의 석상에서 그런 태도를 취한 것은 매우 부적절했다.

통상 대통령의 국무회의 말씀은 대통령의 뜻을 받들어 청와대 연설비서관 등이 준비한다. 비서실장을 비롯한 다른 참모들의 의견도 반영한 초안이 만들어지면 대통령과 비서실장 등이 검토를 한다. 국회와 야당에 대한 문 대통령의 '당리당략' 발언도 이런 과정을 거쳐서 나왔을 것이다. 바로 그 때야말로 청와대 참모들은 '참으세요'라고 해야 했다. 대통령이 지난해 첫 수석·보좌관 회의를 주재했을 때 강조했던 그 '이견'을 대통령 앞에서 내야 했던 것이다. "국회와 야당에 대해 '당리당략'이란 표현을 쓰시는 것은 좋지 않다. 제왕적 대통령의 모습이 부각되고 야당을 자극해서 정치를 더 꼬이게 할 수 있으니 참으시는 게 좋겠다"고 진언했어야 했다. 문 대통령이 원했던 참모들의 의무란 이런 것이어야 하지 않겠는가.

김기식 금융감독원장 사퇴 때도 판단의 문제 노정한 청와대

문 대통령은 2018년 4월 13일 국회의원 시절 남은 후원금 중 5천만 원을 자신이 주도한 연구단체에 기부하고 그 단체에서 월급 등을 받아 공직선거법 위반 논란을 일으킨 김기식 금융감독원장에 대한 비난 여론이 확산하자 서면 메시지를 발표했다. "김 원장의 과거 국회의원 시절 문제가 되고 있는 행위 중 어느 하나라도 위법이라는 객관적인 판정이 있으면 사임토록 하겠다"고 한 것이다. 김 원장 문제에 대한 유권해석을 의뢰받은 중앙선거관리위원회는 며칠 뒤 김 원장의 행위는 공직선거법에 위반된다고 밝혔다. 이에 따라 문 대통령은 어쩔 수 없이 김 원장을 잘라야 하는 수모를 겪었다.

당시 문 대통령은 무슨 생각에서 '선관위에 물어보자'고 했을까. 선관위가 2016년 상반기, 그러니까 김 원장이 19대 국회의원직에서 물러나기 전 남은 후원금 중 5천만 원이나 되는 고액을 자신이 속한 연구단체에 기부하면 안 된다고 했던 사실, 그 입장을 김 의원에게 통보까지 한 사실을 문 대통령은 몰랐던 것일까. 그에 대해 여러 언론이 보도한 만큼 몰랐을 리는 없다.

그런데도 선관위 판단을 받아보자고 했다면 김 원장을 유임시키고자 하는 대통령의 뜻을 선관위가 헤아려 과거와는 다른 입장을 내놓을 걸로 기대했던 것일까. 그런 마음이 있었든, 없었든 대통령의 결정은 현명하지 못한 것이었다. 선관위가 2년 전에 이미 '위법'이라는 한 사안에 대해 다른 유권해석을 할리도 없고, 할 수도 없기 때문이다. 선관위가 과거와 다른 판단을 한다면 존립이 위태로울 정도의 위기가 도래할 게 뻔한데 선관위로선 그런 상황을 자초할 이유가 없지 않겠는가.

문 대통령이 '선관위에 묻자'는 생각을 했을 때 참모들은 '안 됩니다'라고 해야 했다. '선관위에 물어도 2년 전과 똑같이 위법이라고 할 테니까 대통령이 결단하는 형식으로 김 원장을 정리하는 게 좋다'는 의견을 내야 했다. 문 대통령이 과거의 선관위 판단과 비난 여론 등을 고려해 김 원장을 경질하거나 스스로 사임하도록 했다면 대통령은 박수를 받았을 것이고, 김 원장은 망신을 덜 당했을 것이다. 그런 기회를 놓치고 문제를 선관위로 가져갔기 때문에 대통령의 인사실패가 부각됐고, 위법행위에 대해 변명으로 일관했던 김 원장도 창피를 당했다.

대통령에게 '낙하산 인사 안 한다'는
약속 지키자고 하는 참모는 왜 없나

문 대통령은 2017년 7월 청와대에서 여야 4당 대표들과 오찬을 함께 한 자리에서 '낙하산 인사'를 하지 않겠다고 했다. 당시 바른미래당 이혜훈 대표가 "공기업 등 남은 공공기관 인사에 있어서 부적격자 인사, 낙하산 인사, 캠프 보은 인사를 하지 않겠다고 약속해 달라"고 하자 문 대통령은 "그런 일은 없도록 하겠다"고 했다. 언론은 이를 보도하면서 문 대통령 인사에 기대감을 나타냈다.

그러나 그건 말 뿐이었다. 이후 지속된 공공기관 인사에서 전문성·경험·능력이 없거나 부족한 사람들이 좋은 자리를 꿰차는 일이 비일비재했다. 과거 정권의 낙하산 인사를 적폐라고 비난하더니 그 보다 더 심하지 않느냐는 말들이 나올 정도이니 '내로남불'도 이런 '내로남불'이 없다.

바른미래당이 '낙하산 인사'가 얼마나 많은지 실명과 직함 등의 객관적인 자료를 발표하고 언론도 그걸 비중 있게 보도하면서 비판을 하는데도 청와대는 '아무리 떠들어도 소용없다'는 식의 태도를 취하고 있다. 대통령의 약속과 여론을 고려해서 '낙하산 인사를 좀 자제하자'는 목소리가 청와대에선 전혀 나오지 않고 있는 것이다.

현 정권 출범 후 처음 열린 청와대 수석·보좌관 회의에서 강조된 대통령 말씀을 빌리자면 '청와대 회의에서 참모들이 입을 닫아버리면 국정의 잘못을 바로 잡을 기회가 없게 된다'는 것이다. 그런데 그런 취지의 말을 한 대통령도, 열심히 들었을 참모들도 까맣게 잊어버렸나 보다.

다른 시각 제공하고 쓴 소리 하는 '악마의 변호인'이 필요하다

대통령이 취임사에서 밝힌 국민에 대한 약속, 야당 대표와의 만남에서 공언한 말씀 등을 지키려면 초심으로 돌아가야 한다. 주옥珠玉과 같은 과거의 어록을 살펴보고서 반성과 성찰을 해야 한다. 하지만 초심을 다진다고 해도 시간이 흐르면 각오가 또 흐트러질 터, 제도로 보완할 수 있는 방안이 있는지 고심해 봐야 한다.

청와대에 '악마의 변호인devil's advocate'을 두면 어떨까. 어떤 사안에 대해 의도적으로 반대 입장을 밝히면서 관계자들이 집단사고group thinking의 오류에 빠지지 않도록 깨우침과 통찰을 주는 역할을 하는 팀을 만들어 보라는 얘기다. 가톨릭의 성인sainthood 추대 과정에서 추천된 후보를 비판적 시각에서 검증하고, 그를 심사하는 동안 치열한 찬반 논쟁을 유도해 과연 성인이 될 자격이 있는지를 충분히 따져볼 수 있도록 하는 이가 '악마의 변호인'이다. 이처럼 악역을 담당하는 '악마의 변호인' 덕분에 심사하는 사람들은 추대된 후보의 명암明暗과 영욕榮辱, 즉 모든 면모를 확인하고 평가할 수 있게 된다. 그런 그로 인해 성인다운 성인이 추대될 수 있게 된다. 선善이 바로 서는 데 핵심 역할을 하는 이가 '악마의 변호인'인 것이다.

문 대통령은 비서들과 장관들을 '코드'에 맞는 사람들로 포진시켰다. 그러니 코드가 다른 목소리는 구조적으로 듣기 어렵게 되어 있다. 다른 생각을 가진 사람들이 대통령 주변에 없으니 '코드'에 어긋나는 이야기,

직언이나 쓴 소리에 해당하는 견해나 관점이 대통령 귀에 어찌 들어갈 수 있겠는가. 청와대 비서진 중엔 운동권 출신들이 즐비하고 그들이 주류를 이루고 있는 만큼 '집단사고'와 '확증편향'의 문제도 나타나고 있다.

    그런 그들과 회의를 하고, 그들의 보고서를 받는 문 대통령이 운동권적 사고보다 폭넓은 생각, 운동권 출신의 비서진이 보지 못하는 시야를 가지려면 어떻게 하는 게 좋겠는가. 대통령 옆에 '악마의 변호인' 같은 일을 하는 사람, 청와대 비서진이 제시한 것과는 다른 관점에서 얘기하는 팀을 두고 그들의 말도 듣고서 생각하는 습관을 기르면 된다.

    자영업자가 어렵다고 해서 자영업 비서관이 비서관은 물정 모르는 얘기를 해서 대다수 자영업자들이 '그런 비서관은 없는 게 낫다'고 말한다 자리를 만든 문 대통령 아닌가. 참모들이 직언이나 쓴 소리를 하지 못하고 늘 같은 코드의 이야기를 하고 있는 만큼 문 대통령이 진정으로 '다른 목소리'를 듣고 싶어 한다면, 그래서 정책이나 행정을 보다 균형감 있는 시각에서 입안하고 집행하려 하다면 의도적으로 듣기 싫은 소리를 하는 사람을 곁에 둘 필요가 있다.

    '악마의 변호인' 역할을 하는 비서관 자리를 만들고 그 밑에 그를 보좌하는 행정관들을 적당한 수로 배치해서 문 대통령이 청와대 회의를 주재할 때나 보고서를 받을 때 주류 비서진과는 다른 얘기를 하도록 제도화하라는 것이다.

업무가 중복되고 성과는 못 내는 청와대 자리 줄이자

자리 신설과 그에 따른 예산 증가라는 문제가 지적될 수 있지만 그동안 청와대는 그런 것에 개의치 않고 덩치를 키울 대로 키우지 않았는가. 역대 최고로 많은 인원이 청와대에 근무하는 현실에서, 그것도 하나의 코드를 가진 사람들로 가득 채워진 청와대에서 다른 의견을 내고 듣기 싫은 소리를 하는 일을 본업으로 삼는 이들의 자리가 조금 생겨난다고 해서 그간 여러 직책을 신설하며 세금을 팍팍 써온 청와대가 양심의 가책을 느낄 걸로 보진 않는다.

청와대가 문 대통령의 시야를 넓히고, 대통령에게 쓴 소리를 하며, 기존의 주류 참모진이 미처 보지 못한 측면을 짚어주는 일을 하는 사람들의 자리를 신설한다면 국민도 박수를 보낼 것이다. 그런 일에 약간의 세금을 쓰는 것에 대해선 국민도 얼마든지 이해할 것이다.

더 바람직한 것은 청와대에서 제 몫을 하지 못하는 자리를 줄이는 것이다. 일자리 정부를 자처한 문 대통령의 일자리 성적표는 엉망이다. 그런데도 청와대엔 일자리와 관련한 직책이 많다. 정책실장, 경제수석, 경제보좌관, 일자리 수석 등 고용 관련 업무가 겹치는 고위직이 역대 어떤 청와대보다도 많다. 이런 고위직을 보좌하는 비서관, 행정관도 있으니 청와대가 비대해진 것이다.

그런 가운데 대통령 직속의 일자리 위원회가 있고, 이 기구 대통령이 위원장를 부위원장이 이끌고 있으나 이 위원회가 일다운 일을 한 적은 없다. 정치인 출신인 현 부위원장이 국민의 일자리를 늘리는 데 무슨 역할을 하고 있는지 국민은 물론 언론조차 알지 못한다.

'일자리 대통령', '일자리 정부'를 자처한 현 정권에서 결국은 권력을 잡은 사람들, 권력 편에 선 사람들의 일자리만 만들고, 청년을 비롯한 국민의 일자리는 각종 통계가 증명하듯 사정없이 줄어든 만큼 대통령과 청와대부터 '제 살 깎기'를 해야 하지 않겠는가. 이런 '비계'를 떼어내고, 그 자리에 '악마의 변호인'을 둔다면 대통령 사고의 폭을 넓히는데도 도움이 되고 예산도 보다 효율적으로 쓸 수 있을 것 아닌가.

'악마의 변호인' 역할을 하는 자리를 둔다고 해서 대통령의 시야가 절로 넓어지는 것은 아니다. 대통령이 그런 일을 하는 사람들의 목소리를 경청하지 않는다면 '소귀에 경 읽기' 꼴이 될 터여서다. 그러나 문 대통령이 첫 수석·보좌관 회의 때 강조한대로 '이견' 제시가 참모의 의무라고 진실로 믿는다면, 그리고 자신이 한 그 말을 기억하며 초심을 유지하겠다고 한다면, '악마의 변호인'을 둬서 후회할 일은 없을 것이라고 생각한다.

'백악관 버블'이 대통령 휩싸는 걸 막기 위해서라도 '악마의 변호인' 필요

헌법재판소가 2017년 박근혜 당시 대통령에 대한 탄핵심판을 하는 과정에서 박 대통령 법률대리인단은 '백악관 거품 White House bubble'이란 용어를 사용하며 변호했다. 미국 대통령이 백악관에서 일을 하다 보면 듣기 좋은 소리를 하는 참모들의 숲에 둘러싸여 마치 거품 속에 갇힌 것처럼 바깥세상을 제대로 보지도 못하고 이해하지도 못한다는 뜻을 가진 말이 '백악관 버블'이다.

　박 대통령이 최순실씨와 수시로 접촉한 것은 '백악관 버블'의 문제를 극복하기 위한 것이었다는 게 당시 법률대리인의 주장이었다. 하지만 박 대통령이 민심을 듣기 위해 만난 바깥사람은 최순실씨 외엔 거의 없었고, 어떤 공적 권한도 부여받지 않은 최순실씨가 대통령과 정부에 '감 놔라 배 놔라' 하며 사익까지 추구한 것으로 드러났기 때문에 법률대리인단의 그런 주장은 빈축만 샀다.

　그들의 이 용어 사용은 번지수를 잘못 짚은 것이지만 그들이 인용한 '백악관 버블'이란 말은 문 대통령이 유념할 만한 것이다. '캠코더^{캠프·코드·더불어민주당} 인사'로 데려온 참모들과 함께 청와대에서 일하는 문 대통령도 과거의 대통령들처럼 세상의 흐름과 민심에서 유리될 수 있기 때문이다. 이런 일을 막기 위해서라도 '악마의 변호인'은 필요하다.

　대통령의 현 참모들이 보지도 못하고 말하지도 못하는 시각과 관점을 제공해 주는 팀을 곁에 두고 그들의 견해를 열린 태도로 검토한다면 문 대통령이 '백악관 버블'이나 '편향성의 감옥'에 갇힐 가능성은 현저히 줄어들 것이다.

28 정권에 쌓이는 휴브리스 이미지, '오만의 함정'에 빠져들면 실패한다

국가미래연구원 뉴스 인사이트
2018년 11월 13일

2008년 11월 영국 엘리자베스 2세 여왕이 런던정치경제대학을 찾았다. 노벨 경제학상 수상자를 1990년 이후에만 8명이나 배출한 명문 대학의 신축 건물 개관을 축하하기 위해 방문한 것이다. 그날 여왕은 인사말을 하면서 뼈 있는 질문을 던졌다. "왜 아무도 알아차리지 못했나? Why did nobody notice it?"

2007년 말 미국에서 시작된 금융위기로 영국을 비롯한 세계의 모든 이들이 큰 고통을 겪게 된 상황과 관련해 '위기를 사전에 감지해서 대비책을 세웠어야 하는 데 왜 그러지 못했느냐'는 뜻이 담긴 말을 한 것이다. 인도 출신 경제학자 메그나드 데사이 Meghnad Desai는 이날의 에피소드를 접하고서 '왜 경제학자는 위기를 미리 예견하지 못했을까, 우리는 다음에 올 위기를 어떻게 피할 수 있을까'라는 관점의 연구를 시작했다. 그리고

2015년 ≪휴브리스 Hubris, 오만≫라는 저서를 통해 답을 제시했다.

그는 '휴브리스'가 금융위기의 원인이라고 주장했다. 거시 경제학의 양대 산맥인 케인스 학파 시장에 대한 정부의 적극 개입 강조와 신고전주의 학파 정부의 과도한 개입 반대, 시장 자율 중시는 그들의 이론만 옳다고 생각하는 오만에 빠져 경제의 흐름과 변화, 그리고 그 안에서 싹튼 위기를 전혀 감지하지 못했다는 것, 다음에 올 위기를 피하려면 '내가 맞다'는 독선과 오만에서 벗어나야 한다는 것이 데사이의 결론이었다.

"왜 알아차리지 못했나?"라는 영국 여왕의 질문이 울림을 주는 이유는?

엘리자베스 2세 여왕의 이야기를 떠올린 것은 대한민국 경제의 상황이 매우 걱정스럽기 때문이다. 한국은행과 통계청이 각종 경제지표를 발표할 때마다 경제 추락과 민생 파탄이 확인되고 있으니 위기의식을 느끼지 않는다면 이상하다고 해야 할 것이다. 그런데도 국정운영을 책임 진 문재인 정부와 민주당은 다른 세상에 사는 것처럼 보인다. 그런 그들을 보면 "왜 위기임을 알지 못할까?"하는 탄식이 절로 나온다.

문재인 대통령은 2018년 11월 1일 국회 시정연설에서 "경제 체질과 사회 구조가 바뀌고 성과가 나타날 때까지 시간이 걸릴 수밖에 없다"고 했다. 좀 기다리면 경제가 좋아질 것이라는 이야기였다. 이 정권의 핵심정책인 소득주도성장론이 고용 참사와 민생고苦의 중대 요인이라는 지적이 잇따르자 "소득주도성장과 최저임금 인상의 긍정적 효과를 자신 있게 설명하라. 긍정효과가 90%다"2018년 5월 31일라고 했던 대통령의 인식은 전혀 달라지지 않았음을 확인케 하는 연설이었다. 대통령이 소득주도성장 정책을 계속 밀어붙이겠다는 뜻을 시정연설을 통해 밝히자 참모들과 민주당도 위기설을 적극적으로 부인하고 나섰다. 그러면서 '위기론을 얘기하기 때문에 위기가 온다'며 경제 위기를 우려하는 사람들을 공격하기 시작했다.

2018년 11월 4일 당정청여당, 정부, 청와대 회의에서 장하성 전前 정책실장은 "내년엔 소득주도성장, 혁신 성장, 공정경제의 실질적인 성과들을 국민들이 체감할 수 있을 것"이라고 말했다. 그러면서 "경제에 대한 근거 없는 위기론은 국민의 경제심리를 위축시켜 경제를 어렵게 할 것"이라고 주장했다. 경제가 나빠지는 건 정부 정책이 잘못되어서가 아니라 경제를 걱정하는 목소리 때문이고, 그런 걱정은 근거도 없는 것이란 얘기였다. 장 실장은 5일 국회 예결위 회의에 출석해 현 정권이 가장 잘한 일이 소득주도성장을 추진해 온 것이라고 했다. 그날 그 회의에서 민주당 의원들은 "야당이 경제위기를 조장하고 있다"며 포문을 열면서 이미 경질이 기정사실화된 장 실장을 엄호했다. 야당의 비판 때문에 경제 위기가 온다는 게 청와대와 여당의 논리인데, 앞으로 경제가 더 엉망이 되고 국민의 삶이 더 망가지면 그 책임을 야당과 정부정책을 비판한 사람들에게 뒤집어씌우기로 이 정권은 작정한 모양이다.

정권의 경제낙관론, '내가 옳다'는 오만에서 비롯된 것 아닌가

권력을 쥔 쪽이 이처럼 적반하장의 태도를 보이는 이유는 무엇일까? 데사이가 2007년의 세계 금융위기 원인으로 진단한 '내가 옳다. 내 이론이 맞다'고 하는 오만함 때문에 그러지 않나 싶다. 내 정책이 옳기 때문에 그대로 가면 반드시 성과가 나타난다는 맹목적 신념, 상상과는 반대로 전개되는 어려운 현실은 과정상의 일시적 현상이라고 보는 아둔함, 바깥의 비판은 '위기 조장용 발목잡기'라고 일축하는 편협함, 이런 문제의 근저에 깔려 있는 것은 권력의 오만, 즉 휴브리스 아닐까.

권력이 이런 배타적 발상으로 무리수를 두기 때문에 나라 살림도, 국민의 삶도 망가지게 된다는 교훈을 이 정권은 모르는 것 같다. 그걸 안다면 '이 정도가 무슨 위기냐'는 식의 주장을 하면서 '기다려 봐라. 내년이 되면 좋아질 테니'라고 큰 소리 칠 수 있겠는가장하성 전 실장은 지난 여름엔 '연말이 되면 좋아질 것'이라고 하더니 이번엔 '내년에는 성과가 나타날 것'이라고 했다.

설사 정권의 주장대로 위기가 아니라고 치자. 그럼에도 경제가 나빠지고 있다는 건 월별, 분기별로 나오는 각종 경제지표와 민생 현장의 아우성을 통해 충분히 확인할 수 있다. 그렇다면 '지금이 위기'라고 생각하면서 어디에 잘못이 있는지 점검하는 등의 태도를 보이는 게 옳지 않은가. 그래야 호감을 살 테고 상황 악화를 막는데도 보탬이 되지 않겠는가. 정권이 이런 자세를 보이지 않는 것은 무슨 이유에서일까. '내가 옳은데 왜?'라는 오만함과 '비판을 수용하면 우리가 틀렸음을 인정하는 것이 된다'는 옹졸함에서 그러는 것 아닐까 싶다.

정권이 상상한 대로 소득주도성장 효과가 나타나고 있나?

문재인 정부가 받드는 소득주도성장의 이론과 현실엔 큰 괴리가 있다. 최저임금의 높은 인상을 통해 저소득층의 소득을 올려주면 그들의 소비가 늘고, 그로 인해 생산이 증가하게 되면 일자리도 더 많이 창출될 것이며, 이것이 다시 국민의 소득 증가 – 소비 증가 – 생산 증가 – 일자리 증가로 이어지는 등 경제 사이클의 선순환이 이뤄질 것이라는 상상에서 나온 것이 소득주도성장론이다. 정권이 독창적으로 만든 이론이 아니고 폴란드 경제학자 미하우 칼레츠키Michal Kalecki의 임금주도성장론을 차용한 작품이다. 최저임금을 급격히 인상한 건 칼레츠키의 '임금주도' 주장을 옳거니 하고 따른 결과다.

그런 소득주도성장론이 현실에선 어떻게 작용하고 있을까. 서민의 소득이 오히려 줄어들고 일자리도 사라지는 등 탁상에서의 생각과는 다른 반대의 결과가 나타나고 있다. 최저임금의 과도한 인상2018년 16.4% 인상 등 지난 2년간 29% 인상, 2019년엔 10.9% 인상 예정을 감당하지 못하는 영세상공인, 자영업자 등은 종업원을 내보내고 가족노동을 하는 등의 방식으로 대응하고 있다. 이로 인해 청년과 서민의 일자리와 아르바이트 자리는 확연히 줄어들었고, 그들의 소득도 감소했다.

2017년 월 평균 31만 6000명이었던 취업자 증가폭은 이듬해 1~9월 동안 평균 10만 400명으로 대폭 줄었다. 하반기엔 취업자 증가 수가 한층 더 줄고 있는 양상이다. 통계청의 '2018년 2분기 가계동향 조사소득부문 결과'에 따르면 올해 2분기 소득 최하위 20%1분위 가계 2인 이상 가구의 명

목소득은 월 평균 132만 5000원이다. 1년 전 같은 기간보다 7.6%가 줄어든 것이다. 소득 하위 20~40%2분위 가계의 명목소득은 280만 200원으로, 1년 전의 같은 기간보다 2.1% 감소했다. 반면 소득 상위 가계의 소득은 증가한 것으로 나타나 소득의 양극화와 빈부격차는 더욱 벌어졌다. 저소득층의 소득을 늘려 양극화를 줄이고 분배를 개선하겠다고 약속한 정부가 그걸 위한다는 정책을 썼지만 현실은 '야속하게도' 정권을 배반한 셈이 됐다.

소비는 어떠한가. 2018년 11월 6일 '하반기 경제 전망'을 발표한 국책연구기관 한국개발연구원KDI에 따르면 올해 상반기에 전년 동기 대비 3.2% 증가했던 민간 소비가 올해 하반기엔 2.4% 증가에 그칠 것이라고 한다. 내년 상반기엔 소비가 2.2% 증가에 머무는 등 소비가 계속 위축될 걸로 KDI는 내다봤다. 서민의 소득은 줄고, 서민을 포함한 국민 전체의 소비는 그다지 늘지 않는다는 사실은 소득주도성장이 정권의 상상대로 현실에선 작동하지 않는다는 걸 뜻한다.

지난해 말에도 소득주도성장의 문제를 지적했던 KDI는 이번 보고서에서 "올해 실업률이 가파르게 오른 주요 이유는 노동수요 감소 때문"이라고 밝혔다. 기업이나 사업자들이 근로자의 일자리를 만드는 등 노동수요를 증가시키지 않고 줄였다는 얘기다. 왜 그랬겠는가. 물가상승률을 훨씬 넘는 최저임금의 급격한 상승, 탄력근로의 기간적 여유는 충분히 주지 않은 채 시행에 들어간 근로시간 단축 등으로 사업자 입장에선 인건비 부담이 견딜 수 없을 정도로 커졌기 때문 아니겠는가.

청와대는 "내년엔 좋아질 것", 그러나 KDI 전망은 정반대

장하성 전 실장은 물러나기 직전까지도 "내년엔 성과가 나타날 것"이라고 했다. 그러나 KDI 전망은 정반대다. 올해보다 더 나빠진다는 것이다. KDI는 내년엔 경기둔화가 본격적으로 진행돼 잠재성장률2.7~2.8% 추정을 밑도는 저低성장 국면에 진입할 것이라고 관측했다. 한 나라의 경제가 보유하고 있는 자본과 노동력, 자원을 최대한 활용해서 얻을 수 있는 성장치가 잠재성장률이다. 그런데 KDI가 전망한 내년 성장률은 2.6%. 내년엔 모든 자원을 최대한 활용하더라도 잠재성장률에 미달할 것이라는 우울한 전망을 국책연구기관이 내놓고 있는 것이다.

KDI의 전망이 정권의 낙관론보다 설득력을 가진 것처럼 보이는 이유는 정권의 반反기업, 친親노동 정책 때문에 기업은 위축될 대로 위축되어 있고, 투자도 뒷걸음질 치고 있기 때문이다. 기업 설비투자와 건설투자 등이 계속 '마이너스' 상태인데 내년에 무슨 수로 경제가 좋아질 수 있다는 말인가. 김동연 전前 경제부총리가 5일 내년에는 경제가 좋아진다고 했던 장하성 실장을 겨냥해 "희망사항을 말한 것 같다. 나는 좋아진다고 말한 적 없다"고 한 건 이 같은 경제 사정을 잘 알기 때문일 것이다.

KDI의 내년 성장률 전망치 2.6%도 막상 내년이 되면 달성하지 못할 수도 있다. KDI가 지난 5월엔 올해2018년 성장률을 2.9%로 전망했지만 경제 상황이 계속 악화하자 하반기엔 올해 성장 전망치를 2.7%로 낮췄듯 내년에도 그런 일이 재발하지 말란 법은 없다. 내년엔 경제가 더 어려울 걸로 예상되는 만큼 많은 이들이 이미 우려하는 '퍼펙트 스톰Perfect

Storm, 각종 악재가 동시다발적으로 터지는 초대형 경제위기'이 닥칠 수도 있다. 그 경우 경제는 날개 부러진 새처럼 맥없이 추락할 것이다. 이런 일이 벌어질 수도 있는 데 대책을 마련하기는커녕 위기가 아니라고 주장하는 것은 무책임의 정도가 지나쳐도 한참 지나친 것이다.

내년을 걱정하며 '지금이 위기이니 대비하라'고 하는 것이 정상이다. 정권은 '야당이 위기를 부치기고 있다'고 하지만 정작 위기를 조장하는 측은 위기가 아니라며 합당한 조치를 취하지 않고 있는 집권세력이다. 현실에선 정책 실패, 정부 실패로 판명 났음을 각종 경제지표를 통해, 여러 경제주체들의 목소리를 통해 충분히 확인하고도 남음이 있는데도 '우리가 옳다. 기다리면 좋은 날이 온다'고 하는 것이야말로 더 큰 위기를 부르는 오만 아닌가.

각종 밀어붙이기 인사, 낙하산 인사는 오만의 증표 아닌가

정책은 수정하지 않고 사람만 바꾸고, 그것도 '그 나물에 그 밥'인 사람들로 '돌려막기' 하듯 인사를 했으니 이 역시 보통 오만이 아니고 보통 불통이 아니다. 경제의 투톱 경제부총리와 청와대 정책실장을 대통령에게 쓴 소리 한 번 안 할 사람으로 채운 걸 보고서, 그리고 투톱이 소득주도성장 정책을 충실히 밀어붙일 사람이라는 걸 확인한 경제계에선 "암담하다"는 말들이 나오고 있다. 이런 걱정이 들끓어도 정권은 묵살할 테니 오기의 끝이 어디까지인지 알기 어렵다

국회 인사청문회에서 여러 가지 흠결이 지적된 나머지 청문보고서도 채택되지 않은 장관 후보자 7명을 대통령은 그동안 우격다짐으로 임명했다. 2명의 헌법재판관 후보자와 KBS 사장도 국회 청문보고서 채택이 이뤄지지 않은 상황에서 임명을 강행했다.

문 대통령과 민주당이 야당을 하던 시절 국회 청문보고서 채택 없이 이뤄지는 전前 정권의 장관 임명 강행에 대해 뭐라고 했던가. '인사청문회의 근본 취지를 훼손하는 오만한 행동이고, 반드시 심판받게 될 것'이라고 하지 않았던가. 그런데도 이른바 '적폐정권'보다도 더 자주, 더 많이 '오만한 행동'을 하고 있으니 어처구니가 없지 않은가. 박근혜 정권 4년 6개월 간 국회 청문보고서 채택이 이뤄지지 않은 상황에서 대통령이 임명을 강행한 인사는 모두 10명. 문재인 정권에선 1년 6개월 만에 타이기록을 세웠으니 이에 대한 오만의 강도는 이 정권이 더 세지 않은가.

대통령의 캠프 출신, 민주당 출신들을 공공기관 등에 마구 꽂는 낙하산 인사 또한 전 정권보다 심했으면 심했지 덜하지 않다는 게 언론과 현장의 평가다. '공공기관장의 45%, 공공기관 감사의 85%가 낙하산', '박근혜 정부 19개월 간 친박親朴 낙하산은 86명, 문재인 정부 14개월 간 친문親文 낙하산은 131명'이라는 등의 보도가 나왔고, 바른미래당은 친문 낙하산 인사명단을 담은 백서도 냈다.

문 대통령은 지난해 7월 청와대로 여야 대표들을 초청한 자리에서 낙하산 인사를 하지 않겠다고 약속했다. 과거 낙하산 인사를 적폐라고 비난했던 문 대통령을 겨냥해 이혜훈 당시 바른정당 대표가 "낙하산 인사, 보은 인사, 부적격자 인사를 하지 말아 달라"고 얘기하자 "그런 일은 없도록 하겠다"고 했다. 그런데도 청와대와 정부는 방방곡곡에 '낙하산', 그것도 대다수는 '결함 있는 낙하산' 전문성 부족 등 함량 미달의 인사을 내려 보내고 있다. 대통령은 자신의 약속을 망각한 듯 가만 놔두고 있으니 자기모순이고, '내로남불'이다. 이 또한 오만이 아니고 무엇인가.

문 대통령은 김정은과의 평양회담을 앞두고 국회의장단과 정당대표들에게 함께 평양에 가자고 했다. 청와대 비서실장을 통해 한 이 제안은 행정부를 견제해야 하는 책무를 지닌 입법부를 무시한 발상이라는 지적을 받았다. 이어 국회 의장단과 한국당·바른미래당 대표가 평양행을 거부하자 문 대통령은 국무회의에서 "당리당략을 거둬주시기 바란다"며 야당을 꾸짖었다. 그런 그에 대해선 '제왕적'이란 비판이 나왔다.

휴브리스(오만)엔 재앙과 몰락이 따른다

'휴브리스 오만'와 관련 있는 것처럼 보이는 이러한 일들이 쌓이면서 대통령과 정권에 대한 불만도 쌓이고 있다. 평양 회담 직후 반짝 상승했던 대통령 지지율이 계속 떨어지고 있는 것도 정권에 대한 국민의 인상이 나빠졌기 때문일 것이다. 청와대와 민주당은 "대통령의 지지율이 여전히 높다"며 민심의 변화에 크게 개의치 않는 것처럼 보인다. 그러나 그런 태도로 인해 '오만의 함정'으로 빠져들고 종국에는 큰 화禍를 입게 된다는 걸 깨달아야 한다.

역사학자 아놀드 토인비는 "역사를 한번 바꾸는 데 성공한 창조적 소수Creative Minority가 성공으로 교만해 지고, 추종자들에게는 복종만을 요구하며, 인人의 장막에 둘러싸여 지적·도덕적 균형을 상실하고, 가능과 불가능에 대한 판단력도 잃어버리는 현상을 보인다"고 지적했다. 그러면서 "그 창조적 소수는 그들이 성공한 방법을 모든 곳에 다 통하는 절대적 진리인양 우상화하는데 이것을 휴브리스오만라 한다"라고 했다.

그리스어에서 나온 말인 휴브리스Hubris는 '자만 또는 자부심이 큰 인간이 신을 분노케 해서 몰락을 자초하는 경우'를 뜻한다. 오만이 오만으로 끝나는 게 아니고 몰락과 파멸을 초래한다는 의미를 가진 말이 휴브리스다.

문 대통령과 청와대, 정부·여당은 '우리가 휴브리스의 함정으로 걸어 들어가고 있는 것 아닌가?'라는 물음을 스스로 던져 보길 바란다. 대통령과 정권을 위해서 뿐 아니라 국가와 국민을 위해서라도 '우리에게 문제는 없는가?'라는 자기진단을 철저히 해 보는 게 좋을 듯싶다.

심리학자 아담 갈린스키는 "권력자들은 한 곳에 묵직한 닻을 내린 채 정박한 배와 같다"고 했다. 권력자가 자신 만의 관점에 닻을 내리고 있다는 얘기다. '성공한 창조적 소수'가 '내가 진리다'라고 생각한다는 토인비의 지적과 상통하는 것으로, 바로 이런 사고방식과 정신상태에서 재앙의 싹이 튼다.

심리학자들이 권력자들에 대해 일반적으로 정의하는 것이 하나 있다. 그것은 '공감 능력이 떨어진다'는 것이다. '내가 옳다'고 생각하는 것이 권력자들의 속성이니 그들의 공감 능력이 어찌 뛰어나겠는가. 자기 확신이 강하고 공감 능력도 부족한 권력자에게 다른 관점의 이야기, 비판과 반대의 목소리가 크게 들릴 리 만무하다. 그러니 권력자들은 오만의 길로 향하기 쉽고 위험에 빠지기도 쉽다.

'왜 알아차리지 못했나?'라는 후회 섞인 질문이 대통령 입에서 나오지 않으려면?

문 대통령과 청와대, 민주당의 공감 능력도 그다지 크지 않아 보인다. 그들이 '우리의 공감 능력은 좋다'고 한다면 그것도 오만일 수 있다. 현 정권이 다른 목소리, 다른 시각을 유연하게 받아들이는 열린 태도를 보여준 사례가 언제 있었던가?

대통령에게 늘 다른 시각과 비판적 관점을 제시하는 '악마의 변호인devil's advocate'을 청와대에 두라는 충고http://www.ifs.or.kr/bbs/board.php?bo_table=News&wr_id=867'를 지난달 이 란국가미래연구원 뉴스 인사이트을 통해 한 적이 있다. 청와대의 인적 구성상 집단사고의 오류나 확증편향의 문제를 언제든 노정할 수 있으니 대통령이 어떤 결정을 하기 전에 다른 관점에서도 검토해 보는 과정을 제도화하라는 것이었다. 그게 대통령을 위해서, 나라를 위해서도 좋지 않겠느냐는 뜻에서 칼럼을 썼던 것이다.

그런 아이디어를 청와대가 받아들일 걸로 기대하진 않았지만 대통령과 청와대의 태도는 분명해 보인다. 그것은 비판에는 신경 쓰지 않고 내 길을 가겠다는 것이다. 대통령 시정연설과 경제 투톱 인사에서 확인할 수 있는 건 '문재인식式 마이웨이my way'다.

정권이 기존의 방식과 정책을 밀어붙여서 경제난과 북핵 문제를 해결하고 국민행복을 증진한다면 그간 이런 저런 비판을 하던 이들은 머쓱해질 것이다. 하지만 경제가 더 어려워지고, 민생이 더 나빠진다면, 그리고 북핵 문제는 여전히 오리무중五里霧中 상태로 표류하게 된다면 문 대통령 책임론이 비등해 질 것이다. "다른 목소리를 배척하고 오만하게 밀어붙이더니 이렇게 실패한 것 아니냐"는 목소리가 나올 테고, 2020년 총선 때엔 성난 민심의 심판을 받게 될지도 모른다.

가정이긴 하지만 그런 상황이 도래하면 문 대통령은 엘리자베스 2세 여왕처럼 "왜 아무도 알아차리지 못했느냐?"라는 질문을 청와대 참모들과 민주당 지도부에 던지면서 야속하다는 뜻을 전할지도 모른다. 문 대통령이 그런 '불쾌한 상상'의 현실화를 피하고자 한다면 실패와 재앙을 초래하는 '휴브리스의 함정'에 빠지지 않도록 항상 경계해야 할 것이다.

29

공직 기강 확립?
청와대 '내로남불'부터 바로 잡아라

국가미래연구원 뉴스 인사이트
2019년 1월 27일

청와대가 공직 기강을 잡겠다고 나섰다. 청와대 민정수석실은 국무총리실, 감사원과 함께 '공직기강 협의체'를 만들어 1월 22일부터 가동했다고 밝혔다. 3개 기관 협의체는 첫 회의에서 공직기강을 연중 점검하고 암행 감찰과 기획 감찰도 하기로 했다고 한다. 조국 청와대 민정수석은 "정부 출범 3년 차를 맞아 음주운전, 골프접대 등 공직사회 전반에 걸쳐 기강 해이가 심해지고 있다는 비판이 제기되고 있다"며 "기강 이완 확산을 차단하고 국정동력을 강화하기 위해 협의체를 결성했다"고 말했다. 그는 "기강 해이가 공직사회의 부정부패, 무사안일로 이어지면 정부 정책의 추동력이 약해질 것"이라며 "적발된 비리에 무관용 원칙으로 책임을 묻겠다"고 했다. "(이제) 본격 활동을 재개할 청와대 민정수석실 공직감찰반 옛 특별감찰반도 중대비리를 정밀 감시할 것"이라는 말도 했다.

공직자들의 기강은 항상 확립되어 있어야 한다. 그 여부를 점검하기 위한 활동도 사시사철 이뤄져야 한다. 공직자들의 도덕적 해이와 이완, 부패와 비리를 막기 위해 청와대 민정수석실을 중심으로 유관기관이 합동으로 움직이겠다고 하는 데 반대할 이유는 없다. 그간 청와대발發 공직기강 해이 사례가 여럿 발생해 문재인 정부에 대한 국민의 기대가 실망으로 많이 바뀐 만큼 공직 사회 전반에 긴장감을 불어넣고 분위기를 쇄신하는 것은 시의에도 맞고 꼭 필요한 일이다.

하지만 청와대가 간과한 것이 있다. 조국 수석의 말에 틀린 건 없지만 그것만으론 충분하지 않다는 얘기다. 공직 사회의 말단까지 기강이 제대로 잡히려면 윗물청와대부터 달라져야 한다. 무엇보다 청와대에서 일어난 여러 가지 문제 등과 관련해 진솔한 반성과 사과를 하고, 책임도 지는 모습을 먼저 보인 다음에 공직 기강 운운해야 메시지가 먹힐 거고, 공직 사회도 옷깃을 여밀 터, 조국 수석은 가장 중요한 핵심을 빠뜨렸다.

'책임윤리' 보여주지 못한 청와대, 영(令)이 서겠나?

청와대에선 그간 볼썽사나운 일들이 많이 발생했다. 민정수석실 특별감찰반의 권한 밖 정보 수집·조사와 민간인 사찰 의혹은 청와대의 도덕성과 직결된 문제로 큰 파문을 일으키고 있다. 야당이 국회에서 국정조사를 실시하겠다고 하고 검찰이 정권의 눈치를 보는 수사를 할 경우 특검을 하겠다며 벼르고 있는 사안이다.

그런데도 청와대는 모든 걸 '미꾸라지'의 일탈로 치부하고 문제를 덮어버리겠다는 태도를 보이고 있다. 특별감찰반 활동의 불법성을 주장하는 특감반원이 비록 미꾸라지에 불과하고, 그에게 개인 비위 혐의가 있다고 해도 그가 폭로한 특감반 활동의 문제는 별개의 사안으로 보고 진상을 규명해야 함에도 청와대는 '미꾸라지' 탓으로만 돌리고 있다. 그를 부하로 뒀던 조국 민정수석이 불법을 몰랐고, 불법 지시를 한 적이 없다고 해도 관리부실의 책임은 면할 길이 없는데도 대통령은 그를 감싸며 무한 애정을 나타냈다.

특감반 문제와 관련해 청와대와 조국 수석은 공직의 기본인 '책임윤리'를 실천적으로 보여주지 못했다. 그런 청와대와 민정수석이 지휘하는 공직 기강 확립 작업을 공무원들이 과연 불만 없이 받아들일 수 있을까. 말로는 표현하지 못해도 속으론 '청와대부터 반성하고 청와대부터 책임지는 태도를 보여야 하는 것 아니냐'고 항변하지 않겠는가.

그밖에도 청와대에선 기강이 엉망임을 보여주는 사건들이 줄줄이 터졌다. 대통령을 지근거리에서 보좌하는 의전비서관의 음주운전, 육군참모총장을 카페로 불러내서 만난 인사수석실 행정관의 상식에 어긋나는 행동과 그의 군 인사자료 분실, 경호실 소속 경호원의 술집과 파출소에서의 행패, 경기도 하위 기관에 대한 일자리 수석실 행정관의 갑질 등이 그것이다.

청와대 행정관을 남편으로 둔 감사원 국장이 한국 정부의 예산지원을 받는 미국의 한 연구소에 자신을 받아주면 남편의 도움을 받을 수 있을 것이라는 이메일을 보낸 뒤 그곳으로 연수를 간 사실이 드러났다. 정권 실세의 보좌관 출신인 그 행정관은 아내를 보내놓고도 연구소에 지원하는 예산을 깎으려 했다는 의혹도 제기됐다. 청와대는 문제의 행정관을 2개월가량 대기발령 상태로 놔뒀다가 여론이 잠잠해지자 보직만 바꿔 행정관으로 복귀시켰다. 그 행정관의 아내를 중징계한다고 했던 감사원은 슬그머니 '감봉 3개월'로 징계문제를 마무리했다. 힘 있는 청와대 행정관의 부인이니 '봐주기 징계' '솜방망이 징계'에 그친 것이다.

대통령과의 인연이 있거나 빽을 가지고 있는 사람들은 큰 잘못을 저질러도 대체로 무사하고 온전하다. 자리에서 잠시 물러나 있다가 시간이 지나면 공공부문에서든, 민간에서든 좋은 일자리를 꿰차는 경우가 많다. 반면 연줄이 없는 사람들은 심한 경우 '미꾸라지'로 전락하고 일자리가 봉쇄되며 검찰 수사까지 받게 된다. 이런 대조적인 광경을 보며 국민과 일반 공직자들은 어떤 생각을 할까. '기회는 평등할 것이며, 과정은 공정할 것이고, 결과는 정의로울 것'이라고 했던 대통령에게 "무엇이 평등이고 공정이며, 정의인가?"라고 따지고 싶은 마음이 생기지 않겠는가.

대통령, 조국 수석 경질로 '춘풍추상' 실천해야

청와대 비서실의 각 방엔 '춘풍추상春風秋霜'이란 글이 쓰인 액자가 걸려 있다. 문재인 대통령이 걸게끔 한 것이다. 춘풍추상은 ≪채근담菜根譚≫의 '대인춘풍待人春風 지기추상持己秋霜'에서 나온 말이다. 남에겐 봄바람처럼 따뜻하게, 자신에겐 가을서리처럼 차갑게, 엄격하게 대하라는 얘기다. 청와대 스스로 작은 잘못도 엄하게 다스려야 공직 기강이 바로 서고, 다른 공공부문에서도 청와대를 본받을 것이란 뜻에서 대통령이 이 액자를 걸도록 했을 것이다. 노영민 대통령비서실장도 취임 일성으로 '춘풍추상'을 얘기한 것도 같은 맥락일 것이다.

그러나 청와대가 보여준 건 '말 따로, 행동 따로'다. 이미 지적했듯 내 편에는 봄바람, 다른 이들에겐 서릿발이다. '지기춘풍 대인추상', 다시 말해 액자의 글과는 정반대의 태도를 취하고 있는 것이다. 그러니 '내로남불 내가 하면 로맨스, 남이 하면 불륜' 정권이란 소리를 듣는 것 아닌가. '내게는 봄바람, 남에게는 서릿발' 사례의 대표를 꼽으라면 자신이 책임진 조직에서 온갖 사고가 발생해도 무사한 조국 수석이 아닐까 싶다. 그런 그가 공직 기강 확립의 칼자루를 쥐고 다른 공직자들에겐 '무관용' 운운하고 있으니 넌센스도 이런 넌센스는 없지 않은가. 청와대가 추진하는 기강잡기가 공직 사회와 국민의 지지를 받으려면 청와대부터 '춘풍추상'을 실천해야 한다. 스스로를 엄격하게 다스리고 작은 잘못이나 실수에도 책임지는 모습을 보여야 한다. 대통령은 장차관급 다수 후보자에 대한 민정수석실의 인사검증 실패, 특별감찰반 물의 및 관리 부실 등의 책임을 물어 읍참마속泣斬馬謖의 심정으로 조 수석을 경질해야 한다. 그것이 '춘풍추상'에 걸맞는 조치다.

문 대통령은 청와대 비서실에 '춘풍추상' 액자를 걸게 하면서 '금언'처럼 했던 말을 잊었는가. "공직에 있는 동안 이런 자세춘풍추상를 지키면 실수할 일이 없을 것이다. 남들에게 추상같이 하려면 자신에게는 한겨울 고드름처럼 몇 배나 더 추상같이 해야 한다"고 비서들 앞에서 강조하지 않앉던가. '자신에게는 몇 배나 더 추상같이 해야 한다'는 이 말에 답이 있고, 그 답은 조국 수석을 자르는 것이다.

문 대통령은 1월 14일 청와대 수석·보좌관 회의를 주재하면서 이런 말도 했다. "공공기관에서 사고가 발생하면 사장을 비롯해서 경영진도 문책해야 한다. 그렇게 해서 사장이나 임원진들이 자기 일처럼, 자기 자식 돌보듯이 직원들을 돌보도록 만들어야 한다. 그것을 하지 못하면 전부 책임지고 물러나야 하는 것이다."

문 대통령이 공공기관의 안전사고 예방을 강조하는 뜻으로 이 말을 한 것이지만, 거기엔 기관장의 책임의식·책임윤리가 강화돼야 하며, 잘못될 경우 보다 단호히 기관장을 문책하겠다는 뜻도 담겨 있다. 이 같은 '기관장 책임론'은 조국 수석부터 적용돼야 한다. 안전사고는 아니지만 어처구니없는 사고가 줄지어 터진 민정수석실 책임자를 '춘풍추상'의 본보기로 정리해야 다른 공직자들에게도 대통령 영(令)이 서지 않겠는가. 대통령 옆에 있는 사람은 아무리 잘못해도 '태평성대'를 누리고, 대통령과의 관계가 보잘 것 없는 사람들에겐 서릿발과 불호령이 떨어지면 누가 그걸 공정하고 정의롭다고 하겠는가.

우윤근 대사, 손혜원·서영교 의원 등에게도 '춘풍추상' 적용돼야

대통령실 비서실장으로 하마평에 올랐던 우윤근 주러시아 대사 문제에 대해서도 엄격한 수사가 이뤄져야 한다. 2009년 국회의원이었던 우 대사에게 조카의 취업을 청탁하며 1천만 원을 건넸다고 주장하는 사업가와 우 대사의 쌍방 고소로 수사가 시작된 만큼 권력 실세에 대한 봐주기 수사가 아닌 성역 없는 수사가 이뤄져야 한다. 우 대사에 대한 수사가 '내 편에는 봄바람'으로 귀착되면 청와대가 주도하는 공직 기강 확립 작업은 국민의 지지를 받기 어려울 것이다.

공직기강협의체의 기강 확립 대상은 아니지만 민주당 서영교 의원, 민주당에서 탈당한 손혜원 의원에 대한 수사도 '춘풍'이 아닌 '추상'의 모양새를 띠어야 한다. 지역구에서 자신을 도운 지인 아들의 범죄 혐의를 가볍게 하고 형량도 낮춰주기 위해 국회 법사위에 파견된 판사를 통해 법원에 청탁을 한 법사위원이고 여당 의원인 서 의원에 대해선 검찰 수사가 다시 이뤄져야 한다. 검찰은 서 의원을 서면으로만 조사하고 말았는데 법사위원 지위를 활용해 법원의 재판에 개입하려 한 서 의원의 문제를 결코 가볍게 넘길 수 없다. 청와대가 공직 기강을 바로 세우겠다고 하니 검찰은 같은 맥락에서 서 의원 사건을 철저하게 재수사해야 한다.

근대역사문화공간 지정으로 지정된 목포 구도심에서의 부동산 매입이 공직자가 지켜야 할 기본윤리인 이익충돌금지 원칙을 위반했다는 지적을 받고 있고, 국립박물관에 특정인을 심으려 한 문제 등과 관련해선 직권남용 혐의가 적용될 수 있다는 얘기를 듣는 손혜원 의원에 대해서도 철저하고도 단호한 수사가 진행돼야 한다. 손 의원이 대통령 부인인 김정숙 여사의 절친이라는 점이 검찰 수사에 영향을 미쳐서는 안 될 것이다. 검찰이 우 대사나 서·손 의원에 대한 수사를 엉터리로 할 경우 검찰이 반대하는 고위공직자비리수사처_{공수처} 설치의 당위성은 커질 것이고, 공수처에 대한 우호적인 여론도 확대될 것이다. 검찰의 부실 수사는 결과적으로 검찰에 독毒이 될 것이란 점을 검찰은 유념해야 할 것이다.

조해주 선관위원 임명 강행, 공직 사회에 잘못된 신호 줄 것

청와대가 공직 기강 드라이브를 걸겠다고 나선 시기에 대통령은 '춘풍추상'에 어긋나는 결정을 또 내렸다. 2017년 자신의 대선 캠프에서 공명선거특보를 맡은 걸로 민주당 대선 백서에 기록된 조해주 전 경기도 선관위 상임위원을 중앙선관위 상임위원으로 임명한 것이다. 민주당은 실수로 잘못 적은 것이라고 주장하나 한 명뿐인 공명선거특보를 엉뚱하게 기록했다는 것은 상식적으로 이해하기 어렵다. 조 위원이 2016년 20대 총선 때 총선방송심의위 부위원장을 하면서 민주당에게 유리한 발언을 했고, 관련 회의록도 존재하는 만큼 그가 선거의 공정성을 책임지는 선관위원으론 부적절하다는 비판엔 설득력이 있다. 1급 자리인 경기도 선관위 상임위원을 끝으로 공직에서 물러난 사람이 졸지에 장관급인 중앙선관위 상임위원 후보자로 지명된 데 대해 "권력과 관계가 없다면 이상하다"는 이야기까지 나온 터다.

야당이 청와대와 민주당 관계자들을 증인으로 채택해서 인사청문회 때 따져보자고 했지만 민주당은 거부했다. 단순 실수라면 관계자들 증인 채택을 반대할 이유가 없을 텐데도 민주당은 철벽을 쳤다. 이 바람에 조 후보자에 대한 청문회는 무산됐고, 문 대통령은 대통령 권한임을 내세워 그를 상임위원으로 임명했다. 인사청문회 제도가 도입된 이후 사상 처음으로 청문회도 거치지 않은 인사를 장관급에 임명하는 불미스러운 선례를 문 대통령은 남긴 것이다.

문 대통령의 '마이 웨이'에 한국당은 2월 국회 보이콧이란 카드를 꺼냈다. 이로 인해 중 국회의원 선거구제 개편 논의도 중단됐고, 입법으로 뒷받침해야 할 탄력근로제 단위기간 연장 등 경제와 민생 현안도 논의의 테이블에 오르지 못하고 있다.

대통령은 처음부터 오해를 사지 않을 사람을 내놓았어야 했다. 조 위원 이름이 여당 백서에 올라 있다는 사실을 뒤늦게 알았다면 야당의 반발을 고려하고, 선거엔 결코 개입하지 않는다는 중립 의지를 과시하기 위해서라도 조 후보자 지명을 철회했어야 했다. 그런 정무감각도 없이 국정을 운영하고 밀어붙이니 '독선 정권'이니, '오만 정권'이니 하는 비판을 받는 것 아닌가.

대통령의 조 위원 임명 강행을 바라보는 공무원들의 심정은 어떨까. '대통령과 청와대는 자기편인 경우 어떤 문제가 있어도 확실히 챙긴다'는 생각을 하지 않을까. 국가채무 문제를 고발한 신재민 전 기획재정부 사무관과 청와대 민정수석실의 문제를 폭로한 김태우 전 특별감찰반원을 조 위원과 비교하면서 말이다.

대통령이 야당의 반대를 묵살하고 조 위원을 임명한 것은 무리수無理手임이 분명하다. 그리고 그런 선택은 공직 사회에 부정적 영향을 미칠 가능성이 크다. 눈치 빠른 공무원들은 권력에 줄을 대려 할 것이고, 눈치는 있지만 끈도 없고, 재주도 없는 공무원들은 납작 엎드리고 있을 터여서다.

공직 사회에 이런 분위기가 조성된다면 제대로 된 기강이 자리 잡을 수 없을 것이고, 국민만 피해를 볼 것이다.

    대통령은 왜 이런 문제를 헤아리지 못할까. 대통령이 조국 수석과 조해주 위원을 감싸는 것이 공직 사회에 잘못된 신호를 준다는 것을 왜 모르는지, 대통령 주변엔 '아니되옵니다'라며 조 수석 경질과 조 위원 임명 철회를 진언하는 사람이 왜 없는지 답답하기 짝이 없다. 대통령과 청와대, 정부·여당이 '춘풍추상' 운운하면서 행동은 '내로남불'로 일관한다면 민심은 갈수록 싸늘해 질 것이고, 내년 총선 때 국민의 심판을 받게 될 것이다.

30 민노총의 몰상식, 계속 방치할 건가

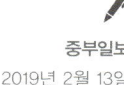

중부일보
2019년 2월 13일

　우리는 모두 개성을 가진 인격체다. 그런 우리가 조화를 이루면서 살려면 서로가 서로를 받아들일 수 있어야 한다. 서로 배척하지 않고 인정할 수 있는 기준은 무엇일까. 그건 상식常識이 아닐까 싶다. 누군가 용인할 수 없는 언행을 했을 때 '몰상식하다'는 말이 나오는 건 우리가 상식이란 잣대를 갖고 있어서일 것이다. 영국인들이 가장 중시하는 것 중 하나도 상식common sense이다. 프랑스인들은 그걸 봉상스bon sens, 良識라고 한다. "나는 생각한다. 고로 존재한다"는 말로 유명한 프랑스 철학자 데카르트가 강조한 것도 봉상스다. 양식과 상식에 바탕을 두지 않고서는 생각과 사유의 근육인 이성을 키울 수 없기 때문이다. "상식은 인류의 수호신"이라는 괴테의 정의는 참으로 적절하다. 상식과 양식, 이성이 사라졌을 때의 혼돈과 파괴를 인류는 역사에서 수 없이 경험하지 않았던가.

5·18에 대한 한국당 의원 3인의 언행은 정상적 사고를 가진 사람이라면 상상도 할 수 없는 것이다. '망동'이니 '망언'이니 하는 말들이 쏟아지는 까닭은 사회가 수용할 수 있는 선을 넘어도 한참 넘었기 때문이다. 청년과 5060세대를 겨냥해 국내에서 불만만 토하지 말고 동남아시아로 가라고 한 청와대 경제보좌관을 대통령이 경질한 것도 몰상식의 도가 지나쳐서다. 청와대나 주요정당에서 상식에 맞지 않는 일이 종종 터지는 건 한심하지만, 그래도 그들은 국민 눈치를 본다. 사고가 터진 다음엔 여론 악화를 막으려고 나름의 노력도 한다.

반면 여론이고 뭐고 무시하면서 잇속만 챙기는, '안면몰수'가 특기인 집단이 있다. 제 밥그릇을 위한 일이라면 남에게 폭력을 가하고 피해를 주는, 그야말로 망동을 예사로 벌이는 '안하무인'형 단체다. 그 이름은 민주노총민노총. 최근 서울대 도서관을 비롯, 교내 건물 곳곳에 난방을 끈 사람들이 그에 속한다. 그들은 "도서관은 제발 놔두라"는 학생들과 학교 측의 호소도 외면하고 지난 7일부터 서울대 주요시설의 난방을 끊어 버렸다. 한파 주의보가 내렸는데도 학생들이 공부하는 도서관을 냉골로 만들어 버린 그들의 머릿속엔 오로지 임금인상·성과급·명절휴가비·복지포인트 등 내 몫 쟁취 밖에 없다.

부산에선 민노총 소속 르노삼성차 노조가 떼를 쓰고 있다. 르노삼성 부산 공장 생산직 근로자 평균연봉 2017년 기준 약 8000만 원은 같은 르노그룹 소속인 일본 닛산 규슈공장보다 20%나 높다. 그런데도 노조는 기본급과 자기계발비 인상, 특별격려금 지급을 요구하며 지난 4개월 동안 28차례 부분파업을 했다. 이들은 조만간 또 부분파업을 하고 전면파업도 검토한다고 한다. 2015년부터 3년 연속 무파업 기록을 세웠던 르노삼성은 지난해 민노총 지회가 생기면서 분위기가 바뀌었다. 강성 전투 노조가 들어서서 무리한 요구로 파업을 이끌자 프랑스 본사는 급기야 '파업이 계속되면 소형 SUV 후속물량을 다른 나라로 배정할 것'이라고 경고하기에 이르렀다.

민노총의 몰상식과 파렴치를 열거하자면 한도 끝도 없다. 회사 임원 감금 폭행, 공공청사 점거, 건설현장 불법 봉쇄, 자녀와 친인척 우선 채용 협박 등등. 조폭도 놀랄만한 못된 일을 하면서 '민주'란 이름을 쓰는 그 위선이 역겹다. 그들의 폭력와 행패를 눈감고 넘기는 정권도 큰 문제다. 그들 앞에선 공권력을 허수아비로 만들어놓고 반대세력은 적폐로 몰아 권력의 칼을 서슬 퍼렇게 휘두르는 정권의 이중성, 그 비상식을 국민은 주시하고 있다. 민노총 불법과 폭력에 정권이 단호히 대처하고 노동 개혁을 하지 않는다면 민노총의 패악은 거듭될 것이다. 그리고 그에 대한 국민 분노는 정권으로 향할 것이다.

31

문 대통령, 노조 적폐도 청산해야

중부일보
2018년 3월 7일

　문재인 대통령은 '일자리 대통령'이 되겠다고 했다. 취임 직후 집무실 벽에 일자리 상황판을 걸어 놓고 현황을 챙기는 것도 이 약속을 지키기 위해서다. 그러나 집권 10개월의 성적표는 매우 초라하다. 통계청에 따르면 지난해 실업자 수는 102만 8천 명이다. 통계를 집계하기 시작한 2000년 이후 가장 많은 숫자다. 청년 실업률은 9.9%로 역대 최고다. 비교적 좋은 일자리로 분류되는 제조업 취업자도 2016년보다 0.3% 감소했다. 양질의 일자리도 많이 만들겠다고 대통령은 공언했지만 현재까진 허언虛言에 그친 셈이다.
　문 대통령이 1월 말 청년일자리 점검회의에서 역정을 낸 것도 이런 현실 때문일 것이다. 그는 회의에서 "청년문제가 매우 시급한 상황임을 강조해 왔는데 부처에 그런 의지가 제대로 전달됐는지, 부처가 그런 의지를 공유하고 있는지 의문"이라며 내각을 질책했다.

일자리를 만들고 싶은 대통령의 심정과 진정성은 충분히 엿볼 수 있다. 하지만 의지만으로 일자리는 창출되진 않는다. 의지가 강하다고 해도 사고방식이나 정책방향, 그 내용에 문제가 있다면 현실은 야속하게 전개될 터, 대통령은 이 점부터 점검해 봐야 한다.

문 대통령은 '큰 정부' 신봉자다. 정부가 나서면 일자리를 많이 만들 수 있다는 생각에서 세금을 대거 투입하고 있다. 그러나 그런 방식으로 일자리를 만드는 데는 한계가 있다. 정부가 세금을 써서 공무원 일자리를 확대하고 있으나 그 수를 양껏 늘리긴 어렵다. 그리고 그런 일자리의 생산성은 그다지 높지 않다. 오히려 세금을 축내는 측면이 있다.

문 대통령은 노조 친화적이다. 정부와 민주당은 노조 요구를 대거 수용하고 있다. 최저임금의 급격한 인상, 근로시간 대폭 단축, 공기업 성과급 연봉제 폐지 등이다. 반면 기업의 목소리는 거의 반영되지 않고 있다. 규제는 기업이 희망하는 만큼 혁파되지 않고 있으며, 법인세는 세계 흐름과 달리 인상됐다. 노조는 천국으로 올라가고 기업은 나락으로 떨어지는 형국이니 기업이 어떻게 일자리를 많이 만들 수 있겠는가.

대통령의 정책이 도리어 일자리를 없앤다는 불만도 시장에선 나오고 있다. 최저시급의 높은 인상16.4%이 자영업과 영세상공업 분야에서의 종업원 해고, 아르바이트 자리 감소, 물가상승이란 부작용을 낳고 있기 때문이다. 현실을 무시한 정책이 서민들의 삶을 더 어렵게 만들고 있는 것이 불편한 진실이다.

그런 가운데 귀족노조의 조합원들은 뱃속 편한 세상을 만났다. 정부는 노조에 개혁도, 고통 분담도 요구하지 않고 있다. 귀족 노조원들의 형편은 날로 좋아져서 서민과 영세 자영업자, 소상공인들 모습과 대조를 이루고 있다. 웬만한 자영업자나 소상공인들은 꿈도 꾸기 어려운 높은 연봉에 각종 부가 혜택을 받고 있는 이들이 귀족노조 조합원이다. 그들 중엔 장기근속 후 퇴직 시 가족 우선 채용이란 고용세습 특전을 누리고, 자녀는 유치원부터 대학까지 회사 돈으로 가르치는 사람이 많다. 봄이 왔으니 춘투春鬪로 휴일할증 등 '미실현 이득'까지 실현하겠다고 벼르는 노조원들도 다수다.

 노조의 이런 풍토와 이기주의를 고치지 않는 한 일자리는 충분히 늘어나지 않을 것이다. 문 대통령은 이제 '노조 대개혁'의 깃발을 올려야 한다. 국민경제를 위해, 청년 일자리를 위해 단호하게 노조에 적폐 청산을 요구해야 한다. 노조 세상이던 프랑스에서 에마뉘엘 마크롱 대통령이 고질병을 어떻게 수술하고 있는지, 그 결과 어떤 기적이 나타나고 있는지 보면서도 '한국병病'을 고치지 않는다면 '일자리 대통령'이란 꿈은 꿈으로 끝날지 모른다.

32 무용론 나온 인사청문회,
이렇게 고쳐서 쓰자

국가미래연구원 뉴스 인사이트
2019년 4월 15일

　문재인 대통령의 실패가 경제·외교 등에서 나타나고 있지만 최근에 가장 두드러진 문제는 인사 실패일 것이다. 만사萬事이어야 할 대통령의 인사가 망사亡事가 되고 있음은 국회 인사청문회 과정을 통해 벌써 수차례나 확인되고 있다. 문재인 정부가 출범한 지 2년도 안 된 상황에서 도덕성 등에 흠결이 드러나 낙마한 장차관급 후보자는 11명. 이런 저런 결격사유로 국회에서 청문 보고서가 채택되지 않았지만 대통령이 임명을 강행한 장관급 후보자는 13명이다. 문 대통령의 인사 실패는 그가 적폐정권으로 낙인 찍은 박근혜 정부 4년 2개월의 기록 낙마자 11명. 청문 보고서 채택 없는 인사 강행 10명을 능가한다.

　청와대와 여당인 민주당은 청문 보고서 채택 불발과 관련해 한국당 등 야당의 정치공세 탓이라고 주장하지만 설득력이 떨어진다. 대통령이 내놓은 장관급 후보자들이 도덕성 등에서 큰 하자가 없다면 야당이 청문 보고서를 채택하지 않을 리 없고, 정치공세도 취하기 어려울 터여서다. 청와대와 민주당의 야당 탓은 '청문 보고서야 채택되든 말든 내 갈 길을 간다'는 대통령의 무리한 임명 강행과 오기 인사를 정당화하려는 술책으로밖에 보이지 않는다.

문재인 대통령의 인사 실패엔 패턴이 있다

문 대통령의 인사 실패는 ① 코드와 이념을 우선시하는 데서 시작된다. 이런 편협한 기준 때문에 인재를 널리 구하기 어렵다는 지적이 나와도 대통령은 요지부동이다. 북한의 천안함 폭침은 '우발적 사건'이라며 "북한의 사과와 상관없이 5·24조치 한국의 대북 독자제재는 해제돼야 한다"거나, 북한군이 금강산에서 저지른 우리 관광객 피살사건에 대해 "어차피 겪어야 할 통과의례"라고 하는 등 국가의 정체성을 훼손하는 헛소리를 한데다, 특정 정치인에 대한 저질 발언으로 인격의 문제까지 지적받은 김연철 통일부 장관이 코드 인사의 대표적 사례다. "김연철 후보자 내정은 대통령이 미국과 관계없이 한반도 정세를 밀고 나가겠다는 것"이라고 한 문정인 대통령 외교안보특보의 발언은 코드와 이념에 대한 문 대통령의 집착이 얼마나 강한지 짐작할 수 있게 한다.

② 코드와 이념의 좁은 풀pool에서 고른 후보자에 대한 청와대의 허술한 검증은 대통령의 인사 실패를 더욱더 부각시킨다. 얼마 전 자진사퇴

한 국토부장관 후보자가 집을 세 채나 보유한 사실, 대통령의 지명철회로 귀결된 과학기술정통부장관 후보자가 두 아들을 미국으로 '호화 유학' 보내고, 아들 졸업식에 맞춰 공무 출장을 가서 졸업식에 참석한 일 등을 파악하고서도 버젓이 장관감으로 내놓게 한 청와대 인사수석실과 민정수석실의 엉터리 검증이 대통령의 체면을 구기지 않았던가.

이런 일이 있었는데도 대통령은 또 다시 문제가 많은 인물을 장관급인 헌법재판관 후보자로 지명했다. 판사 출신인 이미선 후보자다. 그는 사법부의 주류로 자리 잡은 국제인권법 연구회 발기인을 지냈다. 대통령이 중시하는 코드에 맞는 인물이다. 그런데 그는 청문회에서 난타를 당했다. 판사 출신 변호사 남편과 함께 재산의 85%인 35억 원을 주식에 투자했고, 수상한 주식 거래를 여러 차례 한 것으로 나타났으며, 특정 회사의 주식을 대량 보유하고 있으면서도 해당 회사와 관련된 재판을 맡은 걸로 드러났기 때문이다. 여당 의원들 사이에서도 "이해할 수 없다"는 얘기가 나올 정도로 문제투성이였다.

청와대는 그런 흠결들을 알고서도 문제 삼지 않았고 하니 도대체 청와대는 무슨 생각으로, 무엇을 검증하는지 궁금하다. '우리 편인데 웬만하면 문제 삼을 필요가 없지 않나. 설사 결함이 드러나서 국회에서 청문보고서가 채택되지 않아도 대통령이 그냥 임명할 수 있으니 걱정할 게 없다'는 오만한 생각을 하기 때문은 아닌지 따져 묻고 싶다.

대통령이 고위직 후보자들을 지명할 때마다 청와대의 검증 소홀이 드러나는 데도 조현옥 인사수석이나 조국 민정수석 입에선 '책임'이란 말 한마디도 나오지 않고 있다. 문 대통령은 이들을 감싸고 있으니 여론은 더 싸늘해지고, 야당의 공세는 한층 사나워 지는 것 아닌가.

③ 인재 발굴의 편협성과 청와대의 엉성하고 안이한 검증으로 인사 실패가 확인됐는데도 후보자 임명을 강행하는 문 대통령의 밀어붙이기는 여론을 악화시키고 정치적 갈등을 증폭시킨다. 국회에서 인사청문회를 하든 말든, 청문 보고서가 채택되는 말든 내가 임명하면 그만이라는 식으로 행동하는 문 대통령의 모습에선 '책임윤리'의 실종과 오기와 오만의 그림자가 읽힌다. 인사 실패에 대한 문 대통령의 시정 거부는 자신의 이미지를 훼손할 뿐 아니라 국회 입법을 통해 추진되는 주요 정책의 동력까지 떨어뜨린다. 야당의 반발이 크면 할수록 국회는 심각한 마비 상태에 빠질 것이기 때문이다.

① 코드인사 ② 검증 소홀 ③ 임명 강행으로 대표되는 문 대통령의 인사 패턴은 대통령과 여권 전체에 독毒으로 작용하고 있지만 대통령과 청와대, 민주당은 그걸 모르는 것 같다. 계속되는 실패에서 어떤 교훈도 얻지 못하는 집권 측에 변화를 기대하는 것은 연목구어 緣木求魚나 다름없다. 따라서 대통령의 인사 실패를 다소나마 제도적으로 막을 수 있는 방법은 무엇인지 정치권은 연구할 필요가 있다. 제도가 좋다고 해서 대통령의 인사 실패가 없는 것은 아니나 제도에 변화를 줘서 대통령의 인사 문제를 개선할 수 있다면 연구해서 채택하는 것이 정치의 순기능 아닌가.

커지는 청문회 무용론, 그러나 고칠 방법은 있다

대통령이 ①→②→③의 코스를 밟는 통에 인사청문회 무용론은 확산될 대로 확산된 상태다. 4월 9일 열린 문형배 헌법재판관 후보자 청문회에서 야당 의원이 "청문회에서 어떤 의혹이 제기되고 어떤 문제가 발생해도 문 대통령은 임명할 텐데 우리가 청문회를 한들 무슨 소용이 있겠나"라고 자조적으로 말했을 정도다.

인사청문회는 장관급 고위직에 지명된 후보자가 해당 공직을 수행할 수 있는 업무능력과 전문성, 그리고 도덕성을 갖추고 있는지를 국회가 검증하는 시스템이다. 대통령의 인사에 문제가 없는지 국민의 대표기관인 국회로 하여금 따지게 해서 대통령을 견제할 수 있도록 한 제도다. 대통령중심제 국가인 미국의 제도를 차용한 우리의 인사청문회는 미국에 비해 미흡한 점이 많다. 미국에선 대통령이 임명한 고위 공직자 1200여 명에 대해 상원에서 인사청문회를 하고 인준임명동의안 표결을 한다. 장관 후보자뿐 아니라 차관·차관보 후보자, 대사 후보자들도 상원의 인준을 받아야 한다.

한국에선 63개의 고위직 후보자에 대해서만 청문회를 한다. 그 중 국무총리·헌법재판소장·감사원장·대법원장·대법관 후보자, 국회 추천 몫의 헌법재판소 재판관·중앙선거관리위원 후보자에 대해서만 국회가 표결로 임명동의안을 처리한다. 나머지 고위 공직은 국회 인준 대상이 아닐 뿐 아니라 국회의 청문 보고서 채택 여부와 상관없이 대통령이 임명하면 그만인 자리다. 미국에 비하면 인사청문회의 기능이 한참 떨어지기 때문에 한국의 경우 대통령이 인사할 때 국회를 의식하는 정도나 긴장감도 떨어진다.

　미국의 경우 고위 공직 대상자들에 대한 검증이 매우 치밀하게 이뤄진다. 후보군에 오른 이들을 상대로 한 검증 서류도 많고, 그들이 직접 기술해야 할 항목도 많다. 연방수사국FBI과 국세청IRS 등은 이들의 진술 내용과 과거를 철저히 조사한다. 면접 조사도 진행한다. 백악관은 통상 3개월가량 걸리는 까다로운 검증 절차를 통과한 이들을 고위 공직 후보자로 지명한다. 백악관은 인사청문과 인준을 담당하는 상원에 검증 관련 자료들도 넘겨준다. 자신 있게 검증했다고 생각해서다. 대통령의 고위공직 후보자 지명 이후 낙마하는 사람이 거의 없는 것도 도덕성 검증이 철저하게 이뤄졌기 때문이다. 그러니 상원 인사청문회에선 후보자의 도덕성을 따지는 필요가 거의 없고, 정책과 비전에 대한 검증소위 정책검증이 이뤄진다. 미국 청문회가 진지하고 차분하게 진행되는 이유다.

국회 인준 대상에 내각의 장관 후보자와
4대 권력기관장 후보자 포함시켜야

　한국이 미국의 모든 것을 따라할 수는 없다. 그러나 청문회 무용론을 잠재우고 대통령에게 긴장감을 줘서 도덕성 검증 등을 더 잘 할 수 있도록 하는 방법은 얼마든지 찾을 수 있다. 우선 내각을 구성하는 장관 후보자나 국가정보원장·검찰총장·국세청장·경찰청장 후보자 등 4대 권력기관의 책임을 맡을 사람에 대해서는 국회에서 임명동의안을 표결로 처리하는 방향으로 법을 개정할 필요가 있다고 본다. 이런 방안이 도입되면 대통령은 인사를 훨씬 신중하게 할 수 밖에 없을 것이다. 대통령이 내놓은 후보자가 국회 인준이란 관문을 통과하려면 국민 눈높이에 걸맞은 도덕성을 지녀야 할 터, 청와대의 검증은 훨씬 까다로워질 것이다. 대통령으로선 훌륭한 사람을 고르고 검증하는 데 더 많은 에너지를 투입하게 될 것인 만큼 '인사 스트레스'가 커질 순 있다. 하지만 인사 실패로 인한 스트레스는 그 보다 더 클 것이므로 궁극적으론 대통령에게 약이 될 것이다.

청와대와 여당은 고위직 후보자에 대한 국회 인준제도의 확대를 '불편한 변화'로 여기고 반대할 가능성이 크다. 하지만 여권이 계속 집권한다는 보장은 없다. 지금의 야당이 정권을 잡아서 문 대통령처럼 코드 인사와 부실검증을 한다고 가정해 보라. 청문 보고서 채택 여부와 무관하게 장관급 후보자들을 임명한다고 생각해 보라. 그런 상황에 처하고서야 법을 바꾸자고 한다면 '당신들이 여당 할 때 뭐라고 했나'라는 핀잔만 듣지 않겠는가.

여당이 야당이 되고, 야당이 여당이 될 수 있는 게 민주주의의 원리임을 생각한다면 여야가 주저할 이유가 없다. 여당이 먼저 그렇게 바꾸자고 한다면 기득권을 내놓는 것처럼 보일 테니 국민이 박수를 보낼 것이다.

국회 인준 대상이 아닌 후보자의 경우
청문 보고서 채택 의무화해야

　국회의 임명동의를 받는 대상을 확대할 경우 나머지 고위직 후보자에 대해서는 어떻게 해야 하는가라는 문제가 남는다. 이들에 대해선 국회 청문 보고서 채택을 의무화하는 게 좋지 않나 싶다. 청문 보고서가 채택되지 않으면 대통령이 임명을 강행할 수 없도록 하는 것이다. 이 역시 대통령에겐 불편한 일이다. 그러나 그로 인해 대통령이 인재 선택과 검증에 보다 만전을 기하게 될 테니 결국은 대통령에게 득이 될 것이다.

　대통령이 고위직 후보자 인사청문 요청서를 국회에 보낼 때 청와대의 검증자료 후보자의 프라이버시와 직결된 내용은 제외를 함께 주는 방안도 검토할 만 하다. 국회가 청문 준비를 하면서 후보자의 과거나 도덕성, 전문성 등을 잘 파악할 수 있도록 청와대가 충분한 정보를 제공해 주는 시스템을 갖춘다면 자료 제출 여부를 둘러싼 여야의 소모적인 정쟁을 줄일 수 있을 것이다.

　국회에서 청문회가 열릴 때마다, 그리고 대통령이 청문 보고서 채택 여부를 무시하고 인사권을 행사할 때마다 청문회 무용론은 고개를 든다. 그러나 청문회는 꼭 필요한 제도다. 그게 없었을 때를 생각해 보라. 대통령이 멋대로 인사를 하지 않았던가. 대통령 인사에 어떤 제동도 걸 수 없지 않았던가. 청문회란 제도가 있기에 국회와 언론이 후보자들의 과거와 도덕성에 대해 비록 불충분하다 하더라도 관련 자료를 살펴볼 수 있고, 문제가 있는 것을 국민에게 알릴 수 있지 않은가.

그러니 청문회 제도를 고쳐서 더 잘 써먹는 방안을 찾는 게 옳다. 그 해법을 찾는 건 어렵지 않다. 중요한 것은 정치권의 의지이고 결단이다. 필자가 제시한 몇 가지 방안에 대해 청와대나 여당은 '노No'라고 할 것이다. 대통령의 인사권에 큰 제약을 가하는 것이라고 생각해서일 것이다. 그러나 그건 단견이다. 대통령 인사권에 대한 제약이 강화되는 것은 사실이지만 그 바람에 대통령의 인사가 잘 되고 실패가 줄어들면 누가 가장 큰 이득을 보는가. 대통령이 인사에 실패한 경우가 적어져서 야당과의 갈등이 줄어든다면 또 누가 이득을 보겠는가. 대통령과 여당 아닌가. 여당과 야당의 처지가 선거를 통해 언제든 뒤바뀔 수 있다고 생각한다면, 그래서 여야가 역지사지易地思之를 한다면 서로에게 좋고, 국민에게도 좋은 제도를 채택하지 못할 까닭이 없다.

33 　　　　　　　　　　집권세력은
　　　　　　　　양심의 자기검열을 해야 한다

전남일보
2014년 1월 24일

　　고대 그리스의 철학자 피타고라스는 제자들에게 양심의 자기검열을 권했다고 합니다. 말과 행동이 옳고 그른지 양심의 거울에 비춰보며 성찰하는 일을 게을리 해선 안 된다고 했던 것입니다. 예나 지금이나 모든 이들이 새겨야 하는 가르침이고, 특히 정치하는 사람들이 잊지 말아야 할 덕목입니다.
　　하지만 현실은 그러하지 못합니다. 정치인이나 정당, 정파가 양심의 자기검열을 하는 경우는 매우 드문 게 오늘날의 광경입니다. 국민의 눈에 비친 정치권은 어떤 얼굴일까요. 선거가 끝나면 선거 전과는 다른 태도를 취하면서도 반성하고 성찰하지 않는 비양심적이고 무책임한 모습, 그것 아닐까요.
　　우리 정치권의 자화상은 부끄럽게도 그런 것일 겁니다. 여야나 정파

사이에 정도의 차이는 있을지 몰라도 행태는 비슷하다고 생각합니다. 여기서 다른 정당, 다른 정파의 흠결을 꼬집고 싶지는 않습니다. 물타기를 하려 한다는 오해를 살 이유가 없고 자기성찰과도 무관하기 때문입니다.

제가 속한 새누리당 세력은 2012년 대선 때 국민대통합을 꼭 실현해야 할 핵심가치로 내세웠습니다. 그해 8월 20일 전당대회에서 박근혜 새누리당 대통령 후보가 후보 수락연설을 통해 가장 강조했던 것이 국민대통합이었습니다.

"먼저 국민대통합의 시대를 열어가겠습니다. 새로운 대한민국을 만드는 큰 길에 모든 분들이 기꺼이 동참하실 수 있도록 저부터 대화합을 위해 앞장서겠습니다. 이념과 계층, 지역과 세대를 넘어 산업화와 민주화를 넘어 모두가 함께 가는 국민대통합의 길을 가겠습니다. 대한민국을 사랑하고 아끼는 분들이라면 그 누구와도 힘을 모으겠습니다."

박근혜 당시 대통령 후보의 이런 다짐을 앞세우며 우리는 국민께 열심히 다가갔습니다. 대선 때 황우여 대표가 약 두 달간 호남에 상주하면서 호남의 고충을 들으려고 노력했던 것도 국민대통합의 의지와 진정성을 보여주기 위함이었습니다. 새누리당이 김대중 전 대통령의 동교동계 출신 일부 인사들을 적극 영입하고, 유신시대 저항의 상징이었던 김지하 시인의 지지를 얻기 위해 애를 쓴 것도 같은 이유에서였습니다. 이런 국민대통합 행보로 우린 대선 때 시쳇말로 재미를 좀 보았습니다.

그런데 우리가 대선에서 이긴 다음의 모습은 어떻습니까. 제가 얼마 전 발간한 '대변인-길, 말, 글'이란 책에서도 지적했지만 국민대통합이란 어젠다는 국정의 우선순위에서 밀려난 것처럼 보입니다. 대통령의 인사에서나 여당의 행보에서 국민대통합의 의지를 읽기 어렵다는 비판이 나오는데도 집권세력이 충분한 근거를 대며 확실하게 반박하지 못하는 실정 아닙니까. "각종 요직을 특정지역 출신이 독차지하고 있다"며 편중인사의 문제가 제기되고 있는데도 '아니올시다'라고 말 못하는 게 여권의 형편 아닙니까. 그러니 "국민대통합을 선거용 구호로만 써먹은 것 아니냐"는 힐난을 듣게 되는 겁니다.

이제 집권세력은 양심의 자기검열을 해야 합니다. 무엇이 잘못돼서 왜 이 지경까지 왔는지 깊이 성찰하고 대선 때의 그 진정성을 살리는 일을 해야 합니다. 대통령이 대선 때 호남에서 약속했던 대탕평 인사 등의 조치를 취해야 합니다. 여당 대표가 호남에 상주하면서 천명했던 각종 공약도 새누리당 정권이 적극 이행해야 합니다. 통합을 위한 실천노력을 기울이지 않고서는 사회갈등을 조정할 수 없으며 국민 다수의 신뢰도 얻기 어렵다는 이치를 깨달아야 합니다. 지금처럼 국민대통합을 외면하는 인상을 줘선 다음 선거 때 대통합 카드를 다시 꺼낼 면목이 없고, 설사 꺼낸다고 하더라도 국민이 진정성을 믿어주지 않을 것이란 점을 집권세력은 두려운 마음으로 헤아려야 합니다.

집권세력이 달라져야 호남 마음 얻는다

전남일보
2014년 6월 13일

　6·4 지방선거 결과를 보고 새누리당은 안도하는 기색이 역력합니다. 여당이 선거 막바지에 박근혜 대통령을 지켜달라고 호소하는 이른바 '박근혜 마케팅' 전략을 사용한 것이 주효했고, 그 덕분에 새누리당은 나쁘지 않은 성적표를 얻었습니다. 언론에서는 무승부라고 평가하고, 야당에서는 사실상 야당이 진 것이라고 말하기도 합니다. 새누리당은 잘 싸웠다고 자평하고 있습니다.

　하지만 제 생각은 다릅니다. 여당이 진 것이라고 봅니다. 서울의 경우 지난 대선 때 여당 후보가 48%를 득표했지만 이번에 우리 후보는 43%를 얻는데 그쳤습니다. 부산에선 지난 대선 때 제1야당 후보를 21%포인트 차이로 이겼지만 이번 선거에서는 야권의 무소속 후보를 겨우 1.4%포인트 차이로 꺾었습니다. 박근혜 대통령의 정치적 고향이라는 대구의 상황도 많이 달라졌습니다. 대선에서 여당 후보는 무려 61% 차이로 승리했으나 그 격차는 이제 15.7%로 대폭 줄었습니다. 지난 대선에서 박근혜 대통령에게 큰 지지를 보내줬던 충청도에선 새누리당 광역단체장 후보가 모두 패배했습니다.

국민은 이번 지방선거를 통해 새누리당에 무서운 경고의 메시지를 보냈습니다. 세월호 참사에 대처하는 과정에서 정부가 보여줬던 무능한 모습, 평소 대통령과 청와대의 눈치만 보는 집권 여당의 무기력한 행태에 크게 실망했다는 걸 표로 증명한 겁니다.

그런 가운데 전북지사 선거에서 새누리당 후보가 20.5%를 얻은 것은 참으로 고무적입니다. 새누리당에 의미 있는 지지를 해 준 전북도민들께 진심으로 감사인사를 드립니다. 그러나 광주에서의 성적표는 너무나도 초라합니다. 지난 대선 때 박근혜 당시 대통령 후보는 광주에서 8%를 득표했지만 이번 선거에서 새누리당 후보는 3.4% 밖에 얻지 못했습니다.

지난 대선 때 새누리당과 박근혜 대통령 후보는 국민대통합을 반드시 실현하겠다고 약속했습니다. 이념과 계층, 지역과 세대를 아우르고 산업화 세력과 민주화 세력의 갈등을 넘어 모두가 함께 미래를 모색하는 길을 가겠다고 했습니다. 그때 박근혜 후보는 광주 등에서 "호남의 눈물을 닦아주겠다"며 대통합과 대탕평 인사를 공약했습니다. 황우여 당시 새누리당 대표는 호남에 상주하다시피 하면서 대통합 약속의 진정성을 보여주려고 노력했습니다.

하지만 대선에서 이긴 이후의 모습은 어떻습니까. 집권세력이 국민대통합과 대탕평 인사를 하고 있다고 말할 수 있습니까. 이번 선거에서 나타난 광주의 표심은 집권세력의 약속위반에 대한 일종의 심판이라고 생각합니다.

집권세력은 진지하게 성찰해야 합니다. 박근혜 정부와 여당은 지금부터라도 통합노력을 강화해야 합니다. 대탕평 인사 약속을 이행해야 합니다. 그래서 국민대통합을 선거용 구호로만 써먹은 것이 아니라는 것을 보여줘야 합니다.

또한 호남의 발전과 지역주민의 삶의 질 향상에 각별한 애정을 기울여야 합니다. 이번 선거 때 광주, 전남, 전북의 새누리당 후보들이 한 약속 가운데 실행 가능한 좋은 공약을 정부와 여당이 착실하게 이행하면 좋겠다는 생각을 해 봅니다. 호남이 새누리당에 표를 안 준 만큼 호남을 생각할 필요가 없고, 약속을 지킬 이유도 없다는 식의 옹졸함을 버리라는 겁니다. 집권세력이 먼저 달라지지 않으면 호남의 마음을 결코 얻을 수 없다는 걸 대통령과 청와대, 여당은 깊이 인식해야 합니다.

35 　　　　　　　　　　　　　　　남극 탐험의
　　　　　　　　　　　　　　　세 영웅이 던진 물음

전남일보
2014년 3월 21일

　2014년 2월 강창희 국회의장을 비롯한 몇몇 의원들과 함께 남극에 다녀왔다. 장보고 과학기지 준공을 축하하기 위해서였다. 남극에선 3개월이 채 안 되는 여름에만 일할 수 있다. 이런 상황에서 2년 만에 기지 연구동 등 16개 건물에 최대 60명 수용 건설을 끝낸 한국의 기술력은 대단하다는 걸 실감할 수 있었다. 준공식에 참석했던 미국, 뉴질랜드 기지 관계자들도 "2년 공사로 이런 훌륭한 기지를 만들다니 믿기지 않는다"며 감탄했다.
　쇄빙선 아라온호가 두께 2m 가량의 얼음을 깨면서 자재를 실은 컨테이너선을 인도하지 않았다면, 강풍이 영하 20도 안팎의 추위를 한층 견디기 어렵게 하는데도 철야작업 남극의 여름은 백야이므로 밤에도 작업 가능을 마다하지 않은 건설 관계자들이 없었다면 대한민국이 남극에 2개 이상의 상설기지를 둔 세계 열 번째 국가의 반열에 오른 기록을 다른 나라에 빼앗겼을지 모른다. 장보고 기지 준공을 계기로 극지에 대한 우리 연구수준은 크게 향상될 것이고, 그것은 인류의 미래에 기여하는 것인 만큼 참으로 바람직한 투자를 했다고 본다.

남극을 찾으면서 세 영웅 이야기를 들었다. 1911년 12월 남극의 극점 남위 90도을 가장 먼저 밟았던 로알 아문젠노르웨이, 약 한 달 뒤 같은 곳에 도달했지만 돌아오는 길에 사망한 로버트 스콧영국, 1914년 인류 역사상 최초로 남극을 횡단하려다 조난당한 상황에서 초인적인 희생정신으로 동료들을 모두 살린 어니스트 섀클턴영국이 그들이다.

아문젠은 스콧보다 극점에 먼저 가겠다는 일념으로 치밀한 준비를 했다. 그는 탐험 일정을 미리 밝힌 스콧보다 열하루 빨리, 그리고 스콧의 경로보다 100km 가량 짧은 길을 택해 대장정 극점까지 1335km을 시작했다. 에스키모인들이 기르는 추위에 강한 개허스키 50마리로 하여금 썰매를 끌게 하면서 비교적 빠른 속도로 극점에 도달했다. 도중에 개를 잡아먹으면 짐을 덜 가져가도 된다는 냉정한 계획을 세웠던 아문젠은 역사에 이름을 길이 남기는 데 성공했다.

스콧은 극점 첫 정복과 함께 과학 연구에 보탬이 되는 탐험을 하겠다는 목표를 세웠다. 그의 팀은 과학 장비 등을 실은 말이 추위를 못 이겨 죽게 되자 그걸 직접 운반하면서 극점에 갔고, 귀환길에 대원 5명 모두가 사망하는 상황에서도 연구용으로 채취한 무게 16kg의 암석들을 버리지 않았다.

1909년 1월 남위 88도 23분 극점에 155km 미달까지 갔던 섀클턴은 1914년 남극 횡단 계획을 세웠으나 배가 얼음바다에서 좌초하는 바람에 300

일 가량을 바다 위에 갇혀 있었다. 얼음이 녹으면서 배가 침몰하려하자 구명보트를 타고 주변의 무인도로 빠져 나온 섀클턴은 감동의 리더십을 보여줬다. 만난 萬難을 무릅쓰고 대원 27명을 모두 구조했기 때문이다. 그는 무인도에서 1280km나 떨어진 사우스 조지아섬까지 구명보트를 타고 갔다. 한 달쯤 남극 바다를 항해한 끝에 섬에 다다른 곳은 목적지였던 포경기지의 정반대였다. 해발 3000m의 눈 산을 넘어 기지에 도착했지만 구조에 쓸 만한 선박이 없자 칠레로 가서 배를 물색했고, 조난당한지 537일 만에 대원 모두를 구했다.

　에베레스트 산을 최초로 오른 에드먼드 힐러리 뉴질랜드는 세 영웅에 대해 이렇게 말했다. "속도와 효율성은 아문젠, 과학적 탐구는 스콧이다. 그러나 재앙을 맞아 모든 희망이 사라졌을 때엔 섀클턴에게 기도하겠다."

　우린 세 영웅에게서 무엇을 배울 수 있을까. 이상을 어디에 두고, 어떻게 행동하는 것이 옳을까. 위기 땐 어떻게 처신해야 하는가. 나는 과연 섀클턴이나 스콧처럼 행동할 수 있을까. 남극에 다녀오면서 생긴 이런 물음이 줄곧 머릿속에 맴돌고 있다.

조국 관련

제III장

문재인 정권의 공정과 정의, 가짜 아닌가

수사기관이 권력으로부터 독립되지 않는 한 공수처를 신설해도, 검경수사권을 조정해도 소용 없다는 걸 정권은 말하지 않는다. 그걸 감추고 '개혁' 어쩌고저쩌고 하지만 현명한 국민은 그것이 기만술임을 잘 안다. '조국 사태'에 대처하는 대통령과 정권의 모습은 야만성을 띠고 있다. 각종 여론조사, 교수 시국선언, 변호사·의사 서명, 대학생 촛불시위 등을 통해 나타난 민의를 뭉개고, 검찰을 협박해서 진실을 덮으려 하며, 홍위병을 동원해 여론조작을 시도하는 등 민주주의와 법치를 파괴하는 독재적 행태를 보이고 있어서다. 그런 그들에 대해 분별력을 지닌 국민은 혐오를 넘어 증오를 하고 있다는 걸 권력은 모르는 모양이니 어리석어도 보통 어리석은 게 아니다.

36 악마 메피스토펠레스도 질릴 이 정권의 야만성

중부일보
2019년 10월 2일

괴테의 역작 ≪파우스트≫에서 악마 메피스토펠레스는 인간의 탐욕과 어리석음을 비웃으며 이렇게 말한다. "지독하다, 지독해. 지상에 사는 인간의 한심한 꼴을 보라지." 그런 메피스토펠레스가 법무장관 조국의 행태를 본다면 "지독하다, 지독해"라며 고개를 절레절레 흔들었을 것이다. 언행불일치와 도덕불감증의 위선자, 범죄피의자인 조국을 비호하느라 체면도, 염치도, 이성도 팽개친 듯한 대통령과 여당, 그리고 추종자 집단을 보면서는 "한심하다, 한심해"라고 조롱하지 않았을까 싶다.

조국이 어떤 사람인지는 새삼 설명할 필요도 없다. 그와 가족의 탐욕, 반칙, 파렴치는 만천하에 드러났다. 불법·비리 혐의도 여러 개가 확인됐고 관련 진술과 정황, 증거도 계속 나오고 있다. 그런데도 조국이 정의를 다루는 법무장관직을 차지하고 개혁을 하겠다고 하고 있으니 정의의 여신 디케는 말도 안 되는 이 부조리에 치를 떨고 있을 것이다.

문재인 대통령은 국민의 압도적인 반대의사를 무시하고 조국을 장관에 임명함으로써 공정을 짓밟고, 정의를 배반했다. 그도 모자라서 이젠 검찰까지 겁박하고 있다. 조국과 가족을 수사하는 검찰을 겨냥해 인권 운운하며 "절제하고 성찰하라"고 했으니 의도는 뻔한 게 아닌가. 검찰총장에게 임명장을 줄 때 '살아 있는 권력 비리의 철저한 수사'를 주문했던 대통령이 그 일을 하는 검찰에 격려는 못할망정 신경질을 부렸으니 조국 못지않게 위선적이다.

문 대통령은 과거 정권 수사 과정에서 억울함을 견디다 못해 극단적 선택을 한 이들에 대해선 '인권'이란 단어 한 번 입에 올리지 않고 철저히 외면했다. 그런 그가 불법·비리 혐의에 증거인멸 시도와 거짓말 등으로 '죄'를 축적해온 조국에 대해선 인권을 들먹이며 검찰에 압박을 가했으니 그 이중성도 조국을 닮았다. 김영삼·김대중 대통령의 경우 재임 중 아들들이 비리·부패 문제로 검찰 수사를 받았다. 하지만 문 대통령처럼 대놓고 성질을 내진 않았다. 대통령의 격과 국민의 눈을 의식해서다.

문 대통령이 검찰을 향한 불만의 신호탄을 올리자 민주당 의원들과 '문빠'들은 검찰청 앞에 몰려들었다. 그들은 '검찰 개혁'을 외쳤으나 실제 메시지는 조국를 봐 주라는 것이고, 수사를 엉터리로 하라는 것이다.

권력을 등에 업은 그들은 집단행동으로 '검찰 길들이기'를 시도하고 있다. 그런 그들이야말로 검찰 개혁의 걸림돌이다. 진정한 검찰 개혁은 권력의 입김에서 자유로운, 그래서 어떤 권력형 비리 수사에도 성역聖域을 두지 않고 모든 걸 파헤치는, 중립성과 독립성을 확실히 누리는 검찰을 만드는 것이다. 그런 참된 개혁을 수사 대상이자 비뚤어진 권력의 대리인인 조국이 어떻게 할 수 있다는 말인가.

정권이 이야기하는 검찰 개혁은 가짜다. 검찰 권한을 고위공직자비리수사처공수처와 경찰로 분산시켜 세 기관을 권력이 마음대로 주무르겠다는 것이니 '사이비 개혁'이고 실상은 '개악改惡'인 것이다. 수사기관이 권력으로부터 독립되지 않는 한 공수처를 신설해도, 검경수사권을 조정해도 소용없다는 걸 정권은 말하지 않는다. 그걸 감추고 '개혁' 어쩌고저쩌고 하지만 현명한 국민은 그것이 기만술임을 잘 안다.

'조국 사태'에 대처하는 대통령과 정권의 모습은 야만성을 띠고 있다. 각종 여론조사, 교수 시국선언, 변호사·의사 서명, 대학생 촛불시위 등을 통해 나타난 민의를 뭉개고, 검찰을 협박해서 진실을 덮으려 하며, 홍위병을 동원해 여론조작을 시도하는 등 민주주의와 법치를 파괴하는 독재적 행태를 보이고 있어서다. 그런 그들에 대해 분별력을 지닌 국민은 혐오를 넘어 증오를 하고 있다는 걸 권력은 모르는 모양이니 어리석어도 보통 어리석은 게 아니다.

37 '조국 수호'가 검찰 개혁이라니? 좌파 논리의 허구성

이상일 페이스북
2019년 10월 14일

　조국 지키기가 어떻게 검찰 개혁과 같다는 말인가? 불법과 비리 혐의를 받고 있고 반칙과 특권으로 공정과 정의에 어긋나는 특혜를 누려온 것으로 드러난 조국과 그 가족에 대해 한 점의 의혹도 남기지 않고 철저하게 수사하는 것, 그래서 권력의 입김이 검찰 수사에 통하지 않는다는 것을 보여주는 게 진정한 검찰 개혁의 출발점입니다.

　정권 지지층이 "조국과 가족, 주변에 대한 검찰 수사가 지나치다"고 하는데 과연 그렇습니까? 지난 정권에 대한 수사가 가혹해서 고위 공직을 지낸 네 분이 모멸감을 참지 못해 스스로 목숨을 끊었는데 그들에 비하면 지금 조국 가족은 수사에서 황제·황후 대접을 받는 것 아닌가요?

　조국 아내는 비공개소환의 첫 번째 수혜자가 되어 포토라인에 서지 않아 사진 한 장 찍히지 않았고, 수사받는 과정에서도 원하는 것 다 하고 있습니다. 사실관계에 대해 거짓말로 일관하다 검찰이 CCTV 영상을 증거로 보여주면 마지못해 그것만 인정하고 관계된 것은 잡아떼는 식이라고 합니다.

검찰이 그를 네 번 조사했지만 중동의 어떤 나라가 '침대 축구'하는 식으로 '드러누워 버티기식 태도'를 취하는 바람에 10여 가지 혐의에 대한 조사는 충분히 이뤄지지 못한 상황이라고 합니다.

조국 가족에 대한 계좌추적 영장은 법원에 의해 모두 기각되고, 조국 부부 휴대폰 압수수색 영장도 다 기각됐으니 법원이 조국을 비호하고 있는 셈입니다. 사모펀드와 웅동학원 문제를 수사하려면 계좌추적을 해야 하는 게 핵심인데 법원의 영장발부 거부로 수사를 제대로 할 수 없는 상황입니다.

조국은 "아내가 뭘 했는지 나는 몰랐다"며 '미꾸라지 작전'을 쓰고 있는데 실제로 그가 몰랐는지를 확인하려면 부부의 휴대폰을 들여다봐야 하는데 법원이 방해하고 있습니다.

웅동학원 교사 채용과정에서 돈 2억 원^{그 이상의 액수에 대해서도 수사 중} 받은 조국 동생은 배임수재 혐의를 인정하고 영장실질심사조차 포기했는데 대법원장과 서울중앙지법원장 라인으로 알려진 판사는 그에 대한 구속영장을 기각했습니다. 돈을 준 사람 두 명^{종범}은 구속됐는데 돈을 받은 데다 종범들을 도피시키려고 한 주범인 조국 동생은 구속을 면했습니다. 이게 공정이고 정의입니까?

정권이 코드에 맞는 사람을 대법원장에 앉힌 뒤 이처럼 말도 안 되는 일이 법원에서 벌어지고 있고, 법원의 비정상적 판단에 따른 혜택은 조국과 그 가족이 고스란히 받고 있습니다. 그런데 그들에 대한 수사가 과한 겁니까?

검찰 개혁의 본질은 검찰이 어떤 범죄자에 대해서도 권력의 눈치를 보지 않고 제 일을 할 수 있도록 보장하는 것에 있습니다.

검찰의 정치적 중립성과 검찰 수사의 독립성을 확보해 주는 것이 진정한 검찰 개혁입니다. 고위공직자비리수사처 공수처를 신설한다 해도 마찬가지로 중립성·독립성을 보장해야 합니다.

그런데 정권은 공수처 신설과 검경수사권 조정으로 검찰의 힘을 빼고 세 수사기관을 모두 입맛대로 요리하겠다는 안을 내놓았습니다.

이건 개혁이 아닌 개악입니다. 서초동에 모인 분들이 진정한 검찰 개혁을 원한다면 청와대 앞으로 가서 "대통령은 수사기관에 손 떼라. 그것이 검찰 개혁이다"라고 외쳐야 합니다.

그리고 대통령은 위선과 반칙과 뻔뻔함으로 국민을 분노케 한 조국을 즉각 경질하고 조국을 장관으로 임명해서 국론을 분열시키고 국력을 소모한 데 대해 국민에게 사죄해야 합니다.

38. 정권의 검찰 개혁 주장이 개혁 아닌 개악인 이유

이상일 페이스북
2019년 10월 10일

정권이 말하는 검찰 개혁은 개혁이 아닌 '개악'입니다.

검찰에 대한 권력의 장악력을 강화해 검찰을 권력의 도구로 계속 쓰겠다는 것이고, 조국과 그 가족에 대한 수사를 방해해서 진실을 덮으려고 하는 것이기 때문입니다.

검찰 개혁의 핵심은 검찰의 정치적 중립성과 수사의 독립성 확보입니다. 어떤 권력형 비리에 대해서도 권력의 눈치를 보지 않고 성역 없이 수사할 수 있는 검찰을 만드는 게 진정한 검찰 개혁인데, 이 정권은 반대로 가고 있습니다. 검찰에 대한 권력의 입김을 강화해서 검찰권을 사유화하려는 목적에서 검찰 개혁 운운하고 있습니다.

검찰이 과거 정권에 대한 수사를 했을 때 정도가 지나친 수사로 고위 공직을 지낸 네 사람이 모욕감을 참지 못하고 스스로 목숨을 끊었습니다. 그때 이 정권 사람들과 지지자들이 서초동으로 몰려가서 검찰 개혁을 외친 적이 있습니까?

당시 청와대 민정수석이던 조국은 검찰 특수부가 일 잘한다며 특수부를 그냥 놔두는 방안을 검찰 개혁안으로 제시했습니다.

그랬던 자가 이제 와서 본인과 가족을 수사하는 특수부의 대폭 축소를 비롯, 그 자신과 가족이 가장 먼저 혜택을 입는 안을 검찰 개혁안이랍시고 내놓고 있으니 그 뻔뻔함의 끝이 어디까지인지 모르겠습니다.

39 조국 사태로 드러나는 대통령의 위선

이상일 페이스북
2019년 10월 5일

　조국의 부인 정경심은 검찰조사에서도 특혜를 누리고 있습니다. 그간 온 가족이 별의별 특혜를 다 누려 왔는데 조국 아내는 검찰 소환과 조사 과정에서도 전직 대통령들도 받지 못한 황제·황후 대접을 받았습니다.
　대통령이 검찰에 신경질을 부린 다음 조사를 받은 조국의 아내는 진술서에 서명도 하지 않는 등 안하무인의 태도를 보였다고 합니다. 검찰 내부에선 부글부글 끓고 있지만 요즘 이 핑계 저 핑계로 걸핏하면 '불같이 화를 내는' 대통령이 무서워 아무 말도 못 하고 있다고 하고요.
　정권 추종자들의 서초동 집회에 대해 '검찰 개혁을 바라는 민심이 이렇게 크니 따라야 한다'는 취지의 얘기를 하면서 인권을 들먹이고 검찰에 절제수사를 하라고 한 대통령그로 인해 첫 수혜를 입은 사람은 조국 아내은 일반 국민들이 자발적으로 대거 집결한 광화문 집회에 대해선 아무런 말도 하지 않고 있습니다.

　서초동 집회 때 그가 말한 논리대로라면 "조국 파면과 문재인 퇴진을 바라는 민심이 이렇게 크니 따라야 한다"라고 했어야 하는데도 말입니다.

　조국 사태를 맞이하면서 국민은 대통령의 위선도 조국 못지않게 심각하다는 걸 알게 됐습니다.

40

대통령이 오기를 부릴수록 '조국 리스크'는 커진다

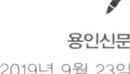

용인신문
2019년 9월 23일

한 달 전 이 공간에 이렇게 썼다. "문재인 대통령은 조국과 단절하는 조치(장관 지명철회 또는 자진사퇴)를 취해야 할 것이다. 그게 '기회는 평등, 과정은 공정, 결과는 정의'라는 구호에 어울리는 행동이다. 그걸 못한다면 대통령의 '정의'는 가짜일 뿐이다." 8월 26일자 칼럼 '문재인의 정의, 조국을 피해 간다면 가짜다'의 한 대목

조국의 위선과 표리부동에 국민이 얼마나 큰 배신감을 느끼고 분노하는지를 전하면서 대통령의 현명한 판단을 촉구하는 내용의 칼럼이었다. 그러나 문 대통령은 민의를 배반하는 결정을 했다. 조국의 불법은 확인되지 않았다는 궁색한 논리를 내세워 지난 9일 장관 임명을 강행했다. 대통령이 주장해 온 공정과 정의가 거짓임을 스스로 증명하고 광고하는 우매한 선택을 한 것이다.

대통령이 민심을 우습게 여긴 데 따른 후과後果는 독이 되어 그에게 돌아가고 있다. '문빠'로 불리는 맹목적 지지층을 뺀 다수의 국민 사이에선 "국민을 개·돼지로 아는 거냐. 이번엔 결코 묵과할 수 없다"는 등 분기탱천의 목소리가 분출하고 있다. 국민 분노의 온도계가 올라가는 것은 여러 여론조사로도 확인할 수 있다. 대통령 지지율은 계속 떨어지고 그에 대한 부정평가는 지속적으로 오르고 있지 않은가.

대통령의 오만과 독선을 규탄하는 시국선언에 서명한 대학교수 숫자는 최순실 사태 때의 기록 2234명을 훌쩍 넘어섰고, 변호사·의사들도 서명을 하며 들고 일어났다. '진짜 정의'를 요구하는 대학생 촛불시위도 SKY 서울대·연세대·고려대와 부산대에서 전국 각 대학으로 확산할 기세다. 일본을 겨냥해 '죽창가' 운운했던 조국과 그를 비호하기만 하는 대통령 등 집권세력을 상대로 상식을 알고 염치를 아는 국민이 '마음 속 죽창'을 들고 의병처럼 봉기하고 있는 것이다.

조국이 국회 인사청문회와 기자간담회에서 뻔뻔한 거짓말을 여러 번 했다는 사실도 검찰 수사와 언론 취재로 드러나고 있다. 딸의 고려대 입학에 쓰인 문제의 영어논문 연구윤리 위반 판정을 받아 철회됨을 고려대에 제출한 적이 없다고 한 것이나, 아내가 사모펀드 운영과 투자에 관여한 적이 없다고 한 것 등이 그 예다. 조국이 TV로 중계된 기자간담회에서 손에 들고 흔든 코링크PE 투자보고서도 국민을 속일 의도에서 급조된 것으로, 조국 측 요청에 따라 만들어졌다고 한다. 딸이 받았다는 동양대 총장 표창장은 이 대학 교수인 부인이 영화 '기생충'에서처럼 컴퓨터로 위조했고, 그 수법도 자세히 밝혀졌다. 조국 가족의 사모펀드 문제는 사기의 온갖 수법이 동원된 권력형 비리게이트로 커지고 있다.

여러 거짓말과 가짜 투자보고서 만으로도 조국은 장관 자격을 상실했다. 그는 머지않아 범죄 피의자로 검찰 포토라인에 설지 모른다. 대한민국 역사상 최초로 현직 법무장관이 피의자로 검찰 수사를 받는 부끄러운 기록을 남길 수 있다는 얘기다. 그런 그가 법치의 운전대를 잡고 검찰 개혁을 이야기 하며 '검사와의 대화' 등 이런 저런 이벤트를 벌이고 있으니 어불성설도 이런 어불성설이 없다. 기 드 모파상의 소설 〈비곗덩어리〉에 나타난 '고상한 척 하는 인간'의 위선과 이중성은 수치심조차 없어 보이는 조국 앞에선 명함도 못 내밀 정도다.

문 대통령은 조국 장관 임명이 최악의 실수였음을 인정하고 즉각 시정해야 한다. 조국을 속히 경질하고, 민의를 거스른데 대해 국민에게 정중하게 사과해야 한다. 이번 사태를 교훈삼아 인재를 널리 찾겠다는 약속과 대통령 취임사에서 밝힌 초심初心으로 돌아가겠다는 맹세도 해야 한다. 대통령이 오기를 부리며 버틸수록 '조국 리스크'는 커질 것이고, 민심의 바다는 거칠어질 것이다.

41

문 대통령의 '정의',
조국을 피해 간다면 가짜다

용인신문
2019년 8월 25일

위선도 이런 위선이 없다. '말 따로 행동 따로'가 한두 가지가 아닌 조국 법무장관 후보자 이야기다. 그가 그럴듯한 말을 뱉을 때 독야청청 獨也靑靑의 바른 인물일 걸로 생각했다. 한데 표리부동 表裏不同이 역겨울 정도고, 그래서 국민 분노가 치솟고 있다.

"내 부모가 누구냐에 따라 나의 노력의 결과가 결판나는 것이 우리 사회의 근원적인 문제다." 조국은 이렇게 주장했다. 옳은 문제의식이다. 그런데 그의 민낯은 어떤가? 고쳐야 할 '근원적 문제'의 표본이 아닌가. 그의 딸은 외국어고 1학년 때 단국대 의대 교수가 진행한 연구에 인턴으로 2주간, 그것도 공식 연구가 끝난 이후에 참여해 소아병리학 관련 논문의 제1저자 자리를 차지했다. 1년 이상 연구에 참여한 다른 교수와 박사과정 연구원들을 제치고 핵심 저자가 된 것이다. 고교 3학년 때엔 공주대 생물

공학연구소 연구에 3주 간 인턴으로 참여해 국제발표용 논문 초록에 제3저자로 등록됐다.

　조 후보자 아내는 딸의 두 대학 인턴십 참여에 적극 관여했다. 친분 있는 단국대 교수 측엔 직접 부탁했고, 아는 사이인 공주대 교수가 딸을 면접할 때 함께 있었다. 이렇게 만들어진 딸의 스펙은 고려대 생명과학대 입학용으로 활용됐다. 그리고 고대 입학은 부산대 의학전문대학원 진학의 토대가 됐다. 의전원에선 첫 학기 성적이 나빠 유급을 당했는데도 다음 학기부터 내리 6학기 동안 장학금200만 원씩 1200만 원을 받았다.

　유급 직후 화가인 할머니가 대학 병원 측양산 부산대 병원에 그림 4점을 기증했고, 관련 행사에 조 후보자도 참석해 당시 병원장과 만났다. 병원장은 이후 조 후보자 딸에게 자신이 운영하던 장학회를 통해 장학금을 줬다. 민주당 소속 부산시장이 임명권을 가진 자리부산의료원 원장로 영전한 당시의 병원장은 "그림 기증과는 무관하고 면학 장려를 위한 장학금이었다"고 말한다. 하지만 '면학 장려할 학생들이 어디 한 둘이냐. 유독 조 후보자 딸에게만 혜택을 몰아준 이유는 무엇이냐'는 물음이 쏟아지고 있다. 다른 학생들의 경우 장학금을 한번 밖에 받지 못한 경우가 대부분이고, 액수도 대체로 작아서다.

　조 후보자 딸에겐 '행운'의전원 입학 전 서울대 환경대학원에 다니다 중퇴. 두 학기 동안 서울대 동창회 장학금을 401만 원씩 802만 원 수령해서 '먹튀' 논란 일으킴이 왜 잇따라 일어나는 것일까? 조 후보자는 자신과는 무관하다고 하는데 그걸 곧이곧대로 믿을 사람은 정권을 맹목적으로 지지하는 이들 빼고는 거의 없을 것이다. 조 후보자에 대한 서울대·고려대의 '촛불 시위'가 발생하고,

그의 해명 기사에 비난 댓글이 홍수를 이루며, 문재인 대통령 지지율이 떨어지는 건 민심이 급속히 나빠지고 있다는 증거다.

그런 가운데 문 대통령은 한·일 군사정보보호협정지소미아을 파기하기로 했다. 한·미·일 안보협력의 근간을 흔들고 한·미 동맹에도 부정적 영향을 미치는 등 파장이 클 지소미아 파기 결정으로 조 후보자 문제에 대한 국민 관심을 돌릴 수 있다고 생각한다면 오산이다. 문 대통령이 진정으로 국면전환을 원한다면 조 후보자와 단절하는 조치지명철회 또는 자진사퇴를 취해야 할 것이다. 그게 '기회는 평등, 과정은 공정, 결과는 정의'라는 문 대통령 구호에 어울리는 행동이다. 그걸 못한다면 대통령의 '정의'는 가짜일 뿐이다.

조 후보자 딸의 논문저자 등록과 대입 과정은 반드시 규명돼야 한다. 의학단체와 시민단체 등이 고발한 만큼 검찰은 철저히 수사해서 불법과 부정 여부를 가려내야 한다. 어물쩍 넘기려 할 경우엔 특검 실시로 검찰에 큰 망신살이 뻗칠 것이다.

42. 조국과 집권세력, 국민과 싸워보겠다는 건가

중부일보
2019년 9월 4일

영국 역사에서 최악의 왕으로 꼽히는 이는 존 왕King John, 재위 기간 1199~1216이다. 탐욕스럽기만 했지 어리석고 무능해서 나라를 피폐의 늪으로 빠뜨렸던 왕이다. 잦은 전쟁으로 영토를 많이 잃고, 중과세 등으로 국민을 괴롭힌 인물이다. 그래서 붙은 별명이 '실지왕失地王, Jonh the Lackland'. 셰익스피어는 희곡 '존 왕'에서 그 시대를 그리면서 이런 말을 남겼다. "잘못은 변명으로 인해 더 눈에 띄게 된다"

법무장관 후보자 조국과 그를 감싸는 청와대·민주당의 태도는 셰익스피어의 말이 시공時空 초월의 진리임을 확인케 한다. 변명할수록, 그리고 그것이 구차할수록 잘못은 부각된다는 것을 조국과 그를 지명한 대통령, '조국 사수'를 위해 양심도, 염치도 팽개친 듯한 여권 인사들은 모르는 모양이니 '존 왕'의 우매함을 꼭 닮았다.

조국은 지난 2일 국회에서 우격다짐식의 기자간담회를 열고 모든 의혹을 부인했다. 주변을 잘 살피지 못한 불찰과 사실관계를 몰랐던 게 죄라면 죄일 뿐 그 이상의 잘못은 없다는 식의 변명을 질릴 정도로 반복했다. 의혹투성이인 사모펀드에 대해 그의 가족은 블라인드 투자를 했을 뿐 운영에 대해서는 모른다고 했다.

이 사모펀드는 조국의 가족펀드 아내와 아들·딸, 처남과 그 두 아들 명의로 14억 원 투자다. 그 사실이 드러나기 전까지 조국은 입을 다물고 있었다. 야당이 추적해서 밝히지 않았다면 조국은 5촌 조카의 펀드 관여 사실도 실토하지 않았을 것이다. 그의 가족펀드와 운영주체 조카를 비롯한 핵심 3인은 검찰의 압수수색 전 해외로 출국를 둘러싼 의혹은 갈수록 커지고 있고, 검찰도 수상하게 여겨 수사를 하고 있다. 조국의 '무관하다', '모른다'는 말은 밖으로 도피한 이들에게 입을 맞추라는 사인일 수도 있다.

조국은 고교생이던 딸이 단국대 의대 소아병리학 관련 영어논문 제1저자로 등록된 사실과 관련해 "지금 내가 봐도 이상하다"면서도 10년 전에는 연구윤리가 엄격하지 않았다며 시대 탓, 제도 탓을 했다. 그는 딸의 고려대 입시에 이 논문을 제출하지 않았으니 문제없다는 취지의 말도 했다. 딸의 입학에 문제가 있는지, 없는지는 고려대가 살펴보고 판단할 일이다. 그의 '문제없음' 발언은 주제넘은 것이다. 그가 고려대에 가이드라인을 주려는 의도에서 이런 말을 했다면 양심불량도 보통 양심불량이 아니다.

여권 인사들은 조국을 무조건 비호하면서 그들이 앞세우는 정의가 허구임을 스스로 입증하고 있다. 딸의 논문 제1저자 등록을 "특혜가 아닌 보편적 기회"라고 한 민주당 김종민 의원, 검찰총장을 수사기밀 누설로 처벌해 달라는 SNS상의 엉터리 주장언론이 보도한 부산의료원장 관련 문건은 기자들의 취재에 의한 것임에 '좋아요'를 누르며 검찰을 은근히 압박한 강기정 청와대 정무수석, 언론 등의 비판을 "다 헛소리"라고 매도하고 "대학생들의 촛불도 다 아름다운 건 아니다"라고 한 유시민씨 등이 대표적이다. 딸 논문에 대해선 한마디도 하지 않은 채 '교육의 공정성을 살리는 입시제도를 마련하라'고 한 문재인 대통령의 유체이탈 화법 또한 가관이다.

'조국 문제'의 모든 전개과정을 냉철한 눈으로 지켜보는 국민은 알 수 있을 것이다. 조국의 민낯, 집권세력의 맨얼굴이 어떠한지를. 공정과 정의를 외치는 그들이 얼마나 위선적인지를. 그들이 도덕의 바탕인 수치심조차 느끼지 않는다는 사실을. 그러니 민심의 바다엔 분노의 물결이 일고 있다. 그런데도 집권 측은 '뭐가 어때서?'라며 오만을 떤다. 민심과 싸워보자는 것이다. 민심의 바다는 배권력를 띄우기도 하지만 전복시킬 수 있다는 사실을 집권 2년 4개월 만에 잊어버린 듯이 말이다.

외교, 안보 관련

제IV장

갈 길 잃은 외교안보

대일 강경론을 주도해 왔던 청와대는 우리 기업과 경제에 심대한 타격을 줄 이 문제에 대해선 발을 뺀 채 산업통상자원부에 대응책임을 넘겼다. 대한민국 땅에서 벌어진 '트럼프와 김정은의 판문점 쇼'에서 주인공이 되지 못한 문 대통령이 '그래도 막후에선 상당한 역할을 했다'며 여기저기 홍보하느라 바쁜 청와대가 중대한 국익이 걸린 일본의 첨단소재 문제에 대해선 입을 닫은 모습이 아름답게 비칠까? 최근 중국 베이징시가 계약을 무시하고 한국 기업들의 광고판들을 몽땅 철거한 폭거에 대해 항의 한 마디 하지 못하는 청와대와 정부의 모습은 또 어떤가? 이 나라에 자긍심을 가진 국민은 "너희 역량비루투이 이것 밖에 안 되느냐. 너희가 말한 '정부다운 정부'는 어디 갔느냐"라며 따져 묻고 싶을 것이다.

43

이게 정부냐?

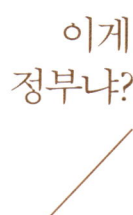

중부일보
2019년 7월 3일

　문재인 정권은 전前 정권의 실패로 탄생한 정권이다. 탄핵 당한 박근혜 전 대통령에 대한 국민 분노와 보수 세력 분열의 결과로 문 대통령과 민주당에게 권력이 넘어간 것이다. 운運은 좋았다고 할 수 있지만 비루투 Virutu, 역량·능력는 미지수인채로 출범한 정권이 이 정권이다.

　'이게 나라냐, 이게 정부냐'라고 했던 세력이 나라 운영을 맡은 지 약 2년 2개월. 과거 그들이 뱉었던 그 물음, 그 힐난이 이젠 그들에게로 향하고 있다. 경제와 민생, 안보, 외교, 교육, 에너지 등 국정의 거의 모든 분야가 헝클어져 있기 때문에 그런 것이다.

　2019년 6월 15일 삼척항에 당도한 북한 목선은 군경의 해상경계가 엉망이라는 사실을 드러내 국민을 불안케 했다. 이후 벌어진 정부의 대응은 책임윤리도 실종상태임을 보여줬다. 목선이 기관 고장으로 '삼척항 인근'에서 표류했고, 군경이 그걸 발견한 것처럼 말하면서 해상경계에 이상이 없었다고 한 브리핑은 거짓말로 밝혀졌다. 그런데도 군 합동조사단은 사건의 축소·은폐는 없었다고 결론지은 것으로 알려졌다. 무능한데다 무책임하기까지 하니 '이게 정부냐'라는 탄식이 절로 나온다.

군과 국방부, 청와대의 고위급 인사들에 대한 조사도 생략한 채 축소·은폐가 없었다는 군 조사결과를 곧이곧대로 믿을 국민이 과연 얼마나 될까? 목선에 탄 북한인 4명에 대한 조사를 하루 만에 끝내고 2명은 돌려보내고 2명은 귀순시킨 까닭이 무엇인지, 군의 브리핑 현장에 청와대 행정관이 나와서 지켜본 이유는 무엇인지 등 수많은 궁금증을 해소해 주지 않고 있는 이 정부를 투명하다고 할 수 있을까?

문 대통령은 '전 정권은 불투명했다'고 비난하면서 '투명한 정부'를 만들겠다고 약속했다. 그렇다면 목선 사건에 대한 국회 국정조사를 여당인 민주당이 수용해야 할 것이다. 여당이 반대한다면 대통령의 '투명한 정부' 약속은 취임사에 적힌 '국민통합' 메시지처럼 허언虛言으로 전락할 것이다.

정권의 무능과 허술함은 국방·안보에만 그치지 않는다. 그간 수많은 실수와 실책이 드러난 외교에선 또 다시 대형사고가 터졌다. 반도체·스마트폰·TV 제조에 쓰이는 세 가지 첨단필수 소재에 대한 일본의 대한對韓 수출규제가 그것이다. 일본의 강제징용 배상문제를 둘러싼 한·일 정부 간 갈등이 악화하면서 일본이 꺼낸 조치다. 우리가 일본에 의존할 수밖에 없는 것들을 틀어막는 일본정부의 보복은 치졸하다. 그러나 그렇다고 해서 문재인 정권의 무능이 가려지지는 않는다. 2018년 10월 대법원의 강제징용 판결이 나온 이후 일본이 경제보복을 할 것이라는 전망이 계속 나왔는데도 정부는 손을 놓고 있었다. 일본이 어떻게 보복할 것인지 치밀하게 살펴보고 대응책을 준비하지도 않았다. 일이 터지자 실효성도 없는 'WTO 세계무역기구에 제소'라는 대응카드를 들고 나온 게 전부다.

 대일 강경론을 주도해 왔던 청와대는 우리 기업과 경제에 심대한 타격을 줄 이 문제에 대해선 발을 뺀 채 산업통상자원부에 대응책임을 넘겼다. 대한민국 땅에서 벌어진 '트럼프와 김정은의 판문점 쇼'에서 주인공이 되지 못한 문 대통령이 '그래도 막후에선 상당한 역할을 했다'며 여기저기 홍보하느라 바쁜 청와대가 중대한 국익이 걸린 일본의 첨단소재 문제에 대해선 입을 닫은 모습이 아름답게 비칠까? 최근 중국 베이징시가 계약을 무시하고 한국 기업들의 광고판들을 몽땅 철거한 폭거에 대해 항의 한마디 하지 못하는 청와대와 정부의 모습은 또 어떤가? 이 나라에 자긍심을 가진 국민은 "너희 역량 비루투이 이것 밖에 안 되느냐. 너희가 말한 '정부다운 정부'는 어디 갔느냐"라며 따져 묻고 싶을 것이다.

44 흥분 강도 높아지는 정권, 일본 이길 수 있나

중부일보
2019년 8월 7일

"다시는 일본에 지지 않겠다."

일본이 수출 우대국가 목록인 화이트 리스트에서 한국을 빼기로 결정한 지난 2일 문재인 대통령은 국무회의를 주재하면서 이렇게 말했다. 이어 4일 열린 당정청 회의 벽면엔 '다시는 지지 않습니다'라는 현수막이 걸렸다. 정경분리와 자유무역 정신을 팽개치고 한국에 경제보복를 가한 일본의 치졸함에 분노하는 국민은 정권의 그 결의가 꼭 실현되길 원할 것이다.

문제는 '어떻게how?'다. 우리가 바라는 극일克日의 세상이 분한 감정, 비분강개하는 마음에 맞춰 절로 펼쳐지는 건 아니기 때문이다. 집권 측은 과연 지지 않고 이기는 방책과 역량을 갖고 있을까? 4일의 당·정·청 협의회에선 몇 가지 '어떻게'가 나왔다. 향후 5년 간 100개 글로벌 기술기업 육성, 부품·소재기업 연구인력 확보, 산업 컨소시엄 구축, 부품·소재산업 진흥을 위한 컨트롤 타워 설치, 내년부터 1조 원+α의 일본 경제보복 대응예산 편성 등이 그것이다. 당정청이 '매우 촘촘한 대책들'이라고 자랑한 것들이다.

하지만 그 정도의 대책으로 국민과 기업인들에게 승리의 확신을 줄 수 있을까? 그것들은 꽤 오랜 세월이 흘러야 효과가 나는 것이고, 효과나 결과도 의도한 100%가 나온다고 장담할 수 없는 것들이다. 우리가 뛸 때 일본이 제자리걸음을 하는 것도 아닐 터, 집권세력은 "그동안 뭘 하다가 이제 와서 뒷북 처방이냐"는 비판을 들어도 싸다.

부품·소재산업 육성 등의 대책이 만시지탄이나 대일對日 의존도를 줄이고 국가경쟁력을 강화하는데 필요한 것이니 시비를 걸 생각은 없다. 하지만 당정청의 그런 대책이 추진되기에 앞서 선행돼야 할 게 있다. 기업의 발목을 잡는 규제들을 혁파하고, 기업을 괴롭히는 민주노총의 못된 버릇을 고치고 노동의 유연성을 확보하며, 탄력근로제를 확대하는 등 노동개혁을 먼저 하지 않으면 안 된다는 이야기다.

일본이 수출규제를 한 불화수소의 국산화·고급화의 길이 막힌 것은 문 대통령과 민주당이 야당 시절 법을 만들어 불화수소불산의 국내 생산에 '강력 규제'라는 족쇄를 채운 것과 관련이 있지 않은가. 현실을 무시한 과도한 최저임금 인상과 노동시간 단축 등 문 대통령의 소득주도성장 정책이 기업 발전에 독毒으로 작용하는 것도 사실 아닌가. 정권이 만든 이런 나쁜 환경부터 제거한 다음 지원도 하고 육성도 하는 게 옳은 수순일 것이다.

일본의 보복조치는 우리 경제와 기업에 심대한 타격을 가하는 것이다. 보복이 지속되어 우리 기업과 산업이 피해 누적으로 허약해질 때엔 중장기 대책에 해당하는 당정청의 대책이 효능을 발휘하기 어려울 수도 있다. 문제를 속히 풀도록 하는 단기대책이 당장은 더 중요한 까닭도 여기에 있다.

하지만 정부의 단기대책도 미덥지 못하다.

한일군사정보보호협정 지소미아 파기는 '긁어 부스럼'이 될 수도 있다. 안보 측면에서 우리도 손해를 볼 테고, 미국의 중재는 이끌어내지 못한 채 미국의 불신만 키울 수 있어서다. 일본을 우리 화이트 리스트에서 빼겠다고 하는 것도 묘수가 될 것 같진 않다. 일본이 받을 충격이 그다지 크지 않고, 일본과 똑같이 행동할 경우 한국에 대한 국제사회의 여론이 달라질 수 있어서다.

일본은 감정적으로 치졸하게 나오지만 우리는 피해를 입으면서도 '지소미아' 유지 등 의연한 자세로 대처하고 있음을 보여 줘야 한다. 그게 국제사회의 지지를 이끌어내는 길이다. 정권 일각에서 '죽창가' 운운하며 1965년 한일협정 파기 주장까지 나오고 있는데, 이런 흥분과 비이성은 사태를 악화시킬 뿐이다. 국민은 정권의 위기극복 능력을 저울질하고 있음을 당정청은 유념해야 할 것이다.

45 히틀러에 속은 체임벌린, 그럼 문 대통령은?

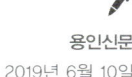

용인신문
2019년 6월 10일

　호국보훈의 달인 6월 문재인 대통령과 청와대의 언행이 논란과 갈등을 일으키고 있다. 문 대통령은 6일 현충일 추념사에서 '김원봉'을 칭송했다. 광복 후 월북해 김일성의 남침을 돕고 장관직 국가검열상·노동상을 누린 인물을 대한민국 대통령이 찬양한 것이다. 문 대통령은 김원봉 덕분에 민족의 독립운동 역량이 커졌고, 국군의 뿌리로 이어졌다고 주장했다. 야당은 강력히 반발했다. 한국당과 바른미래당에선 "대통령이 6·25로 북한 훈장까지 받은 사람을 치켜세워 논란을 키우고 있으니 기가 막힐 노릇"이라는 등 비난의 목소리가 쏟아졌다.
　이에 앞서 4일 청와대는 국가유공자·보훈가족 초청 행사에서 나온 참석자의 핵심 발언을 알리지 않은 것으로 드러나 비판을 받았다. 한국전쟁 때 전사한 김재권 일병의 아들 유복자 김성택씨는 대통령에게 이렇게 말했다고 한다. "6·25, 천암함, 서해교전, 연평해전 등은 북한의 공격이자 테러였다. 그런데도 북한은 단 한마디 사과도 하지 않았다. 사과도 없이 화해나 평화를 말한다면 그것은 위선이고 거짓 평화다."

문 대통령은 반응을 보이지 않았다고 한다. 청와대는 김씨 발언 중 "정부의 유해발굴 사업으로 아버지의 유해를 찾게 됐다. 너무 감사하다"는 것만 알리고, 북한에 대한 타당한 지적_{현 정부에 대한 지적이기도 함}은 브리핑에서 빼버렸다. '북한'이라면 사족을 못 쓰다시피 하는 대통령이 그 말을 듣기 불편했을 것_{대통령의 무반응도 이 때문일 듯}이고, 김정은을 자극하지 않겠다는 뜻에서 그랬을 것이다. 그러나 청와대가 감추려 했던 내용은 김씨의 언론을 통한 문제 제기로 더 널리 알려지게 됐다.

대한민국은 호국영령의 피로 지킨 나라다. 6·25가 왜 일어났고, 3년의 전쟁에서 이 나라의 공산화를 막기 위해 산화散華한 선열의 희생이 얼마나 숭고한지. 그들의 정신을 계승하기 위해 무엇을 해야 하는지 특별히 생각하는 때가 6월이다. 그런 시기에 대통령은 북한에서 6·25 훈장을 받았고, 국군과는 무관한 사람을 추앙하면서 '국군의 뿌리'인양 역사를 왜곡했다. 청와대는 북한이 당연히 취해야 할 행동을 지적한 보훈가족의 목소리가 국민에게 전달되는 걸 차단하려 했다. 한심해도 이런 한심한 일이 있는가.

국민을 통합으로 이끌어야 할 문 대통령과 청와대가 도리어 분열과 갈등을 조장하는 이유는 무엇일까? '민족 우선'이란 감상感傷과 환상에 빠져 북한체제의 본질을 꿰뚫어 보지 못하기 때문 아닐까. 문 대통령은 지난해 9월 미국 블룸버그통신과의 인터뷰에서 "김정은 위원장은 젊고

솔직하며 예의 바르고, 연장자들을 존중한다. 그가 핵무기를 포기할 것으로 믿는다"고 말했다.

김정은이 예의바른 태도를 취하는 건 필요에 따라 얼마든지 가능할 것이다. 그것만 보고 사람을 평가하는 건 순진한 것이다. 진짜 봐야 하는 건 겉이 아닌 속셈이다. 문 대통령은 "김정은 위원장의 비핵화가 우리나 미국이 생각하는 비핵화와 다르지 않다"는 말을 여러 차례 했다. 김정은 말을 믿어서 그랬을 것이다. 하지만 그 믿음이 틀렸다는 건 이미 확인됐다. 하노이 미·북 정상회담 결렬도 김정은이 '가짜 비핵화' 카드를 내밀었기 때문 아닌가.

1938년 9월 영국 총리 네빌 체임벌린은 나치독일의 아돌프 히틀러와 뮌헨협정을 맺으면서 "히틀러가 믿을 수 있는 지도자라는 인상을 받았다"고 했다. 히틀러는 예의바른 태도로 체임벌린을 속이고 협정 체결^{위장평화}을 통해 전쟁 준비 시간을 벌었다. 히틀러의 흉계를 모른 체임벌린은 영국에서 협정문을 흔들며 "평화가 왔다"고 했다. 11개월 뒤 히틀러는 협정을 파기하고 2차 대전을 일으켰다. 체임벌린은 외교사에 '순진과 유약'의 대명사로 기록됐다. 문 대통령은 '한반도의 체임벌린'이 되지 않을 지혜와 역량을 갖고 있는가?

46

워싱턴에서 헛물켠 문재인 대통령

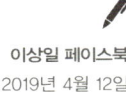

이상일 페이스북
2019년 4월 12일

2019년 4월 12일 오후 연합뉴스TV '뉴스1번지'에 출연해 이날 새벽 이뤄진 한미정상회담과 대통령이 내놓은 이미선 헌법재판관 후보자 문제 등에 대한 견해를 밝혔습니다.

워싱턴에서 열린 정상회담에서 트럼프는 문재인 대통령의 생각을 수용하지 않았습니다. 문 대통령과 청와대가 '충분히 좋은 거래 good enough deal'라는 브랜드로 내놓은 방안에 대해 트럼프는 "미국은 빅딜을 원한다"고 했습니다. 미국이 강조하는 북한의 모든 핵시설·핵무기·핵물질 폐기와 생화학무기 폐기, 즉 모든 대량살상무기 WMD를 없애는 내용의 FFVD 최종적이고 완전하게 검증된 북한 비핵화가 이뤄져야 대북제재를 완화할 수 있다는 입장을 다시 한번 밝힌 겁니다.

북한이 핵시설의 일부인 영변 핵시설 정도를 폐기한다고 하면 대북제재의 상당 부분을 해제해 주자는 문 대통령의 제안을 일축한 겁니다. 현 단계에서 개성공단·금강산관광 재개에 반대한다는 입장도 트럼프는 재확인했습니다.

그러니 이번 회담에서 문 대통령이 얻은 알맹이는 없는 겁니다. 평소 문 대통령을 적극 두둔하는 정세현 전 통일부장관조차 "하노이 노딜에 이은 워싱턴 노딜거래된 게 없다"이라고 했는데 오죽하면 그랬겠습니까.

이미선 후보자의 문제 역시 심각합니다. 청문회에서 헌재 재판관 업무와 관련해 충분한 식견도 보여주지 못했고 수천 건의 주식 거래와 관련해서도 국민이 납득할만한 해명을 하지 못했습니다.

여당을 편들어온 정의당과 경실련 같은 시민단체도 '자격 없음' 판정을 내렸습니다. 문 대통령이 코드와 이념에 맞는 사람만 찾고 국회에서 청문보고서가 채택되지 않아도 대통령이 임명강행하면 그만이라는 오만한 생각에서 허술하게 검증하니 고위직 후보자들의 문제가 반복적으로 터지는 것 아닐까요. 어떻게 이처럼 흠결이 많은 사람들만 족집게처럼 고르는지 대통령과 청와대의 선구안이 신기할 뿐입니다.

대통령이 이 후보자에 대해 지명철회를 하거나 자진 사퇴시키고, 엉터리 검증을 잇달아 하고 있는 청와대의 '조 남매조국 민정수석. 조현옥 인사수석'을 경질해야 한다고 강조했습니다.

대통령이 이 후보자 임명을 강행하고 '조 남매'를 계속 끌어안고 간다면 부담은 더 커질 것이라고 했습니다. 국민은 '책임윤리'를 방기하는 권력의 오만을 절대로 좌시하지 않는다는 걸 대통령과 여권은 명심해야 할 겁니다.

47   문 대통령은
국민에게 거짓을 말했다

중부일보
2019년 3월 6일

트럼프와 김정은의 2차 회담 하노이 결렬은 북한 비핵화에 대한 '진실의 순간'이 드러났음을 의미한다. 김정은이 말하는 비핵화는 고작해야 북한 핵능력의 일부인 영변 시설 정도만 없애는 것이고, 미국이 요구하는 비핵화는 북한의 모든 핵능력 폐기에 생화학무기 등 대량살상무기 WMD 제거까지 뜻하는 것임이 확인됐다. 이로써 "북한이 말하는 비핵화가 우리와 미국이 생각하는 비핵화와 다르지 않다"던 문재인 대통령의 누차에 걸친 공언이 거짓이고, 대통령의 그런 믿음은 허황된 것이라는 사실 또한 알 수 있게 됐다.

문 대통령은 2019년 1월 10일 신년 기자회견에서 이렇게 말했다. "김정은 위원장은 나에게나 트럼프 미국 대통령에게나, 시진핑 중국 국가주석과 푸틴 러시아 대통령 등 각국 정상 지도자들에게 '국제사회가 요구하는 완전한 비핵화와 전혀 차이가 없다'는 점을 분명하게 밝혔다."

문 대통령이 전한 말이 사실이라면 김정은은 국제사회를 속인 것이다. 국제사회의 완전한 비핵화 요구가 생화학무기 폐기를 포함하는 것까지는 몰라도 최소한 북한의 모든 핵능력을 없애는 것이라는 점을 김정은이 모를 리 없기 때문이다. 그렇다면 문 대통령은 어떻게 되는 것인가. 김정은의 속셈을 파악하지 못하고 그의 기만적인 레토릭修辭을 순진하게 믿고 나팔수 역할을 해온 셈이 되지 않은가. "김정은은 분명한 비전을 가진 솔직담백한 지도자"2018년 10월 영국 BBC 방송과의 인터뷰라고까지 치켜세우면서 그의 말을 신뢰하라고 우리 국민과 국제사회에 반복적으로 주문한 문 대통령에겐 '북한 수석대변인'미국 블룸버그 통신이란 조롱조의 별명보다 더 한 것도 붙을지 모른다.

김정은은 이젠 쓸모가 거의 다한 영변을 내주고 미국으로부터 대북제재의 사실상 전면 해제를 얻어내겠다는 부푼 꿈을 안고 하노이 회담 테이블에 앉았다. 그러나 그의 환상은 깨졌다. 트럼프는 북한이 영변 외에 감춰둔 핵시설도 알고 있다는 정보력까지 과시하면서 '엄청난 경제적 미래'를 얻고 싶다면 핵·미사일·생화학무기 프로그램을 완전 폐기하라고 했다. 허를 찔린 김정은은 당황할 수밖에 없었을 것이다. 그런 그가 '빅딜'을 받아들이지 않자 트럼프는 공동성명 서명식 등의 일정을 취소하고 회담을 끝내버렸다. 나쁜 거래bad deal 대신 무거래no deal를 선택한 것이다. 그런 트럼프가 하노이를 떠난 다음 최선희 북한 외무성 부상은 김정은의 본심을 한국 기자 등에게 이렇게 확인해 줬다. "우리가 핵시설 전체를 폐기 대상으로 내놔본 역사가 없다."

핵시설 전체를 폐기 대상으로 내놓을 수 없다! 북한이 말하는 '완전한 비핵화'는 실제론 '매우 부분적이고 매우 불완전한 비핵화'임이 분명하다. 김정은은 영변 시설 폐기 정도로 대북제재 전면 완화와 미국으로부터의 체제보장을 이끌어 내겠다는 꼼수를 부렸다. 그럼에도 문 대통령과 정부는 북한에 "모든 핵능력을 제거해야 한다"는 말 한마디 못하고 있다. 북의 속셈이 뻔히 드러났는데도 개성공단·금강산관광 재개를 비롯, 남북경협에 속도를 내겠다고 안달이다. 미국과 유엔의 대북제재 때문에 할 수 있는 일이 거의 없는데도 '신한반도체제 구상' 운운하며 남북경협에 매달리고 있으니 몽상도 이런 몽상이 없다. 북한을 지원하고 싶다면 미국 등 국제사회가 원하는 비핵화 지점으로 북을 끌고 오는 것이 먼저임을 왜 모르는지 그 우둔함이 기가 막힌다.

김정은의 환상이 깨졌듯 문 대통령도 환상에서 벗어나야 한다. '한반도 평화'를 말하기 전에 김정은이 주장하는 비핵화의 실체부터 파악해야 한다. 그리고 '김정은의 비핵화 생각이 우리나 미국과 같다'며 그를 믿으라고 한 것은 큰 실책임을 인정하고 사과해야 한다.

종전선언보다 급한 것은 '북핵 신고·검증'이다

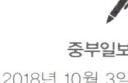

중부일보
2018년 10월 3일

　교착상태였던 미국과 북한 사이에 협상이 재개된다고 하니 기대가 크다. 문재인 대통령이 중재 역할로 북·미의 분위기를 바꾼 것은 사실이고, 그걸 평가하는 데 인색할 이유는 없다. 그러나 지금부터가 중요하다. 향후 협상에서 북한 비핵화의 실질적 성과를 일궈내야 하기 때문이다. 6·12 북·미 정상회담이 '속 빈 강정'으로 끝났기에 알맹이 있는 협상은 더욱 긴요하다.

　문 대통령이 뉴욕에서 트럼프 미국 대통령과 회담을 하고 유엔총회에서 기조연설을 하는 가운데 미국에선 북핵에 대한 말들이 쏟아졌다. 그 중에서 협상의 정곡을 짚은 것은 "물건을 보지도 않고 사는 일 buy a pig in a poke 은 없을 것"이란 얘기였다. 충동구매를 하지 않겠다고 다짐한 사람이 실무 협상을 책임질 마이크 폼페이오 국무장관이었기에 반가웠다. 주머니poke 속에 고양이를 넣고서 돼지pig라고 속여 판 옛 영국의 못된 상인에게 속아 넘어갔던 사람들의 어리석음을 되풀이하지 않겠다는 각오였기에 미더워 보였다.

이달 중 평양을 방문해 김정은을 만나고 리용호 외무상·김영철 노동당 통일전선부장 등과 협상할 걸로 알려진 폼페이오가 이런 자세를 유지한다면 북한이 꼼수를 쓰더라도 미국이 쉽게 속진 않을 것이다.

문제는 한국이다. 미국은 물건을 따져 보겠다고 하는 데 한국이 덥석 충동구매 유혹에 빠진다면 미국의 김은 새고, 협상력은 떨어질 터여서다. 이건 쓸데없는 걱정이 아니다. 문재인 정부의 그간 언행이 낳은 불안감이다.

문 대통령은 트럼프 대통령과의 회담에서도, 유엔총회 연설에서도 한국전의 조속한 종전終戰선언을 강조했다. "(대북 협상에서) 먼저 필요한 것이 종전선언이다" 2019년 9월 25일 미국 폭스뉴스와의 인터뷰라는 입장을 줄기차게 이야기한 것이다. 북한은 핵무기, 핵시설, 핵물질을 성실하게 신고하고 검증과 사찰을 받겠다는 뜻을 공식적·공개적으로 밝힌 적이 없다. 그런데도 북핵을 머리에 이고 사는 이 나라의 대통령은 '북핵 신고와 검증'보다 종전선언이 급한 것인 양 말하고 있다.

북핵 신고는 북한 비핵화의 입구에 해당하는 본질적인 문제다. 신고의 검증은 비핵화의 성패를 좌우하는 핵심 사안이다. 이 두 가지가 확실하게 해결돼야 핵 폐기 단계로 진입할 수 있다. 그리고 북핵의 완전하고 돌이킬 수 없는 폐기가 이뤄져야 진정한 평화가 담보되고, 종전다운 종전이 가능하다.

비핵화 입구에도 진입하지 못한 현 상태에서 "평화가 왔다"고 흥분하는 것은 우물물을 보고 숭늉이라고 하는 격이다. 너무 성급하고 어설프다는 얘기다.

문 대통령은 "종전선언은 정치적 선언이므로 언제든 취소할 수 있다"며 "미국은 손해 볼 일이 전혀 없다"고 했다. 미국에 어서 종전선언을 하자고 채근하는 듯한 문 대통령의 이 말대로 종전선언을 '아니면 말고' 식으로 취급할 수 있는 것일까?

종전선언에 목을 매는 북한이 취소할리는 없다. 종전선언을 하고 나면 그걸 유엔사령부 해체, 주한미군 철수 주장의 근거로 언제든 활용할 수 있는 북한이기에 그렇다. 결국 취소는 우리나 미국의 몫일 텐데 어떤 상황에서 무슨 이유로 그걸 할 수 있을까? 그리고 그렇게 하려 한다면 '상황과 이유'를 둘러싸고 우리 내부와 한·미 사이에 분열과 갈등이 발생할 거고, 북한은 그걸 이용할 게 틀림없다.

문 대통령이 이런 현실을 모르고 '우선 해 보고 안 되면 취소'라고 했다면 순진한 것이고, 알고서도 그랬다면 유엔무대에서 지적받은 것처럼 북한을 대변하는 것이다. 북핵 신고·검증과 관련해 북이 무슨 물건을 내놓을지 모르는데 종전선언부터 하자는 것은 물건의 하자 여부도 따져보지 않고 무턱대고 사겠다는 것과 다름없지 않은가.

49

이것이 '120점짜리 외교'라니

중부일보
2017년 12월 18일

"나는 당신을 좋아하고 싶다." 외교의 요체는 이 한마디로 요약된다고 한다. 나라 사이에 이런 마음이 통하면 외교는 성공하고, 나라 간 우호友好는 증진된다. 이는 역사가 증명한다. 이번의 한중 정상외교는 어떠한가. 문재인 대통령은 시진핑 중국 국가주석에게 선린우호의 진심을 다 보였다고 생각한다.

문 대통령이 시 주석에게 고故 신영복 선생의 서화작품 '통通'을 선물로 준 것도 '좋아하고 싶다. 서로 통해서 잘해 보자'는 마음을 전하고 싶어서였을 것이다. 하지만 문 대통령을 '국빈'으로 초대한 시 주석과 중국 정부의 태도에선 같은 마음을 찾아볼 수 없었다. 외교의 기본을 모를 정도로 무례했고 오만했다. 청와대가 아무리 부인해도 중국은 푸대접을 했고, 이는 세계 외교사에 비정상 사례로 남을 것이다.

청와대는 "형식보다 내용을 봐 달라"며 큰 성과가 있었다고 주장한다. 한 고위관계자는 "100점 만점에 120점"이라고 했다. '망신 외교'니, '혼밥 외교'니 하는 비판을 의식해서 인지는 몰라도 청와대의 이런 자랑은 터무니없다. 형식이나 내용이 초라해서다.

정상외교는 의전으로 시작해서 의전으로 끝난다는 말이 있다. 형식이 좋아야 내용도 좋기 때문에 모든 나라가 의전이란 형식에 각별히 신경 쓴다는 이야기다. 정상외교의 꽃인 공동성명과 공동기자회견이 없었던 것은 양국 입장차이가 여전한 '사드 고고도미사일방어체계' 탓이라고 치자.

그러나 중국이 공동언론발표문도 거부하고, 그들만의 발표문을 내면서 훈계조의 내용까지 포함한 것이나, '국빈만찬'을 진행하면서 정상들의 모두 발언을 생략하고 만찬 사진 한 장 공개하지 않은 점, '국빈'이 열 끼중 여덟 끼를 '혼밥'해야 할 정도로 허술한 일정을 잡은 것 등은 예를 갖춘 의전으로 볼 수 없다.

문 대통령과의 오찬을 기피한 리커창 총리와 문 대통령 팔을 툭툭 친 왕이 외교부장의 행동은 청와대가 괜찮다고 해도 결례가 아닐 수 없다. 비표를 지닌 한국 취재기자들을 집단폭행한 중국 측 경호원들, 폭력 사태가 난지 며칠이 지났는데도 공식사과를 하지 않는 중국 정부의 태도는 중국이 신사의 나라가 아님을 보여준다. 외교의 형식이 이럴진대 어찌 홀대라는 말이 안 나오겠는가.

외교의 내용은 어떨까. 두 정상이 합의했다는 한반도 전쟁 불용不容, 한반도 비핵화, 대화와 협상을 통한 북핵 문제 해결, 남북관계 개선이란 4원칙은 공허한 것이다. 북한은 핵을 결코 포기하지 않겠다고 한다. 그런 북한이 진정한 비핵화를 위한 대화와 협상을 할 것 같은가. 중국은 북핵을 사실상 용인해 왔다. 때문에 그들이 강조하는 한반도 비핵화 원칙은 현실적으로 한국에만 해당한다. 이는 한국의 핵무장이나 전술핵 재반입이 안 된다는 걸 의미한다. 중국이 주장해 온 한반도 전쟁 불용 원칙은 북한의 핵 포기를 압박하는 군사옵션을 배제하는 것으로, 미국에 족쇄를 채우는 것이다.

한국은 전술핵을 들여올 수 없고, 미국은 군사적 카드를 쓸 수 없다면 무슨 수로 북한의 핵포기를 유도하고 북한의 도발을 막겠는가. 문 대통령은 북한에 최대의 압박이 될 중국의 대북 원유공급 중단을 요구도 하지 않았다고 하니 중국은 홀가분해졌고, 북한의 뱃속도 편해졌다. 그런데도 청와대가 자화자찬을 하고 있으니 허무맹랑하지 않은가.

우리를 불안하게 하는 것들

50

중부일보
2017년 12월 6일

우리는 북한 핵과 미사일 공격 능력이 급속히 진전되는 것을 불안한 마음으로 지켜보고 있다. 북한은 9월초 6차 핵실험을 감행했다. 수소폭탄 제조에 성공했다는 그들 주장을 무시하기 어려울 정도로 가공할 폭발력을 보였던 실험이다. 북한은 최근엔 워싱턴을 비롯한 미국 전역을 타격할 수 있는 '화성-15형'을 시험 발사했다. 미국 서부를 사정권으로 둔 '화성-14형'보다 더 위협적인 신형 미사일임을 사진과 영상으로 확인할 수 있다. 이제 북한은 '국가 핵무력 완성'을 뽐내고, 미국 백악관은 "전쟁 가능성이 커지고 있다"고 공개적으로 말하는 지경에 이르렀다.

이럴 때 정부는 정부다워야 한다. 확실한 위기관리 능력을 발휘해서 국민을 안심시켜야 하는 것이다. 그런데 정부의 모습은 미덥지 못하다. 판단은 안이해 보이고 혼선도 빚고 있어서다. 북한의 '화성–15형' 발사 후 청와대 고위관계자는 "북한 핵·미사일 문제는 일차적으로 북한과 미국의 문제"라고 말했다. 북·미 대화로 해법을 찾아야 한다는 뜻에서 한 얘기이지만, 저변엔 '북한 핵은 미국에게서 체제를 보장받기 위함이지 우리를 겨냥한 게 아니다'는 좌파 진영의 인식이 깔려 있다. 북한은 적화통일 야욕을 한 번도 버린 적이 없는 데 "북핵은 체제보존용"이란 말이 대통령에게서부터 나오고 있으니 답답하다.

미국은 '화성—15형'을 신형 대륙간탄도미사일 ICBM로 평가했다. 반면 문재인 대통령과 정부 관계자들은 굳이 'ICBM급' 장거리 탄도미사일이라고 주장한다. 미사일의 대기권 재진입, 핵탄두 소형화 등이 확인되지 않았기 때문이란 이유에서다. 지난 8월 "북한이 ICBM을 완성하고 핵탄두를 탑재하는 것이 (넘어서는 안 될) 레드 라인"이라고 했던 문 대통령 발언을 의식해서 그러는 것이지만, 정부의 이런 태도는 상황 오판으로 이어질 수도 있다. '아직은 괜찮다'는 생각은 현실을 직시해서 실효적인 대응책을 찾는 데 걸림돌이 될 수 있다. 북한에겐 핵과 미사일 고도화에 매진할 시간을 더 벌게 해주고, 미국에겐 "한국과는 손발 맞추기가 어렵다"는 인식을 심어줄 우려도 있다.

대북 대응과 관련해 청와대와 송영무 국방장관이 엇박자를 낸 것도 볼썽사납다. 송 장관은 북한을 해상봉쇄하자는 미국의 요청이 오면 수용하자는 게 정부 결론이라고 국회에서 밝혔다. 청와대는 "장관 개인 생각으로, 정부에선 논의하지 않았다"고 부인했다. 북한의 평창동계올림픽 참가와 남북정상회담 성사를 염두에 둔 문 대통령이 북한을 자극할 해상봉쇄를 달갑게 여기지 않을 수도 있다. 그렇다고 해서 이 문제를 논의조차

하지 않은 것은 잘한 일이 아니다. 송 장관이 검토되지도 않은 것을 정부 방침인 양 밝혔다면 자질에 문제가 있는 것이고, 그런 분에게 안보를 맡긴 대통령에게도 책임이 있다.

국방부는 장관 발언으로 파문이 일자 "유엔결의에 따라 금수품을 실은 북한 선박을 공해 상에서 검색하는 조치에 협력한다는 뜻으로 말한 것"이라고 해명했다. 이로 인해 송 장관은 해상봉쇄와 유엔결의 이행 개념도 구분하지 못하는 사람이 되어 버렸다. 청와대 고위관계자도 "송 장관이 개념을 혼동했다"고 했는데, 이 정부는 '개념 없는' 장관들에게 외교안보를 맡기고 있다는 걸 광고한 셈이 됐다. 강경화 외교부장관의 경우 국회에서 전략핵과 전술핵의 차이를 설명하지 못해 질타를 받은 적이 있지 않은가.

북한이 도발할 때마다 정부는 "좌시하지 않겠다'고 했지만 행동으론 어떤 단호함도 보여주지 못했다. 그러면서 안으론 혼선을 빚고 미국과는 종종 엇박자를 냈다. 이대로 가다가는 '이게 정부냐'는 아우성이 나올지도 모른다.

51   문 대통령, 국민단합 원한다면 외교안보팀 쇄신해야

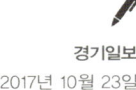

경기일보
2017년 10월 23일

　요즘 국민의 최대 걱정거리는 "전쟁 나는 거 아니냐"는 것이다. 군통수권자인 문재인 대통령이 "한반도에서의 전쟁은 결코 용납하지 않겠다"고 했지만 국민의 불안감은 결코 가시지 않고 있다. 이 땅에 전쟁이 다시는 일어나지 말아야 한다는 것은 우리 모두의 소망이고 당위다. 하지만 현실은 수상하다. 우리가 통제하기 어려운 상황이 언제든 전개될 수 있어서다.

　문 대통령은 취임 직후 한반도의 운전대를 잡겠다고 호기롭게 나왔지만 그의 '운전대론'은 전혀 먹히지 않고 있다. 북한은 대화를 하자며 손을 내민 문 대통령에게 눈길 한 번 주지 않고 탄도미사일 연쇄 발사시험과 6차 핵실험으로 도발의 강도를 높여 왔다. 북한은 한국에 전개되는 B-1B 전폭기 등 미국의 군사 전략자산에 대해서도 직접 공격을 할 수 있다는 엄포도 놓았다.

그런 북한을 겨냥해 도널드 트럼프 미국 대통령은 '(북한) 완전한 파괴' 등의 '말 폭탄'을 터뜨렸을 뿐 아니라, 그걸 행동으로 옮기는 군사적 카드도 진지하게 검토하고 있다. 미국 국방장관과 합참의장은 북한의 적대 행위에 군사적으로 대응하는 계획을 이미 트럼프 대통령에게 보고했다.

현 정세와 관련해 청와대와 정부·여당에선 "긴장이 고조될수록 극적인 반전이 이뤄져 대화의 길이 열릴 수 있다"고 말하는 이들이 많이 있다. 그들의 희망 섞인 예상이 적중할 수도 있다. 그러기 위해선 북한이 달라져야 하고, 그것도 위장이 아닌 진정한 변화여야 한다. 그러나 북한에 그런 기미는 전혀 나타나지 않고 있는 만큼 여권 인사들의 낙관론을 믿을 수는 없는 일이다. 오히려 북한의 계속되는 도발로 미국이 군사적 카드를 꺼내고, 그것이 전면전으로 이어지는 최악의 상황이 발생할 수도 있다.

상상하기도 싫은 이런 우려가 현실화할 경우 정부는 과연 충분한 위기관리 능력을 발휘할 수 있을까. 이런 물음에 청와대와 정부는 "그렇다"고 답할지 모르나 외교안보팀 내부의 잦은 엇박자와 혼선과 무능, 그리고 한국과 미국 사이에서 표출된 이상異常 기류를 지켜본 국민 중엔 걱정하는 이들이 적지 않을 것이다.

야당에선 외교안보팀 전면 쇄신을 주장하는데, 전쟁 억지와 대비 능력을 키우고 국민을 안심시킬 수 있다면 인물 교체를 주저할 이유가 없다고 본다. 한미 동맹을 흔드는 언행으로 수차례 물의를 빚었던 대통령 특보, 안보의 어떤 경험도 없는 청와대 안보실장, 외교 무대에서 존재감이 없는 외교부 장관 등은 바꾸는 게 좋지 않을까 싶다. 한미 동맹과 외교안보 역량을 강화하는 인사조치는 북한의 오판을 막고, 전쟁 억지와 전쟁 수행 능력을 높이는 효과를 낳을 것이다.

    문 대통령이 외교안보팀에 듬직한 변화를 준다면 국민의 믿음과 야당의 협력도 얻을 수 있을 것이다. 문 대통령은 지난 10일, 5부 요인과의 청와대 오찬 회동에서 "우리 내부만 제대로 결속되고 단합된다면 (안보위기를) 충분히 극복할 수 있다"고 말했다. 문 대통령이 진정으로 이런 희망을 갖고 있다면 선제적 조치를 통해 결속의 계기를 먼저 마련해야 한다. 외교안보팀에 대한 국민과 야당의 우려를 해소하는 어떠한 일도 하지 않은 채 무작정 단합을 바라는 것은 '나무에서 물고기를 구하는 것'과 같다.

집권세력의 고정관념, 안보위기 심화시킨다

경기일보
2017년 9월 19일

아메리카 신대륙을 발견한 크리스토퍼 콜럼버스는 서양 역사에 위대한 탐험가로 기록되어 있다. 하지만 그는 냉소의 대상이 되기도 한다. 영국 총리를 지낸 보수당의 윈스턴 처칠은 노동당을 누가 세웠는지를 놓고 주변에서 논란을 벌이자 "창설자는 콜럼버스"라며 참견했다. 그러면서 "콜럼버스는 출발할 때 어디로 가는지 몰랐고, (신대륙에) 도착하고서도 어딘지 몰랐다"고 했다.

콜럼버스는 신대륙을 네 번이나 탐험했는데도 처칠의 말대로 그곳이 어디인지 몰랐다. 인도 서쪽일 것이라는 고정관념 때문에 그랬던 것이다. 반면 후발주자였던 아메리고 베스푸치는 신대륙을 살피고 나서 '미지의 신세계'를 발견했다고 밝혔다.

어떤 선입견도 배제한 채 냉철하게 판단했던 것이다. 그 결과 아메리고 베스푸치는 신대륙에 자신의 이름을 영원히 새길 수 있었다. 콜럼버스가 고정관념을 버렸다면 신대륙엔 그의 이름이 붙었을 것이고, 처칠도 노동당을 조롱할 때 그를 들먹이지 않았을 것이다.

출범 4개월이 지난 문재인 정부를 보면서 콜럼버스를 떠올린 건 집권 세력의 고정관념도 보통이 아닌 것 같아서다. 우리가 직면한 안보 위기는 '역대급'이다. 북한은 대량살상무기의 모든 체계를 갖추게 됐다. 수소폭탄과 대륙간탄도미사일ICBM을 정부가 분석하는 대로 북한이 아직 완벽하게 만들진 못했다고 할지라도, 그들이 그걸 완성하는 건 시간문제다.

북핵은 한반도 안보 지형과 역학을 완전히 바꿔놓을 '게임 체인저'가 되어 버렸다. 물론 정부도 심각성을 인식하고 대책을 가다듬고 있다. 대북 대화보다는 제재에 무게를 싣기 시작했고, 집권 전엔 반대했던 고고도미사일방어체계사드를 임시로라도 배치한 것은 잘한 일이다. 북한의 공격에 대비한 3축 체계 선제타격의 킬 체인, 미사일방어체계, 대량응징보복 구축을 서두르기로 한 것도 옳은 판단이다.

하지만 그것만으론 안보를 담보할 수 없다. 북한의 가공할 비대칭 전력에 맞서 우리를 지키려면 과거와는 차원이 다른 대비를 해야 한다. 고정관념에 얽매여서는 그런 대비를 할 수 없다. 그런데 이 대목에서 정부가 보이는 태도는 답답할 정도로 완고하다.

미국 전술핵을 들여와 '최소한의 핵균형'을 이루자는 주장에 국민 전체는 물론 민주당 지지층에서도 찬성여론이 더 높게 나오지만 대통령부터 "안 된다"며 간단하게 묵살해 버린다. '전술핵을 도입하면 북한에 비핵화 원칙을 들이밀 수 없다'는 논리에서다.

이런 관념에 빠져서 비대칭 전력의 차이를 상쇄할 과감한 발상의 전환을 하지 못하는 집권세력을 보면서 북한은 회심의 미소를 지을 것이다. 정부가 전술핵 재배치를 북한 핵 포기용 압박카드나 도발 억지용 카드로 쓰지 않고 처음부터 선택지에서 배제해 버린다면 북한은 안심하고 핵과 미사일을 고도화할 것이다.

여권에선 "북한 핵무기는 미국을 의식한 자위적인 것이며, 남한 침략용이 아니다"라고 주장하는 이들이 많다. 김정은이 얼마 전 "서울을 단숨에 타고 앉으며 남반부를 평정할 생각을 하라"고 했는데도, 여권 인사들은 태연하다. 이들은 북한 정권의 선의를 믿는 것 같다. 대화를 하면 다 잘 풀릴 걸로 믿는 것 같다.

하지만 북이 진실로 선의를 보인 적이 있는가? 위장된 선의로, 대화 제스처로 각종 지원을 받아내고, 그걸로 핵과 미사일을 개발하다 들통이 나면 모든 약속과 협정을 파기했던 그들 아닌가. 남한 적화통일도 공언해 온 그들 아닌가. 북한의 이런 본질을 집권세력이 외면하고 고정관념의 환상에서 헤어나지 못한다면 대한민국의 위기는 한층 심화할 것이다.

53 동해 영문표기, 여러분 생각은 어떻습니까?

경기일보
2015년 2월 12일

마천령摩天嶺 올라 앉아 동해를 굽어보니
물 밖이 구름이요, 구름 밖이 하늘이라
아마도 평생 장관壯觀은 이것인가 하노라

시조집 ≪고금가곡古今歌曲≫을 남긴 조선의 시인 송계연월옹松桂烟月翁, 본명 미상은 함경남도와 북도의 경계인 마천령에서 본 동해의 경이로움을 이렇게 노래했습니다. 마천령 뿐 아니라 높은 곳 어디서든 맑고 푸른 동해를 바라보고서 경탄하지 않을 사람이 없을 겁니다.

'청옥靑玉 빛 깊은 바다 산호당珊瑚堂 속에 아름다운 비밀이 숨어 있으니…' 김광섭 시인, 〈바다의 소곡〉라는 시구처럼 동해를 보면서 바닷속에 무슨 비밀이 있을까 궁금해 하는 이들도 적지 않을 겁니다.

이처럼 민족의 사랑을 받는 동해를 정부는 영문으로 'East Sea'라고 표기합니다. 동해라는 말 그대로를 영어로 옮긴 표현입니다. 하지만 영문 표기는 그와 달라야 한다고 생각합니다. 'East Sea of Korea 한국의 동해'가 옳다는 겁니다. 'East Sea'라고 하면 우리는 그 뜻을 알지만 외국인은 다릅니다. 한국을 거의 모르는 외국인들은 "East Sea? 어느 나라 동쪽 바다?"라고 물음표를 찍을 것이기 때문입니다. 한국을 좀 안다고 하는 외국인조차도 지리에 큰 관심이 없다면 비슷한 의문을 가질 겁니다.

저는 2014년 2월 미국 버지니아 주 랄프 노덤 상원의장에게 영문서신을 보냈습니다. 버지니아주 상원이 동해 영문표기를 일본해 표기와 병기하는 법안을 가결한데 대해 감사의 뜻을 전하면서 동해 영문표기를 'East Sea of Korea'로 해 달라고 요청한 겁니다. 지난해 가을 국회 국정감사와 국회 본회의 대정부질문에서도 정부의 동해 영문표기에 'of Korea'를 붙이자고 했습니다. 세계의 어느 누가 보고 들어도 단번에 한국의 동해임을 알 수 있도록 그렇게 표기하자고 한 것입니다.

하지만 정부의 태도는 답답했습니다. 정홍원 국무총리는 대정부질문 답변에서 "그간 'East Sea'로 많이 써 와서 외국인도 많이 알고 있다. 또 표기를 바꾸면 혼란도 생긴다"고 했습니다. 정부가 'East Sea'를 많이 써 온 건 사실이지만 그걸 보고 우리 동해임을 바로 아는 외국인이 얼마나 많을지 궁금합니다. 외국인에게 동해를 알리는 데엔 'East Sea'를 아무리 많이 써도 'East Sea of Korea'라고 하는 것보다 못할 텐데 정부는 왜 생각을 바꾸지 못하는지 이해할 수 없습니다.

East Sea에 '한국의 of Korea'라는 말을 붙일 경우 혼란이 생긴다는 건 또 무슨 얘기입니까. 한국의 동해임을 선명하게 알리는데 도움을 주는 단어가 무슨 혼란을 초래한다는 것인지 정 총리의 답변은 도무지 납득하기 어려웠습니다.

일본이 동해를 '일본해Sea of Japan'라며 국호까지 넣어서 표기하는 상황에서 한국 정부는 우리 국호를 뺀 영문표기가 좋다고 우기고 있으니 한심하지 않습니까. 동해와 일본해의 영문표기를 병기한 외국 지도 가운데 'Sea of Japan(East Sea)'이라고 한 것들이 있습니다. 왜 이렇게 쓰는지 사정을 잘 모르는 외국인들은 이런 지도를 보고 'East Sea가 일본해와 같은 바다인데 아마 일본 동쪽에 있는 바다인가보다'라고 생각할지도 모릅니다. East Sea of Korea로 표기한다면 누구든 그 바다가 한국의 동해임을 분명히 알게 될 겁니다.

동해를 영문으로 표기하는 까닭은 우리의 바다를 세계에 보다 잘 알리기 위해서일 겁니다. 그렇다면 지구촌의 누구도 금세 알 수 있는 표기를 하는 게 옳지 않을까요. 타성에 젖은 정부의 각성과 발상 전환이 시급합니다. 독자 여러분의 생각은 어떻습니까?

제Ⅴ장

110만 바라보는 용인의 빛과 그늘

용인의 특례시 지정은 그래서 중요하다. 행정 인프라와 행정 서비스를 업그레이드하는 토대를 마련해 주는 것이기 때문이다. 행정안전부는 2019년 3월 말 인구 100만이 넘는 4개 기초자치단체(용인, 수원, 창원, 고양)를 특례시로 지정하는 내용의 지방자치법 개정안을 국회에 제출했다. 기초자치단체이지만 인구 100만 이상의 대도시인 만큼 각종 행정수요에 능동적으로 대처하도록 사무처리 등에 일정한 특례가 허용되는 자치단체를 만들겠다는 뜻에서였다. 법안에 따르면 특례시로 지정된 도시는 광역자치단체의 지휘 · 감독으로부터 상대적으로 자유로운 위상을 가지며, 보다 자율적인 행정을 펼 수 있는 권한을 부여받게 된다.

54

용인 행정은 꿈도 못 꾸는 '문화도시'

용인신문
2019년 12월 23일

　오산시는 지난 8월 경기도와 업무협약을 맺었다. 중앙정부로부터 5년간 국비지원을 받게 될 '문화도시'에 오산시가 지정되도록 서로 협력한다는 내용이다. 10월엔 부천시와 경기도가 같은 협약을 체결했다. 이들 두 도시는 경기도의 행정지원을 받으며 '문화도시' 꿈을 키워 나가고 있다. 문화도시 지정은 지역문화진흥법에 의해 추진되는 국책사업이다. 전국의 지방자치단체가 지역의 특색 있는 문화자원을 창조적, 효과적으로 활용하도록 장려하는 사업이다. 공동체 구성원들이 문화예술을 더 많이 향유하고, 지역경제에도 보탬이 되도록 한다는 목적에서 진행되는 것이다.

　경기도의 오산·부천시가 '문화도시'란 타이틀을 얻기 위해 공을 들이는 까닭은 무엇일까? 최대 100억 원이 지원될 국비가 탐나서일 테지만 그게 전부는 아닐 것이다. 시민·군민·구민들과 공동으로 기획하고, 관련 사업을 추진하는 과정에서 얻을 게 많아서일 것이다.

문화도시에 지정되려면 자치단체가 자체적인 '문화도시 조성 계획'을 만들어야 한다. 그 계획이 문화체육관광부 심의위원회 승인을 받게 되면 해당 자치단체는 '예비도시'가 된다. 예비도시는 1년 간 예비사업을 벌여 중앙정부의 평가를 받는다. 이 관문을 통과하면 '문화도시'로 지정되며, 이후 5년 간 국비로 본 사업을 추진할 수 있게 된다.

2018년 1차 공모 때 조성계획 승인을 받아 예비도시로 선정된 자치단체는 10곳이다. 대구, 청주, 천안, 남원, 포항, 부산 영도구 등이다. 경기도에선 부천시 한 곳 뿐이다. 이들 예비도시의 예비사업에 대한 평가결과는 곧 나온다고 한다. 올해가 가기 전에 제1차 문화도시가 발표되는 것이다.

그럼 인구 108만 명의 용인은? 용인시민들은 이런 물음을 갖게 될 것이다. 그리고 시청에 묻는다면 "문화도시요? 잘 모르겠습니다" 또는 "알긴 알지만 신청 안 했습니다"라는 답을 듣게 될 것이다. 용인시는 지난해와 올해의 1, 2차 공모에 아예 응하지도 않았다. 지난해엔 부천시·의왕시 등 전국 19개 시·군·구가, 올해엔 오산시 등 25개 자치단체가 조성계획을 제시하며 '문화도시'에 도전했다. 인구나 예산 기준으로 용인보다 훨씬 작은 기초단체들도 여럿 경쟁에 뛰어들었다. 완주군, 강진군, 칠곡군, 성주군, 정읍시, 익산시, 밀양시 등이다. 이들 자치단체는 지난 한 해 많은 준비를 하고 나서 올해 신청했다고 한다. 시민·군민과 함께 조성계획을 만드는 일에 심혈을 기울였다고 한다.

용인시가 지난 2년 간 아무런 행동도 하지 않은 것은 문화도시에 관심이 없거나, 제대로 된 준비를 하지 않아서일 것이다. 시의 한 관계자는 "행정 역량이 안 된다"고 했다. 용인시 문화예술 사업은 일회성 행사나 공연, 이벤트가 주류를 이룬다. 여기에 적잖은 예산이 투입되지만 모래밭에 물 뿌리고 마는 식이다. 이벤트 기획사들 지갑은 두툼해 지나 문화예술 수준은 제자리걸음인 것이다. 행정은 늘 그렇고 그래서 시민들의 감탄사는 좀처럼 나오지 않는다. 그러니 문화예술 저변이 확대될 리 없다. 축적도 잘 이뤄지지 않아 풍성함도 부족하다.

머지않아 인구 110만을 돌파할 용인이 이래서야 되겠는가. 시장과 시 공무원, 국회의원, 도의원, 시의원 등 용인의 일꾼임을 내세우는 분들부터 각성해야 한다. 용인은 자랑할 만한 문화적 전통을 갖고 있다. 문화도시로 부상할 잠재력도 충분하다. 빈약한 것은 관심과 상상력, 창조력이다. 시를 이끄는 이들이 특히 그렇다. 시민과 함께 하며 지혜를 모으는 다른 도시들에게서 배우기 바란다.

55   용인 국회의원들, 특례시 입법 위해 분발하라

용인신문
2019년 10월 28일

　용인은 성장하는 도시다. 인구는 지속적으로 늘어 2019년 9월 기준으로 105만 5000명을 넘어섰다. 서울과 가깝고 주거비용이 분당 등에 비해 덜 들며, 수도권 교통망도 확충됨에 따라 용인에 자리잡는 이들이 늘고 있는 것이다. 용인 곳곳에 난개발이 진행되고 길이 막히며, 땅값과 집값, 임대료 등이 오르는 건 인구 유입의 어두운 단면이다. 산의 7, 8부 능선까지 잘려 나간 자리에 아파트와 빌라촌이 꽉 들어찼는데도 주요 도로나 주변 환경은 그다지 나아지지 않은 채 공기만 나빠진 곳도 많다. 오래전부터 생활해 온 시민들이 "자연 좋은 용인의 호시절은 지났다"고 말하는 까닭도 여기에 있다.

　인구가 증가하는 여느 도시처럼 '삶의 질'이 최대의 문제가 된 곳이 용인이다. '삶의 질' 개선은 복합적으로 이뤄져야 하지만 지방행정이 감당해야 하는 몫과 역할은 매우 크다. 도시는 커지고 사람도, 문제도 많아지는데 행정 서비스가 제자리걸음을 한다면 시민의 삶이 좋아질리 없지 않은가.

용인의 특례시 지정은 그래서 중요하다. 행정 인프라와 행정 서비스를 업그레이드하는 토대를 마련해 주는 것이기 때문이다. 행정안전부는 2019년 3월 말 인구 100만이 넘는 4개 기초자치단체 용인, 수원, 창원, 고양를 특례시로 지정하는 내용의 지방자치법 개정안을 국회에 제출했다. 기초자치단체이지만 인구 100만 이상의 대도시인 만큼 각종 행정수요에 능동적으로 대처하도록 사무처리 등에 일정한 특례가 허용되는 자치단체를 만들겠다는 뜻에서였다. 법안에 따르면 특례시로 지정된 도시는 광역자치단체의 지휘·감독으로부터 상대적으로 자유로운 위상을 가지며, 보다 자율적인 행정을 펼 수 있는 권한을 부여받게 된다.

예컨대 특례시가 되면 지방채를 지방의회 의결만으로 발행할 수 있다. 광역자치단체의 승인을 받아야 하는 요건이 없어지는 것이다. 특례시는 택지개발지구 지정과 도시재정비 촉진지구 지정 권한도 갖게 된다. 국세·지방세 비율 조정을 통해 재정을 연간 최소 1500억 원 이상, 최대 3000억 원 이상 증가시킬 수 있다. 부단체장 부시장과 고위직 3급·부이사관 숫자도 늘릴 수 있다. 이로 인해 행정의 자율성·능동성·신속성은 제고되고 재정여력도 좋아진다. 시의 발전과 시민 행복을 위해 행정이 할 수 있는 역할과 공간이 커진다는 얘기다.

이럴수록 행정의 책임성이 강화돼야 함은 물론이다. 시장과 시 관계자들의 비전과 역량, 도덕성이 커진 권한을 선용 善用하는 수준에 미달한다면 특례시 지정은 도리어 해害가 될 수 있다. 택지개발지구 지정 등의 권한을 남용해서 자연환경을 더 망치고, 지방채를 남발해서 재정을 악화시킬 가능성을 배제할 수 없는 것이다. 그럼에도 특례시 지정은 필요하다. 광역시에 버금갈 정도로 커지고 있는 용인의 짜임새 있는 발전과 시민 삶의 개선을 위해 행정이 할 수 있는 역할을 보다 적극적이고 체계적으로 해줘야 하기 때문이다.

특례시 관련 행안부 법안은 이번 정기국회에서 통과돼야 마땅하지만 사정은 녹록치 않다. 인구 50만 안팎의 여러 도시들도 도청 소재지라는 등의 이유로 특례시 지정을 요구하는 바람에 행안부 법안에 대한 심도 있는 심의가 이뤄지지 않고 있어서다. 용인 지역 국회의원들이 20대 마지막 정기국회에서 분발하지 않으면 '특례시 용인'의 꿈은 일단 물거품이 될 수 있다. 행안부가 인구 100만 명 이상을 특례시 기준으로 정한 건 오랜 논의와 고민의 산물이고, 전문가들도 그 합리성을 인정하고 있다. 용인 출신 의원들은 수원·창원·고양 지역 의원들과 합심하고 다른 의원들을 적극 설득해서 법안을 꼭 처리하도록 해야 한다. 그게 선출해 준 용인 시민에 대한 최소한의 도리다.

56

네이버 데이터센터와 용인의 이미지

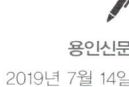

용인신문
2019년 7월 14일

　행정은 행위의 과정과 결과로 평가를 받는다. 행정 책임자의 능력도 그걸로 검증된다. 용인 공세동에 제2 데이터센터를 짓겠다며 2년 간 공을 들인 네이버가 지난달 계획을 백지화한 것은 시 행정의 무기력, 시장의 역량 부족에 기인한다. 네이버가 염두에 둔 부지 주변의 주민들이 불안감을 나타낸 것은 충분히 있을 수 있는 일이다. 전력과 냉각수를 대량 소모하는 데이터센터가 들어설 경우 인근 주민들과 주변 학교 학생들이 유해 전자파나 환경오염에 무방비로 노출되는 것 아니냐는 걱정은 그 동네에 사는 주민들이라면 누구라도 할 수 있는 생각이다. 주민들이 모여서 반대의 깃발을 든 것은 그런 이유에서다.
　그렇다면 행정은 어떠해야 하는가. 주민 불안에 근거가 있는지, 괴담은 없는지, 걱정은 어떻게 해소해야 하는지, 시설의 공익성을 살려 주민

삶과 조화시킬 수 있는지 등을 점검하고 관련 정보를 시민에게 제공하는 것이어야 할 것이다. 또 주민·사업자와 소통하며 접점을 찾고 '윈—윈'할 수 있도록 중재해야 할 것이다. 그러나 용인시는 이런 행정력을 발휘하지 못했고, 시의 무능과 방관에 실망한 네이버는 다른 곳에서 사업하겠다는 뜻을 밝혔다.

그런 네이버에 손을 내민 지방자치단체는 10여 곳이나 된다. 수원, 안양, 대전, 인천, 강릉, 포항, 파주, 포천, 충주, 제천, 군산 등이 각종 '당근'을 제시하며 데이터센터를 유치하겠다고 적극 나서고 있는 것이다. 서울 목동의 아파트단지에 있는 KT 데이터센터처럼 지역발전에 보탬이 되는 시설이지 유해시설이 아니라고 봐서 그런 것이다. 용인시장은 "데이터센터 유치가 물 건너 간 것은 아니다. 대체 부지를 찾고 있다"고 했지만 그 정도론 어림없어 보인다. 다른 자치단체가 부지 무상 제공 등 매력적인 여러 혜택을 제시하는 상황에서 '대체 부지 물색' 카드만으론 네이버의 마음을 돌리기 어려울 것이란 얘기다. 그동안 시간만 끌며 에너지를 낭비케 한 용인시의 '무위無爲 행정'을 체험한 네이버로선 도대체 되는 게 없는 그 수렁에 다시는 빠지고 싶지 않을 것이다.

용인시가 네이버를 다시 잡으려 한다면 그들의 그런 심정부터 헤아려야 할 것이다. 시의 행정이 달라질 것이란 믿음을 주는 신뢰회복 조치가 선행돼야 한다는 얘기다. 시장을 비롯한 관련 공무원들의 마음가짐과 태도가 달라져야 하며, 현실적인 로드맵도 새로 만들어서 제시해야 할 것이다. 그 로드맵엔 대체 부지는 어디이고, 그곳엔 어떤 매력이 있으며, 주변 주민들의 반발은 어떻게 해결할 것인지, 그리고 주민과는 어떤 소통을 해서 상생의 해법을 마련할 것인지 등에 대한 구체적인 설계와 정보가 들어 있어야 할 것이다. 용인시가 지난 2년과는 전혀 다른 모습으로 적극성과 진정성을 보이지 않으면 안 되는 게 현 상황이다.

용인은 네이버 데이터센터를 놓치지 말아야 한다. 관련 기업들의 동반 입주로 디지털산업 중심도시로의 부상, 일자리 창출, 세수 증대, 소비 및 소득 증대 등 경제적으로 더욱더 성장할 기회를 잃어서는 안 되기 때문만은 아니다. 보다 중요한 건 용인의 이미지다. 네이버 데이터센터가 다른 곳으로 갈 경우 용인은 이미지에 타격을 입게 된다. 시가 무사안일하고 무능해서 4차 산업혁명을 이끌 초우량 기업이 참다못해 등을 돌려 버렸다는 낙인이 찍힐 터여서다. 이런 '낙인 효과'는 다른 기업들의 용인 입주를 주저하게 만드는 요인이 될 것이다. 시의 행정이 달라져도 낙인이 비례해서 지워지지는 않을 것인 만큼 잘못된 낙인이 찍히는 걸 처음부터 막지 않으면 안 된다.

시장과 관련 공무원들이 대오각성大悟覺醒하고 분발해야 하는 까닭이 여기에 있다.

57 '수원 IC'가 '수원·신갈 IC'로 바뀌게 된 내막

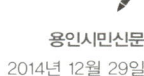

용인시민신문
2014년 12월 29일

　내년 1월 1일부터 경부고속도로 '수원 IC 인터체인지' 이름이 '수원·신갈 IC'로 바뀝니다. 용인시 기흥구 신갈동에 있는 '수원 IC' 명칭이 46년 만에 바뀌는 겁니다.
　1968년 경부고속도로가 개통됐을 때 왜 '용인 IC' 또는 '신갈 IC'가 아닌 '수원 IC'로 명명됐는지 그 이유에 대해선 한국도로공사 측도 제대로 설명하지 못하고 있습니다.
　필자는 지난 8월 5일 한국도로공사에 '왜 수원 IC라고 했는지 설명해 달라'고 했더니 "공사가 1969년 발족됐으므로 잘 모르겠다"는 게 공사 측 답변이었습니다. 용인으로선 영문도 모른 채 제 이름을 빼앗긴 셈입니다.
　'수원·신갈 IC'란 명칭이 용인시민 입장에선 100% 만족할만한 게 못

● 〈생방송 경기〉의 '오늘 이 사람'에 출연한 모습(2015년 1월 13일)

되지만 그럼에도 반가운 이유는 이제야 용인의 권리를 어느 정도 찾았다는 생각이 들기 때문입니다.

그동안 용인에선 수차례에 걸쳐 한국도로공사에 '수원 IC'의 이름을 바꿔 달라고 요청했습니다. 도로공사 자료에 따르면 용인시는 2006년 8월부터 2008년 10월까지 다섯 차례에 걸쳐 '수원 IC'를 '신갈 IC' 또는 '수원(신갈) IC'로 명칭을 변경해 줄 것을 요구했습니다.

하지만 그때마다 도로공사는 '변경불가' 통보를 했습니다. "40여 년간 써온 IC 이름을 바꾸면 도로 이용객들에게 혼란을 줄 수 있다", "용인으로 가는 차량보다 수원으로 가는 차량이 많기 때문에 명칭 변경이 어렵다"는 등의 이유에서였습니다.

2010년 2월 9일 용인시의회는 '수원 IC'를 '신갈 IC'로 변경해 달라는 결의문을 채택했지만 도로공사는 "용인시의회의 결의문일 뿐이며 우리와는 무관하다"는 이유로 답변조차하지 않았습니다. 이후 용인에선 더 이상 공식적으로 '수원IC'의 이름을 바꾸려는 노력을 하지 못했습니다.

도로공사의 완강한 태도 때문에 사실상 포기상태에 있었던 겁니다. 그런 가운데 2013년 12월 김학송 한국도로공사 사장이 취임했고, 필자는 지난 5월 초 새누리당 용인을 당협위원장을 맡았습니다.

필자가 용인에서 가장 많이 들은 목소리는 '수원IC'에 대한 아쉬움이었습니다. IC가 용인 땅에 있는데도 '수원'이란 이름만 붙어 있고, 그걸 바꾸려는 시도가 여러 차례 있었는데도 매번 좌절했던 데 대한 안타까움을 말씀하는 분들이 많았습니다. 그래서 "이 일부터 해야겠다"고 마음먹었습니다.

마침 2012년 대선 때 새누리당 중앙선거대책위원회 유세총괄본부장으로 활약했던 김학송 전 의원이 도로공사 사장을 맡고 있어서 잘 설득하면 IC 이름을 바꿀 수 있겠다는 생각도 했습니다.

대선 때 새누리당 대변인 겸 중앙선대위 대변인을 지낸 필자는 김 사장을 대선 전부터 잘 알았지만 선거 때엔 박근혜 후보 승리를 위해 아침, 저녁마다 전략회의를 함께 했던 멤버였기에 특별한 친근감을 갖고 있었습니다.

필자는 지난 8월 5일 한국도로공사에 "수원IC를 이용해 용인과 수원으로 가는 차량 숫자가 월평균 얼마가 되는지 알려 달라"는 공문을 보냈습니다. '수원으로 가는 차가 더 많다'는 도로공사의 논리를 깨기 위해서였습니다.

도로공사는 "숫자를 알 수 없다"고 답했습니다. 이용객들이 IC를 통

• 〈2015 의정보고서〉 중에서

과할 때 어디로 간다고 신고하는 것도 아닌데 도로공사가 차량 숫자를 모르는 건 당연합니다. 그런데도 '수원으로 가는 차가 많아서 IC 이름을 바꿔줄 수 없다'고 했던 겁니다.

　 필자는 8월 20일 김학송 사장에게 '수원 IC' 이름을 '수원·신갈 IC'로 바꿔달라는 서신을 보내면서 도로공사의 이 같은 문제점을 지적하고 왜 이름이 변경돼야 하는지 조목조목 설명했습니다. 같은 날 김 사장과 통화하면서도 명칭변경의 당위성을 말씀드렸습니다.

  김 사장은 다음날 도로공사 간부회의에서 곧바로 긍정검토를 지시했습니다. 김 사장의 그런 지시가 있었기 때문에 도로공사와 용인시의 실무작업은 순조롭게 진행됐고, 드디어 이름이 바뀌게 됐습니다. 필자는 12월 26일 김 사장에게 감사인사를 드리는 편지를 보냈습니다.

  김 사장이 용인시민의 염원을 이해하지 못했다면, '수원으로 가는 차량이 많은데다 혼란도 초래될 수 있으므로 이름을 바꿀 수 없다'는 도로공사의 과거 논리에 빠졌다면 '수원 IC'에 '신갈'이란 이름은 붙지 못했을 겁니다.

58 이상일 의원 "용인서울고속도로 통행료 인하 관철"

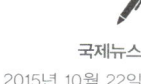

국제뉴스
2015년 10월 22일

**10월 29일부터 10% 인하, 1종(승용차 등) 기준
최장거리(흥덕~헌릉) 2,000원 → 1,800원, 200원 인하.**

용인서울고속도로 통행료가 오는 29일부터 인하된다고 새누리당 용인을 당협위원장인 이상일 국회의원이 22일 밝혔다.

이 의원은 그동안 수차례에 걸쳐 최근 물러난 국토교통부 유일호 전 장관과 여형구 제2차관 교통담당을 만나 통행료를 인하해 달라고 요구했고, 지난 9월 7일에는 통행료 인하의 당위성을 강조하는 내용의 서신을 장차관에게 보냈다.

이 의원의 이 같은 요구가 관철됨에 따라 용서고속도로 최장거리 흥덕~헌릉, 22.9km의 통행요금은 1종 차량 승용차, 소형 승합차, 소형 화물차 기준으로 현행

2,000원에서 1,800원으로 200원 인하된다.

이로써 민자고속도로로는 최초로 도로공사가 운영하는 재정고속도로보다 낮은 통행요금 용인서울고속도로의 22.9km를 재정고속도로 요금체계로 환산하면 통행료는 2,000원이 적용되게 된다.

경차 통행료는 1,000원에서 900원으로, 3종 차량 대형 승합차, 2축 대형 화물차 의 경우는 2,000원에서 1,900원으로, 4종 차량 3축 대형 화물차의 통행료는 2,400원에서 2,300원으로 내린다.

이같은 조치로 향후 24년간 2016~2039년 용인서울고속도로 이용자들의 통행료 절감액은 2,185억원에 달할 것이라고 국토교통부는 밝혔다. 승용차로 출퇴근하는 이 고속도로 이용자는 연간 약 10만 원의 통행료를 절감할 수 있을 것이라고 국토교통부는 추산했다.

이상일 의원은 지난 9월 7일 유 장관, 여 차관에 대한 서신에서 "모두 1조 5,256억 원이 투입된 용인서울고속도로 건설에 민자 사업자는 자기 자본금 1,433억 원을 제외한 4,115억 원을 금융기관으로부터 7%대의 이자율로 대출받았다"며 "이제 이자율이 4%대로 떨어졌고, 민간 사업자는 30년 동안 운영권을 갖게 되는 만큼 최장구간 통행료 1종 기준를 1,800원으로 인하해도 사업자로서는 앞으로 24년 동안 사업비를 충분히 회수하고 이윤을 얻을 수 있다"며 통행료를 인하해 줄 것을 요구했다.

이에 여형구 차관은 지난달 23일 이 의원에게 회신을 보냈다. 여 차관은 서신에서 "민간사업자와 통행료 인하방안에 대해 협의 중이며, 가능한 빠른 시일 내에 결과가 도출될 수 있도록 노력하겠다"며 통행료를 인하할 것임을 시사했다.

• 〈2015 의정보고서〉 중에서

이상일 의원은 통행료 인하 결정에 대해 "용인, 수원 뿐 아니라 서울, 성남, 평택, 오산에서 용인서울고속도로를 이용하는 국민들이 지속적으로 늘고 있다"며 "통행료 인하 요구 관철로 많은 분들이 혜택을 받을 수 있게 되어 큰 보람을 느낀다"고 말했다.

기타 칼럼

제VI장

잔잔한 마음, 따뜻한 시선

'톨레랑스(관용)' 사상은 프랑스에 큰 영향을 미쳤다. 샤를 드골 전 대통령이 재임 중 자신을 맹비난한 철학자 장 폴 사르트르를 구속하라는 참모진의 건의를 받고서 "볼테르를 구속하는 법은 없다"며 일축한 게 좋은 예다. 그런 게 쌓여 프랑스는 '톨레랑스의 나라'라는 이미지를 형성할 수 있었다. 어제는 유엔이 정한 '톨레랑스의 날'이었다. 국가와 민족, 종교와 이데올로기, 신분과 계층이 다르더라도 서로 차이를 인정하고, 상대를 존중하며, 평화롭게 공존하는 길을 찾자는 취지로 제정된 날이다. 인류는 과연 그 길로 가고 있는 걸까. 지구촌에 테러가 극성을 부리고, 잘못된 역사를 반성할 줄 모르는 나라가 있는 한 그리 전진한다고 보기 어렵다. 우린 어떤가. 지도자가 통합의 리더십을 발휘하지 못하고, 편 가르기를 즐기는 한 '톨레랑스의 한국'은 요원한 게 아닐까.

59 　　　　　　　　　　　　　　고요한
　　　　　　　　　　　　　　　　　밤

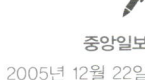

중앙일보
2005년 12월 22일

　1818년 크리스마스 이브. 오스트리아의 작은 마을 오베른도르프의 성 니콜라스 성당엔 큰 일이 생겼다. 아기 예수의 탄생을 찬미하는 데 없어서는 안 될 오르간이 고장 났기 때문이다. 마을엔 수리공도 없었다. 이제 그곳 사람들은 찬송과 음악이 없는 크리스마스를 보내야 할 판이었다.
　신부 요셉 모르는 그건 끔찍한 일이라고 생각했다. 이 궁리, 저 궁리를 하던 그에게 오르간 대신 기타를 쓰면 어떨까 하는 아이디어가 떠올랐다. 2년 전 자신이 지은 시에 곡을 붙여 기타로 연주하면 좋지 않을까라고 생각한 것이다.
　모르는 급히 성가대 지휘자인 프란츠 그루버에게 달려가 작곡을 부탁했다. 시를 보고 금세 좋은 영감이 떠오른 그루버는 3시간 만에 곡을 만들었다. 크리스마스 때가 되면 세계인이 가장 즐겨 부르고, 즐겨 듣는

캐럴 '고요한 밤, 거룩한 밤'은 이렇게 탄생했다.

제1차 세계대전이 발발한 1914년 벨기에 플랑드르 지역의 서부전선. 독일군과 연합군 사이에 단 하루도 총성이 멎을 날이 없던 그곳에 크리스마스 이브가 찾아왔다. 날이 어두워지자 독일군 참호에선 '고요한 밤…'이 울려 퍼졌다. 그러더니 독일군의 한 병사가 참호에서 나왔다. 그는 반짝이는 촛불로 장식된 크리스마스 트리를 들고 영국군 진영 앞으로 다가갔다. 그리고 "메리 크리스마스"라고 소리쳤다.

그걸 본 영국군은 총을 내려놓고, 독일군에게 성탄 인사를 건넸다. 죽음의 땅No Man's Land으로 불리던 서부전선엔 잠시 평화가 왔다. 들판에는 '고요한 밤…'을 합창하는 소리가 메아리쳤다. 병사들은 전우와 적군의 시신을 수습했다. 크리스마스가 지나자 전투는 양군 지휘부의 명령에 따라 다시 시작됐다. 하지만 병사들의 가슴속엔 성탄절 전야의 기적 같은 평화가 소중하게 간직돼 있었다. 미국 가수 가스 브룩스Garth Brooks가 부른 '벨로 우드Belleau Wood'는 그 이야기를 전하면서 "전쟁터에서도 천국은 찾기 나름"이라고 노래했다.

거리엔 성탄절 분위기가 가득하다. 어딜 가든 밝고, 평화롭다. 전방은 어떨까. 휴전선의 남과 북의 병사들이 "메리 크리스마스"를 주고받을 수는 없을까. 확성기로 인사하는 것이라도 좋다. 그 한마디로 병사들이 마음의 안식과 평화를 얻을 수 있다면 말이다. 휴전선의 밤이 늘 고요하고 거룩하면 좋겠다.

60 　　　　　　　　　　　　　　　　　　욕

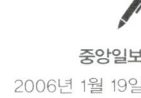

중앙일보
2006년 1월 19일

　16세기 종교개혁 시대의 인문주의 사상가 에라스무스는 어떤 욕을 먹어도 개의치 않았다고 한다. 하루는 인격을 심히 모독하는 욕설이 그에게 쏟아지는데도 가만히 있었다. 그걸 본 친구가 물었다. "저런 소리를 듣고도 화가 안 나는가?"

　에라스무스는 이렇게 답했다. "바보가 현명함을 알 턱이 있겠는가. 그러니까 바보에게서 욕을 많이 듣는다면 그만큼 현명하다는 얘기가 되는 걸세. 그러니 성낼 이유가 없지 않은가. 오히려 명예롭다고 생각해야지."

　당시 교회의 위선과 부패를 신랄하게 풍자한 ≪우신예찬愚神禮讚≫ 등 그의 명저는 이런 마음가짐에서 비롯된 게 아닐까 싶다. 그가 욕먹는 걸 두려워했다면 그런 책을 쓰기 어려웠으리라.

　세상을 살다 보면 욕도 먹고, 욕도 하게 된다. 사람이 감정의 동물이기에 그렇다. 문제는 욕먹을 때의 처신과 욕할 때의 품격이다.

천정배 법무부 장관의 경우를 보자. 그는 얼마 전 기자들과의 술자리에서 욕설을 뱉었다. 노무현 대통령과 참여정부를 비판하는 일부 논객을 겨냥, "X도 아닌 XX 네놈이 말도 안 되는 칼럼으로 대통령을 조롱하고 있다"고 했다. "권위주의 시절 같았으면 그런 사람들은 전부 구속됐을 것"이라고도 했다.

천 장관이 원망하는 논객의 칼럼이 옳지 않았을 수 있다. 그의 입장에선 억울한 게 많았을 수도 있다. 그래서 술이 들어가자 자신도 모르게 욕지거리가 나왔는지 모른다. 파문이 일자 천 장관은 국민에게 죄송하다고 했다. 아쉬운 건 그가 에라스무스처럼 초연하게 처신할 수는 없었을까 하는 점이다. 그의 말대로 국정운영에 큰 잘못이 없다고 한다면 더욱 그렇다. 욕도 생각하기 나름이다. "욕이 금金인 줄 알라"는 속담이 있듯 왜 욕을 먹는지 잘 성찰하면 남의 욕도 보약이 될 수 있다.

욕에도 품격이 있다. 욕은 욕이로되 욕 같지 않은 말이 있는가 하면 들으면 바로 귀를 씻어야 할 상스럽고 천한 욕도 있다. 천 장관이 입에 올린 건 후자가 아닐까. 시쳇말로 '쌍욕'이 아닌가. 그런 유의 욕을 하는 건 누워서 침뱉기다. 욕하는 사람의 품격을 드러내기 때문이다. 소설 〈어머니〉로 유명한 러시아의 작가 막심 고리키는 "욕으로 가장 큰 피해를 보는 자는 욕을 한 당사자"라고 했다. 그래서 욕은 선의의 욕을 빼고는 하지 않는 게 좋다. 설사 하더라도 악매惡罵,상스러운 욕만큼은 거둬야 한다. 그게 인격의 추락을 막는 길이다.

61 웃음

중앙일보
2005년 7월 14일

　환자의 병명은 강직성 척추염이었다. 경추목뼈와 요추허리뼈가 달라붙어 몸이 로봇처럼 뻣뻣해지는 병이다. 한번 걸리면 잘 낫지 않는 병이다. 환자의 상태는 갈수록 나빠졌다. 팔다리는 마비되고 있었다. 통증이 심해져 잠을 자기 어려웠다. 그에겐 희망이 없어 보였다. 그런 그가 어느 날 병실의 TV에서 코미디 영화를 봤다. 너무 우스워 정신없이 웃었다. 아픈 줄 몰랐다. 그는 깨달았다. '웃음이 묘약'이라고. 그래서 코미디 프로그램을 열심히 봤다. 간호사에겐 유머 책을 읽어 달라 했다. 웃음치료로 환자는 건강을 회복했다. 의학전문지 〈뉴잉글랜드 저널 오브 메디신〉 1976년 12월호에 나오는 얘기다.
　당시 의학계는 이 사례를 주목했다. 웃음의 약효를 잘 몰랐기 때문이다. 1998년 스위스 바젤에서는 '웃음요법에 관한 국제학술회의'가 열렸다.

여기선 "웃을 때 통증을 없애주는 호르몬엔도르핀이 다량 분비된다", "웃음은 스트레스를 해소하고 혈액순환을 촉진한다"는 등의 내용이 발표됐다. 미국 인디애나주 볼 메모리 병원의 연구 결과도 비슷하다. 웃음은 스트레스 호르몬인 코티즐의 양을 줄여준다는 것이다. "하루에 15초를 웃으면 이틀을 더 산다"고 병원 측은 주장했다.

미 존스홉킨스 병원이 환자들에게 나눠주는 ≪정신건강≫이라는 책자엔 이런 말이 적혀 있다고 한다. "웃음은 몸 안의 조깅 internal jogging이다." 웃음이 체내에 주는 효과가 크다는 뜻이다. 미국 웃음요법협회에 따르면 "웃음은 몸에 들어간 병균을 공격하는 킬러 백혈구의 생성을 촉진한다"고 한다. 그래서 웃음이 암을 치료하는 데에도 효험이 있다고 한다.

12일 새벽 남북 경제협력추진위 회의2005년 7월를 마친 양측 대표단의 활짝 웃는 모습이 보기 좋았다. 남북 당국자들에게서 그처럼 밝은 웃음이 나온 게 얼마 만인가. 경협은 큰 고비를 넘겼다. 남북 간 스트레스의 일부가 풀린 것이다. 문제는 북핵이다. 6자회담에서도 북한 대표단의 명랑한 웃음을 볼 수 있을까. 그건 북의 태도에 달렸다. 셰익스피어는 "웃음이 1000가지의 해로움을 막아준다"고 했다. 북한이 음미해볼 만한 말이다.

62 울음

중앙일보
2005년 10월 20일

성서 창세기에 나오는 얘기다. 이집트의 재상이 된 요셉이 20여 년 만에 형들을 만났다. 요셉을 이집트의 노예로 팔아버리고, 아버지 야곱에겐 짐승의 먹이가 됐다고 거짓말을 한 이복형들이었다. 가나안 땅에 흉년이 든 바람에 양식을 얻으러 온 형들을 요셉은 한눈에 알아봤다. 몹쓸 짓을 한 그들을 잊을 수 없었기 때문이다. 반면 형들은 동생을 몰라봤다.

요셉은 정체를 감추고 문초했다. "너흰 첩자가 아니냐. 아니라면 가나안에 남아 있다는 막내 동생을 데려와 진실을 증명해 보라"고 했다. 친동생인 막내 베냐민이 나타나자 요셉은 몰래 울었다. 그는 형제들에게 식량을 주면서 베냐민의 자루엔 은잔을 슬쩍 넣어두도록 부하에게 지시했다. 그리고 베냐민을 도둑으로 몰아 잡아들였다. 옆에 두기 위해서였다.

그때 형들이 일제히 베냐민을 감쌌다. 자신들이 종이 될 테니 동생을 풀어달라 했다. 요셉은 그제야 정체를 밝혔다. 목놓아 울면서 형들에게 화해의 손을 내밀었다. 요셉의 울음은 어떤 것이었을까. 그것은 가슴의 응어리를 풀어주는 것 아니었을까. 증오의 감정을 발산하는 대성통곡大聲痛哭이 있었기에 용서와 화해가 가능했던 게 아닐까.

일본 시사주간지 〈아에라AERA〉 17일자2005년 10월는 일본 성인을 상대로 한 설문조사 결과를 싣고 "행복해지려거든 울어라"라고 권했다. 울 때 울어야 건강에 좋고, 일도 잘할 수 있다는 것이다. 실제로 감정에 북받쳐 눈물을 흘리면 스트레스로 생긴 독성 화학물질이 배출된다고 한다. 그런 눈물엔 로이신엔케팔린불안, 발작 등의 신경반응을 없애 주는 물질 등이 들어 있다고 한다. 하지만 양파를 썰 때의 자극으로 나오는 눈물엔 그런 성분이 없다고 한다.

1997년 8월 사망한 영국 왕세자비 다이애나의 장례식 때 영국은 눈물바다가 됐다. 이후 한 달간 정신병원을 찾는 영국인은 절반으로 줄었다. 전문가들은 이를 '다이애나 효과'라 했는데 그건 울음의 카타르시스 효과를 말하는 것이다. 남자가 여자보다 평균수명이 짧은 이유는 덜 울어 스트레스가 덜 풀리기 때문이라는 분석도 있다.

울음은 부끄럽고 창피한 것이라는 인식이 있다. 그래서 우린 눈물을 억제하려 하고, 그 때문에 스트레스를 받는다. 요셉처럼 행복해지려면 울음에 대한 편견부터 없애야겠다.

63 건달

중앙일보
2005년 11월 10일

　우리말엔 불교에서 전래한 것들이 많다. 불교가 오랫동안 민족의 삶과 정신세계에 큰 영향을 미쳤기 때문이다. 예컨대 체면을 뜻하는 '면목面目'은 본래 사람의 맑고 깨끗한 진수眞髓, 즉 불성佛性을 일컫는 말이었다. 도지사의 '지사知事'는 '절의 사무를 맡아보는 일'이란 뜻이었고, 기독교의 '장로長老'는 본디 '지혜와 덕이 높은 스님'이란 말이었다. '투기投機'란 단어도 불가에서 나왔다. '마음을 열고 몸을 던져 부처의 깨달음을 얻으려 한다'는 의미였으니 요즘과 달리 뜻이 훌륭했던 말이다.

　투기처럼 의미와 인상이 달라진 불교용어로 '건달乾達'이 있다. 산스크리트어 간다르바Gandharva를 한자로 표기한 '건달바乾婆'에서 유래한 이 말의 본뜻은 '음악의 신'이다. 수미산須彌山, 세계의 중심에 있다는 상상의 산 남쪽 금강굴에 살면서 천상의 음악을 책임진 신이다. 술과 고기는 입에 대지 않고 향내만 맡고 사는 신으로, 불법을 수호하는 팔부신중八部神衆의 하나다. 석굴암에 가면 건달바를 비롯한 팔부신중의 상을 볼 수 있다. 불교도들이 향을 피우는 건 건달바를 봉양하는 행위에서 비롯된 풍습이라 한다.

향기와 음악은 손으로 잡을 수 없는 것이다. 그래서 건달바가 사는 성城, 즉 건달성은 신기루를 뜻하기도 했다. '인생이 건달성과 같다'는 불가의 말은 인생무상의 동의어다. 건달이 '하는 일 없이 빈둥거리는 사람', '난봉꾼'이란 의미로 쓰이기 시작한 것은 조선 중기다. 양반문화가 예술을 천시하던 시절이 지속되면서 '건달'의 위상도 추락한 것이리라.

경제사학자 안병직 서울대 명예교수가 노무현 정부를 "건달 정부"라 불러 파문이 일었다. "이 정부는 국내는 물론 국제정치에서도 하는 일이 없다"거나, "체계 없이 일만 벌여 놓고 있으니 아이디어의 쓰레기통에 불과하다"는 등의 비판엔 과한 점도 없지 않아 보인다.

그럼에도, 청와대와 여당이 보인 반응은 유치했다. "교수가 어떻게 건달 정부라고 말할 수 있느냐", "허무맹랑한 소리를 뉴스라고 쓰는 게 우리 언론"이라는 등의 대꾸는 너무도 단세포적이다. 그건 여권의 속이 좁다고 광고하는 것과 다름없다.

청와대와 여당은 비판의 목소리에 좀 더 귀를 기울일 수 없는 걸까. 태도를 바꾸면 얼마든지 '양반 정부'란 소리를 들을 수 있을 텐데도 말이다.

64   리얼리티 쇼

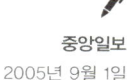

중앙일보
2005년 9월 1일

　카리브해의 소국小國 벨리즈의 산페드로 섬. 원시림이 고이 살아 있고, 산호초가 아름다워 최고의 휴양지로 손꼽히는 곳. 여기에 연인 네 쌍이 초대받는다. 그들에겐 사랑의 농도를 재는 테스트가 기다리고 있다. 애인과 격리된 상태에서 다른 이성의 유혹을 견뎌내는 시험이다.

　각자는 세 명의 이성과 데이트를 하게 된다. 상대는 특별히 선발된 미남미녀. 데이트 장면은 모두 방송 카메라에 담긴다. 시간이 지나면서 유혹에 넘어가는 이들이 나온다. 프로그램 진행자는 그걸 애인에게 귀띔한다. 화가 난 연인은 맞바람을 피운다. 일부 커플은 깨진다. 갈라서면서 욕설과 주먹질을 교환한다. 미국 폭스TV가 제작해 미국·한국 등 수십 개국에서 방영된〈템프테이션 아일랜드 유혹의 섬〉의 일부다.

　이 프로에 나온 이들은 연기자가 아닌 일반인이다. 그들의 언행은 연출되지 않은 것이다. 카메라를 의식해 '쇼'를 했을지라도 말이다. 그런 걸 '리얼리티 쇼'라고 한다. 현실은 현실이로되 '쇼'도 없지 않다는 뜻일 게다. 이런 장르는 1990년대 말부터 폭발적인 인기를 끌고 있다. 사람의 사생활을 적나라하게 보여주기 때문이다. 시청자의 관음증 觀淫症. 엿보기 심리을 자극하는 정도가 강할수록 프로그램은 성공한다.

그래서 기발한 것들이 속출하고 있다. 100만 달러를 받기 위해 일가족이 싸우는 프로 미 ABC의 <더 패밀리>, 백만장자로 소개된 남자를 쟁취하려는 미녀들의 육탄공세 폭스TV의 <백만장자 조> 등등. 저질 언행이 난무하는 〈제리 스프링어 쇼〉는 한국에도 소개됐다. 급기야 네덜란드의 방송사에선 아이 출산 장면을 방영할 수 있다는 말까지 나왔다. 이쯤 되면 갈 데까지 간 셈이다.

그럼에도, 엽기를 막을 방도는 별로 없다. 자신의 가장 내밀한 것까지 까발려서라도 돈을 벌겠다는 이들이 있기 때문이다. "오늘날 보통 사람은 프라이버시를 원하지 않는다. 바람을 맞으면 TV방송사로 달려간다." 철학자 움베르토 에코가 간파한 현대인의 심리다. 그는 "당국이 프라이버시 보호에 앞서 먼저 할 일은 프라이버시를 포기한 사람들에게 그 귀중함을 교육하는 것"이라고 했다. 그런 정부가 나온다면 천하의 리얼리티 쇼도 위기를 맞을지 모른다.

65 　　　　　　　　　　　　　　　　　눈(眼)

중앙일보
2005년 8월 25일

　　　나는 보기 위해서 태어났노라. 보는 것은 나의 직분.
　　　탑 위에 올라 보면, 세상은 내 마음에 찼어라. 나는 멀리 본다.
　　　또 가까이 본다. … 두 눈이여. 그대는 무엇을 보았는가.

　≪파우스트≫의 한 대목이다. 괴테는 임종 직전 완성한 이 책에서 그의 눈으로 탐구한 우주와 인생의 의미를 얘기한다. 파우스트는 100세에 눈을 잃지만 오랜 방황 끝에 진리를 깨달은 내면의 눈은 도리어 빛난다.
　눈은 인식의 도구다. 감각기관 중 가장 뛰어나다. "눈은 귀보다도 더 확실한 증인"이라고 고대 그리스 철학자 헤라클레이토스는 말했다. 그러나 눈으로 같은 걸 본다고 해서 인식이 같은 건 아니다. 23일 외신이 전한 미국 미시간 대학의 실험 결과를 보자.

연구진이 밀림의 표범 사진을 제시했을 때 유럽계 미국인 학생들의 시선은 표범에 쏠렸다. 중국계 학생들은 배경을 살피고 나서 표범을 봤고, 배경을 다시 바라봤다. 미국인·일본인들에게 물속 풍경사진을 보여주고서 뭘 봤느냐고 물었더니 미국인들은 "송어 세 마리"라고 답했다. 일본인들은 물의 색깔과 흐름, 바닥의 자갈에 대해 얘기한 뒤 송어를 봤다고 했다. 동서양의 눈은 이렇게 다르다.

연구진은 "서양인은 사물에 초점을 맞추고 동양인은 전체 맥락을 본다"고 분석했다. "그건 문화의 차이에서 비롯된다"고 했다. 다른 사람에게 차茶를 더 권할 때 미국인은 "차 더 어때More tea?"라고 말한다. 중국인은 "더 마실래Drink more?"라고 한다. 서양은 명사, 동양은 동사의 관점에서 세상을 보는 것이다.

이 중 어느 쪽이 나은지 따질 필요는 없다. 중요한 건 안목이다. 청태靑苔, 푸른 이끼가 두꺼운 고택古宅을 보고 재개발을 하자는 눈이 있는가 하면 거기서 역사의 숨결을 읽는 눈도 있다. 돈을 삶의 목적으로 보는 눈이 있는 반면 "돈은 삶의 12분의 1에 불과하다"<오 헨리 단편집>고 하는 눈도 있다.

우리 지도자의 눈은 어떨까. 과거의 숲 가운데 굽은 나무만 보고 있는 건 아닐까. 탑 위에 올라 미래를 볼 수는 없는 건가. 앞으로의 행보는 더 정치적일 거라고 하는데 이젠 '경제와 민생의 눈'에 불을 켜는 게 직분에 합당하지 않을까.

66 부시

중앙일보
2005년 9월 8일

　조지 W. 부시 미국 대통령이 텍사스 주지사1994~2000년였던 시절 어느 해. 텍사스엔 심각한 이상 고온 현상과 삼림 화재가 발생했다. 희생자가 속출했다. 부시는 급히 기자회견을 했다. 회견 도중 그는 주 산림국 관리를 연단으로 불렀다. 그리고 재난 대처 상황을 설명하라고 했다. 그래 놓고선 한눈을 팔았다. 관리가 말하는 동안 부시는 기자들을 향해 복어처럼 뺨을 부풀리고 혀를 내밀어 입김을 내뿜는 등 익살스러운 행동을 했다고 뉴욕 타임스 기자는 적었다. 저스틴 프랭크, '부시의 정신분석'
　2001년 9·11 테러가 발생한 지 석 달 뒤. 부시 대통령은 플로리다의 한 행사에서 "당시 테러 사실을 보고받고 어떻게 했느냐"는 질문을 받았다. 답은 걸작이었다. "나는 플로리다의 한 학교에서 독서 이야기를 하고 있었다. 그때 TV를 통해 비행기가 빌딩에 부딪치는 걸 봤다. 조종 경험이 있는 나는 '저런, 저렇게 조종을 못할까'라고 말했다. 이 농담에 아무도 웃지 않자 실언임을 깨달았다. 그래서 '이것은 엄청난 사건이다'라고 했다."

부시는 그해 말 "올해는 나와 로라 부인에게 멋진 한 해였다"고 했다. 9·11을 까맣게 잊은 듯이 말이다. 그래서일까. 그는 허리케인 카트리나에 대해서도 무신경·무감각을 노출했다. 카트리나가 멕시코만 일대를 초토화한 지 나흘 만에 처음으로 피해지역을 찾았으면서도 '처삼촌 묘 벌초하듯' 건성건성 둘러봤다. 이재민이 "옷가지가 필요하다"고 하자 "구세군에 가보라"며 남의 일 대하듯 했다. 뉴올리언스의 둑이 무너질 수 있다는 경고가 수없이 나왔는데도 태연하게 "그렇게 될 줄 몰랐다"고 했다.

뉴욕대 언론학과 마크 크리스핀 밀러 교수는 부시에게 언어장애가 있다고 했다. "소비 consumption, 보존이란 뜻인 conservation의 잘못를 격려하는 에너지법안이 필요하다"는 등 이상한 말을 자주 구사하기 때문이다. 그런 그가 재난상황에서 처신하는 걸 보면 '공감共感장애'마저 있지 않나 싶다. 불행을 당한 이들을 보듬는 가슴이 좁아 보이는 탓이다. 화룡선畵龍扇, 궁중에서 쓰던 용그림의 큰 부채처럼 도량이 큰 지도자를 만난다는 건 미국에서나, 한국에서나 쉽지 않은가 보다.

불지사리

중앙일보
2005년 10월 27일

　1981년 8월 24일. 중국 시안 西安의 법문사 法門寺 주변에는 열흘 이상 폭우가 내리고 있었다. 오전 10시쯤 사찰 위로 천둥번개가 치더니 13층 팔각 진신보탑 眞身寶塔이 두 동강 났다. 400여 년간 서 있던 탑이 마치 예리한 칼에 베인 듯 꼭대기부터 반쪽이 무너져 내린 것이다.

　그로부터 5년 뒤인 86년 가을 중국 당국은 탑을 철거했고, 이듬해 봄 유물 발굴 작업을 시작했다. 어느 날 발굴팀은 바닥에서 조그만 굴을 발견했다. 그걸 파고 내려가니 돌문이 나타났다. 지하궁 입구였다. 그 속에선 전설의 불지 佛指사리가 보물 3천여 점과 함께 나왔다. 불지사리란 석가모니 다비 기원전 485년에서 나온 손가락뼈다. 이레 동안 화장 火葬을 했는데도 재가 되지 않은 길이 4㎝의 진신 眞身, 부처의 몸 사리다. 지하궁의 진신 지문비 志文碑는 세계에서 하나밖에 없고, 유네스코가 세계 9대 기적으로 지정한 불지사리의 유래를 잘 설명하고 있다.

석가세존이 남긴 사리는 8만 4천여 개다. 그것들은 기원전 240년 인도 아소카 왕에 의해 나라 안팎으로 흩어진다. 포교를 위해 쓰인 것이다. 그때 중국으로 간 것이 불지사리다. 고대 중국의 황제들은 이를 궁전에 모셔 놓고 친견했지만 후한後漢 때 법문사로 옮겼다. 부처의 영골靈骨을 황제 손에 맡기는 건 위험하다고 본 고승 안세고가 그렇게 한 것이다. 당나라 의종은 아예 지하궁을 밀봉, 접근을 막았다. 이후 불지사리는 점차 중국인들의 기억에서 지워졌다.

불지사리가 발견된 날은 음력으로 석가탄신일이다. 그래서 발굴 당시 "부처가 현신現身한 것"이라는 얘기도 나왔다. 그걸 한때 물개의 뼈라고 깎아내리는 이들이 있었다. 그 바람에 시뻘겋게 달궈진 쇠그릇 속에서 테스트를 받기도 했지만 영물은 색깔조차 변하지 않았다.

중국엔 불지사리를 보면 한 가지 소원이 성취된다는 전설이 있다. 불지사리 전시회가 열렸던 태국94년에서 200만 명, 대만2003년에서 400만 명, 홍콩2004년에서 150만 명이 몰린 것도 이 때문이다. 그런 불지사리가 11월 11일부터 12월 20일까지 서울과 부산에서 전시된다. 그 앞에서 어떤 소원을 빌어야 할까. 그의 내한來韓으로 부처님의 지혜와 자비가 이 땅에 더 충만해졌으면 좋겠다.

68 똘레랑스

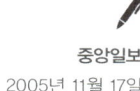

중앙일보
2005년 11월 17일

　1762년 어느 날 프랑스 남부 툴루즈의 한 개신교 가정에선 청년이 자살하는 사건이 발생했다. 변호사가 되길 원했던 마르크 앙투안은 신교도라는 점 때문에 꿈이 좌절되자 목숨을 끊었다. 다음날 소문을 듣고 몰려든 군중 가운데 누군가가 외쳤다. "앙투안은 가톨릭으로 개종하려다 가족에게 살해당한 것이다."

　구교의 세勢가 강했던 그곳에서 이 한마디는 엄청난 결과를 빚었다. 앙투안의 아버지 장 칼라스를 비롯한 가족은 모조리 체포됐고, 모진 고문을 받았다. 재판관들은 타살의 어떤 증거도 나오지 않았고, 체포된 이들이 끝까지 혐의를 부인했는데도 칼라스를 수레바퀴에 매달아 사지를 찢어죽이는 거열형車裂刑에 처했다. 다른 가족에겐 추방령을 내렸다.

　얼마 후 철학자 볼테르가 이 소식을 들었다. 분개한 그는 재판의 부당성을 알리는 전단을 만들어 뿌렸다. 그의 노력으로 칼라스 사건에 대한 재심 여론이 조성됐고, 마침내 상고심이 열렸다. 그리고 칼라스가 사형당한 지 3년 만에 그와 가족에겐 무죄가 선고됐다. 그때 볼테르는 투쟁을 하면서 그 유명한 '관용론'을 썼다. 그는 책에서 칼라스 사건, 종교적 광신狂信 풍토 등을 언급한 뒤 신에게 이렇게 기도했다. "당신이 우리에게 미워하는 마음을 주신 건 결코 아닐 겁니다. 서로를 죽이라는 손을 주신 것도 아닐 겁니다. 신이여, 덧없고 힘든 삶의 짐을 우리가 서로 도와 가면서 견딜 수 있게 하소서."

그의 '톨레랑스관용' 사상은 프랑스에 큰 영향을 미쳤다. 샤를 드골 전 대통령이 재임 중 자신을 맹비난한 철학자 장 폴 사르트르를 구속하라는 참모진의 건의를 받고서 "볼테르를 구속하는 법은 없다"며 일축한 게 좋은 예다. 그런 게 쌓여 프랑스는 '톨레랑스의 나라'라는 이미지를 형성할 수 있었다.

어제는 유엔이 정한 '톨레랑스의 날'이었다. 국가와 민족, 종교와 이데올로기, 신분과 계층이 다르더라도 서로 차이를 인정하고, 상대를 존중하며, 평화롭게 공존하는 길을 찾자는 취지로 제정된 날이다.

인류는 과연 그 길로 가고 있는 걸까. 지구촌에 테러가 극성을 부리고, 잘못된 역사를 반성할 줄 모르는 나라가 있는 한 그리 전진한다고 보기 어렵다. 우린 어떤가. 지도자가 통합의 리더십을 발휘하지 못하고, 편 가르기를 즐기는 한 '톨레랑스의 한국'은 요원한 게 아닐까.

69 호시우행(虎視牛行)

중앙일보
2005년 10월 6일

　소는 도가道家에서 은일과 유유자적, 유가儒家에선 의義를 상징한다. 노자가 어지러운 세상을 버리고 소를 타고 유유히 사라졌다는 건 도가다운 전설이다. 그런가 하면 세종대왕이 유교의 가치를 알리기 위해 편찬한 삼강행실도엔 호랑이와 싸워 주인의 생명을 구하고 죽는 소의 이야기가 나온다.

　불가에선 어떨까. 백담사 등 사찰에 가면 '심우도尋牛圖'를 볼 수 있다. 불자가 불성佛性을 깨닫는 수행의 과정을 묘사한 그림이다. 여기서 소는 불성을 상징한다. 소를 찾는 '심우'는 곧 불성을 찾는다는 뜻이다. 만해 한용운 선생이 자택을 '심우장'이라고 한 데는 이유가 있는 것이다.

　고려 중기의 대승 보조국사普照國師 지눌知訥은 호를 목우자牧牛子라 했다. '소를 기르는 이', 즉 '불성을 가꾸는 이'라는 의미다. 스님은 고려 왕실의 잦은 정변에 연루돼 기강이 흐트러진 불교를 바로잡으려고 노력한 인물이다. 그의 돈오점수頓悟漸修, 불심을 깨치고, 꾸준히 수행한다, 정혜쌍수定慧雙修, 참선과 지혜를 쌓는 일을 병행한다 사상은 교과서에도 실려 있다.

순천 송광사에 있는 스님의 부도浮屠, 사리나 유골을 봉안한 탑엔 이런 글이 적혀 있다. "스님은 위의威儀를 잘 거두어 항상 우행호시牛行虎視하면서 힘든 일과 울력을 하는 데 솔선했다." 우행호시는 '소 걸음과 호랑이의 관찰'이란 뜻이다. 현실을 호랑이처럼 예리한 눈으로 보되, 행보는 소처럼 착실하고 끈기있게 한다는 얘기다.

비문에서 유래한 '호시우행'이 여권의 유행어가 됐다. 노무현 대통령이 취임 직후 개혁 의지를 밝히면서 쓴 이 말을 최근엔 문희상 열린우리당 의장, 문재인 청와대 민정수석이 즐겨 쓴다. 문 의장은 참여정부에 대한 민심 악화를 '신뢰의 위기'로 진단하면서 "지금은 호시우행밖에 묘책이 없다"고 했다.

그러나 그런 인식엔 모순이 있지 않나 싶다. 노 대통령이 일찌감치 강조한 호시우행을 여권이 제대로 실천했더라면 위기를 맞았을 리 없기 때문이다. 여권은 이제 말만 되풀이할 게 아니라 호랑이 눈부터 제대로 갖췄는지 점검해 볼 일이다. '호시'에 문제가 있는데도 '우행'을 한다면 위기는 심화할 뿐이다.

70 사형(死刑)

중앙일보
2005년 12월 8일

    1849년 12월 22일 오전 러시아 페테르부르크의 세묘노프 광장. 28세의 젊은이 표도르 미하일로비치 도스토예프스키는 이곳에 마련된 처형대 앞으로 끌려나왔다. 죄수 20명과 함께였다. 사회주의자 페트라세프스키의 서클에 참여했다가 체포된 도스토예프스키의 죄목은 반역죄.
    그날 광장엔 눈보라가 몰아쳤다. 기온은 영하 22도. 처형대엔 먼저 페트라세프스키 등 세 명이 섰다. 손은 묶이고 눈은 가려졌다. 사제는 "죄의 대가는 죽음"이라고 했다. 이어 "사격 준비" 구령이 떨어졌다. 다음 차례인 도스토예프스키는 옆의 동지들과 작별인사를 했다. 그러고는 페트라세프스키 등을 응시했다. 그 순간 황제 니콜라이 1세의 전령이 나타나 "폐하가 자비를 베풀어 중노역형으로 감형했다"는 소식을 전했다.
    이후 시베리아의 감옥에서 4년을 보낸 도스토예프스키는 광장의 기억을 장편소설 〈백치白痴〉에 적었다. "이제 이 세상에서 숨 쉴 수 있는 시간은 5분뿐이다. 그중 2분은 동지들과 작별하는 데, 2분은 삶을 돌아보는데, 나머지 1분은 이 세상을 마지막으로 한번 보는 데 쓰고 싶다." 그런 그는 "사형은 영혼에 대한 모독"이라고 했다. 프랑스의 문호 빅토르 위고는 소설 〈사형수 최후의 날〉에서 "사형은 죄인의 머리만 절단하는 게 아니고, 가족의 머리까지 절단한다"고 썼다.

최근 싱가포르에서 마약을 운반하다 체포된 베트남계 호주 청년이 처형당했다. 호주 당국과 인권단체가 사형만은 막으려 했지만 허사였다. 같은 날 미국에선 1976년 사형제 부활 이후 1,000번째 사형이 집행됐다. 한국엔 사형수가 있지만 98년 이후 처형당한 이는 없다.

사형을 둘러싼 논란의 역사는 길고 길다. 세조는 "임금이 유충幼沖. 나이 어림할 때 항상 이윤伊尹. 은나라의 명재상, 주공周公. 주나라의 현자이 있으랴. 사형을 대전大典에서 뽑아버리는 게 어떠냐"라고 했다. 문일평. 〈사외이문〉 하지만 신하들의 반대로 뜻을 이루지 못했다. 그런가 하면 루소는 "우리가 살인자에게 희생당하지 않으려면 우리가 살인할 경우 사형대에 오르는 데 동의해야 한다"며 사형제를 옹호했다. 칸트, 헤겔도 그편이었다. 21세기엔 사형제를 어떻게 봐야 할까. 올 초 관심을 좀 보이던 국회는 왜 이렇게 조용한 걸까. 오래 전 법사위에 상정된 사형제 폐지법안엔 먼지만 쌓이고 있다.

71 수저

중앙일보
2005년 12월 5일

장편소설 〈대지The Good Earth〉로 노벨문학상을 탄 펄 벅 여사가 1960년 11월 초 한국을 처음 방문했다. 어렸을 때 중국에서 10여 년간 자란 그는 동양을 잘 아는 편이었지만 그의 눈엔 신기한 게 많았다. 경주에서의 일이다. 황혼 무렵 펄 벅은 달구지에 볏단을 싣고 가는 농부가 지게에 볏단을 지고 있는 걸 보고 이렇게 말했다고 한다. "미국의 농부라면 달구지 위에 모든 걸 싣고, 자기도 올라탔을 거다. 소의 짐을 덜어주려는 마음, 한국에서 보고 싶은 건 바로 저것이다."

펄 벅은 한 한식당에서 무채를 보고 "기계로 썬 것 아니냐"고 물었다. 손으로 썬 것이라는 얘기를 듣자 그는 "이건 음식이 아니라 예술"이라고 했다. 한 초등학교에서 어린 학생이 도시락의 콩자반을 젓가락으로 집는 걸 목격하고선 "저건 서커스"라며 감탄했다 한다. 이후 그는 한국을 면밀히 관찰한 뒤 소설 〈살아있는 갈대 The Living Reed〉를 썼다. 구한말부터 광복 되던 해까지 한 가족 4대의 삶을 그린 이 소설에서 그는 한국을 "고상한 사람들이 사는 보석 같은 나라"라고 찬양했다.

펄 벅이 초등학생의 젓가락질에 놀랐듯 한반도엔 수저 문화가 발달했다. 우리처럼 숟가락과 젓가락을 함께 쓰는 민족은 거의 없다. 중국, 일본인들이 숟가락을 안 쓰는 건 아니지만 그들의 식사 도구는 주로 젓가락이다. 반면 밥에 국이 나오고, 찌개와 탕이 있는 우리에겐 숟가락이 필수적이다. 중국에선 수프를 먹거나 음식을 더는 데 숟가락을 잠시 이용하는 정도고, 일본에선 미소시루된장국도 그냥 입으로 마시므로 숟가락이 거의 쓰이지 않는다.

우리에게 수저는 인생의 동반자다. 돌날 우리는 밥그릇·국그릇과 함께 수저를 처음 갖는다. 앞으로 잘 살라는 부모의 염원이 담긴 선물을 받는 것이다. 이후 성장하면서 우리의 수저도 조금씩 커진다. 혼인할 땐 새로운 수저가 생긴다. 그리고 "숟가락을 놓다"는 말을 들을 땐 저 세상 사람이 된다.

북한 노동신문이 최근 "식생활에 수저를 이용한 우리 민족의 풍습은 태고에 창조됐다"며 "이걸 통해서도 우리가 얼마나 문명한 민족인지 잘 알 수 있다"고 했다. 맞는 말이다. 그러나 지금 북한 주민은 어떤가. 수저에 녹이 슬 정도로 배를 곯고 있지 않은가. 보석 같은 문명은 쇠퇴하고 있지 않은가. 북의 인민이 수저를 원없이 쓸 수 있는 날은 언제나 올까.

72

'사변'을
아시나요

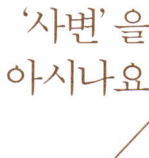

중앙일보
2005년 8월 18일

"분단 력사에서 중대한 사변을 마련하기 위해 나왔습네다." 2000년 3월 17일 중국 베이징. 송호경 북한 아태평화위 부위원장을 만난 박지원 당시 문화부 장관은 이 말을 듣고 당황했다. '사변'이란 소리에 '6·25 사변事變' 같은 변고가 연상됐기 때문이다. 남북 정상회담 예비접촉을 위해 그곳에 간 박 장관의 안색이 굳어지자 송 부위원장은 말을 바꿨다. "아, 력사적으로 큰 일을 성사시키자, 이 말입네다." 박 장관은 그제야 말귀를 알아들었다. 그는 나중에 이 에피소드를 전하며 "그땐 일이 틀어지는 줄 알았다"고 했다.

같은 해 6월 14일 평양 백화원 영빈관. 김대중 당시 대통령과 담소를 나누던 북한 김정일 국방위원장은 이런 말을 했다. "일정이 긴장해서 국수 맛이 없었을 겁네다." DJ는 잠시 어리둥절해했다. '국수'가 '냉면'이

라는 건 알았지만 '긴장하다'가 '시간 여유가 없어 빠듯하다'는 뜻인 줄 잘 몰랐기 때문이다. 김 위원장도 DJ를 만나는 동안 말을 80% 정도밖에 알아듣지 못했다고 러시아 외교관에게 털어놓은 적이 있다.

1945년 8월 광복과 동시에 분단이 되면서 말도 갈라졌다. 북한이 언어를 적화혁명의 수단으로 이용하는 바람에 간극은 커졌다. 남에선 외래어가 말의 이질화를 촉진했다. "민족또는 국민이 사고思考의 동일성을 보존하지 못할 때 언어의 동일성은 유지되지 못한다" 웹스터 사전으로 유명한 노아 웹스터는 말 그대로다. 남북의 언어장벽은 가끔 통역이 필요할 정도로 높아졌다. 귀순한 북한 배우 김혜연 씨는 차茶를 권하는 국회의원에게 "일없습네다"라고 했다가 봉변당할 뻔했다. '일없다'는 건 '괜찮다'는 뜻인데 그걸 모른 의원이 "무시하는 거냐"고 따졌으니, 그때 통역이 얼마나 아쉬웠을까.

8·15 민족대축전 기간 중 남북은 어문규범 통일을 추진하는 등 언어의 이질감을 해소하는 노력을 하자고 합의했다. '겨레말 큰 사전' 공동편찬 작업도 서두르자고 했다. 북한말로 '사변'큰 일을 한 것이다. 남북이 언어의 동일성을 회복하면 의사소통은 얼마나 시원해질까. 그렇게만 된다면 민족 동질성을 되찾는 길로도 한 걸음 더 다가가게 될 것이다.

73 주사(酒邪)

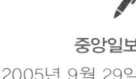

중앙일보
2005년 9월 29일

시인 수주樹州 변영로1897~1961년가 젊었을 때 얘기다. 경성 계명구락부에서 〈조선어사전〉 편찬 작업을 하던 그에게 어느 날 인촌仁村 김성수가 찾아왔다. 술 생각이 난 것이다. 두 사람은 심농心農 김찬영과 함께 주점으로 갔다. 맥주병을 한참 비우던 중 수주가 갑자기 인촌에게 술을 뿌렸다. 술을 좋아하는 수주는 취한 상태였다. 인촌은 그걸 알면서도 화가 나서 소리쳤다. "이 자식아, 친구를 때리려면 때리고, 욕하려면 욕을 하지 술을 왜 끼얹느냐."

수주는 "그러면 어떠냐"며 또 한 잔을 뿌렸다. 인촌은 폭발했다. 맥주병을 집어 들더니 수주의 이마를 사정없이 가격했다. 그러자 수주는 신선로를 던졌다. 쇳덩어리는 다행히 빗나갔다. 이제 친구 사이에 큰 싸움이 벌어질 판이었다. 그 순간 인촌의 행동이 달라졌다. 수주의 이마에서 피가 흐르는 걸 보고선 그를 껴안고 흐느끼며 말했다. "내가 너에게 피를 흘리게 하다니, 어찌 이런 일이 있느냐."

그 말에 수주는 정신을 차렸다. 인촌에게 잘못했다고 했다. 벗들은 그날 통음痛飮을 했다. 수주는 머리에 붕대를 감고 마셨다. 난장판이 될 뻔했던 술자리는 인촌이 인내심을 발휘함에 따라 우정을 돈독히 하는 자리가 됐다.

국정감사 기간 중 국회 법사위 소속 의원 일부와 검사 몇 명이 술판을 벌이다 일행 중 한둘이 술집 주인에게 폭언과 욕설을 한 사실이 드러났다. 의원과 피감기관 관계자가 부적절한 회동을 한 것도 모자라 술에 취해 추태를 부린 것이다. 폭언했다고 시인한 검사는 그 자리에 간 걸 후회할 것이다. "말조심을 했어야 하는데"라며 인내심이 부족했던 걸 한탄할지도 모른다. 한때 모든 죄를 뒤집어썼던 모 의원은 진상이 좀 밝혀져 한숨을 돌릴 것이다. 그러나 그도 상스러운 말을 한 이상 억울함을 주장할 이유는 없다.

주사酒邪에도 품격이 있다. 검사든, 의원이든 인촌처럼 행동했다면 탈이 나지 않았을 것 아닌가. 술이 과해 잠시 주사를 부리더라도 그걸 잘 다스릴 인격이 있다면 무슨 걱정이 있겠는가. 그러나 인격 수양이 어디 쉬운 일인가. 그러니 과음을 삼가는 편이 낫다. "술이 들어가면 지혜가 나가버린다"고 17세기 영국 시인 조지 허버트는 말했다.

74

궁정정치

중앙일보
2004년 5월 6일

1709년 이탈리아 베네치아에선 헨델의 오페라 〈아그리피나Agrippina〉가 대성공을 거둔다. 독일 음악가의 작품을 보려고 이탈리아인들은 구름처럼 몰려든다. 관람객들이 이 가극에 매료된 것은 전설처럼 남아 있는 로마의 역사를 노래했기 때문일 것이다.

아그리피나는 로마제국 5대 황제인 네로의 어머니다. 권력을 위해선 물불을 가리지 않았던 여인이다. 양귀비를 뺨칠 정도로 미모가 빼어났던 그는 황제인 숙부를 유혹해 황후가 된다. 그리고 정적政敵을 제거하는 등 정치를 마음대로 요리한다. 그는 늙어가는 황제도 독살한다. 16세인 아들을 제위에 올려 권력을 더 오랫동안 향유하기 위해서다.

아들이 즉위하자 그는 섭정攝政하려 한다. 그래서 틈이 벌어진다. 아들이 어머니의 세력을 치자 어머니는 아들을 폐위하려 한다. 종국엔 아들이 자객을 보내 어머니를 살해하는 비극이 일어난다. 헨델의 오페라는 네로가 어떻게 황제에 오르는지를 노래한다. 아그리피나가 궁정에서 꾸미는 음모와 술책을 실감나게 그린다. 군주와 소수의 왕족·총신寵臣 등에 의해 움직이는 이른바 궁정정치의 이면을 잘 묘사한 게 이 오페라다.

이처럼 가극에서나 남아 있을 법한 궁정정치가 우리의 여당에도 있다는 지적이 나왔다. 열린우리당 유시민 의원은 최근 당에 ▶이런저런 인맥을 통해 이뤄지는 비공개적 정보유통과 자리다툼 ▶밖으로 내건 좋은 명분에는 잘 들어맞지 않는 주고받기 ▶스스로 모사謀事하면서 끊임없이 타인의 모사를 의심하는 일이 있다고 주장했다.

그가 꼬집은 행태가 사실이라면 여당은 '닫혀 있다'는 얘기가 된다. 그것은 궁정정치의 본색이다. 여당 인사의 입각과 원내대표 선출 등을 둘러싸고 특정 파벌끼리 벌이는 신경전도 그들만을 위한 궁정정치가 아닌지 묻고 싶다.

여당은 유柳 의원의 지적을 못들은 척 넘기려는 모양이다. 그것은 '닫혀 있는' 모습으로 비친다. 열린우리당이 정말 '열려 있다'면 궁정정치가 발붙일 리 없다. 여당은 당장 중앙당 정치의 방문 곳곳을 열어보길 바란다. 그리고 어디에 밀실과 칸막이가 있는지 점검하고, 헐 것은 헐어야 한다. 그래야 여당이 주창하는 참여 민주주의도 꽃을 피울 수 있지 않겠는가.

75

벤허의 리더십

중앙일보
2005년 7월 7일

유대인인 벤허와 로마의 예루살렘 호민관인 메살라. 두 사람의 전차 경주 장면은 영화 〈벤허〉의 압권이다. 이민족이란 운명 때문에 친구 사이에서 원수가 돼 버린 두 사람의 사투死鬪를 보면서 가슴을 졸였던 기억이 선명하다.

노무현 대통령도 이 장면을 잊지 않는다고 한다. 대결이 흥미진진해서가 아니다. 리더십의 힌트를 얻었기에 그렇다고 한다. 경주에서 메살라는 전차를 끄는 네 마리의 흑마에게 끊임없이 채찍질을 한다. 속도를 내기 위해서다. 반면 벤허의 손엔 채찍이 없다. 그는 고삐만으로 백마들을 다룬다. 그럼에도 전차의 속력은 빠르다. 노 대통령은 차이점을 놓치지 않았다. 그리고 저서 ≪노무현의 리더십 이야기≫에 이렇게 적었다.

"나는 경기의 승패보다 애정으로 대하는 말과 채찍으로 대하는 말의 경기력에 주목했다. 이것이 영화일 뿐이고, 그 대상이 인간이 아닌 말이라 하더라도 사람을 어떻게 대해야 하는지 큰 시사를 받았다."

경주에서 벤허는 승리한다. 백마의 경기력이 앞섰기 때문이다. 그걸 보고 노 대통령은 "채찍보다 애정이 중요하다"고 말한다. 애정은 곧 '신뢰'라고 강조한다. "신뢰는 모든 조직의 기초"라며 "신뢰하면 신뢰를 받는다"고 주장한다.

신뢰란 어떤 것일까. 영어 단어 trust^{신뢰}의 어원을 보자. 그건 독일어의 trost^{편안}이다. 신뢰는 편안함에서 생성된다는 얘기다. 사람 사이든 집단 간이든 편안한 관계라면 말이 잘 통할 것이다. 벽은 없을 것이고, 믿음은 클 것이다.

요즘 노 대통령의 '연립정부' 발언으로 정가가 소란스럽다. 대통령의 말은 한나라당과 민주당에 씨알도 안 먹힌다. 불신의 벽이 높아서다. 노 대통령은 벤허에서 신뢰의 리더십이 뭔지를 느꼈다. 그런데 왜 대야^{對野} 관계에서 신뢰의 위기를 맞게 됐을까. 먼저 신뢰를 보내지 않았기 때문이 아닐까.

그는 지난해 5월 연세대 특강에서 "믿음을 바로 세우려면 말한 대로 행동해야 한다"며 "대화와 타협의 문화를 만들어야 한다"고 했다. 그가 이를 제대로 실천했다고 할 수 있을까. 그랬다면 대야 관계는 달라졌을 것이다. 연정^{戀情}이 싹터 연정^{聯政}을 꿈꿀 까닭이 없을 정도로 편안한 사이가 돼 있을지도 모른다.

후버빌

중앙일보
2005년 8월 4일

　존 스타인벡의 〈분노의 포도〉는 1930년대 미국의 경제 대공황 시절을 그린 소설이다. 농민 조드 일가의 유랑기다. 그들이 고향 오클라호마를 떠나 캘리포니아로 가는 머나먼 길엔 사연도 많고, 한恨도 많다. 늙은 조부모는 중도에 세상을 뜬다. "죽은 이는 끝이 난 겁니다. …우린 할 일이 있습니다."

　목사의 위로를 듣고 다시 '서부의 드림'을 꿈꾸며 발길을 재촉한 조드네. 마침내 캘리포니아로 들어가지만 '후버빌Hooverville'을 보는 순간 꿈은 깨진다. 판잣집과 텐트가 널려 있고 실업자가 득실거리는 곳, 그건 고대하던 이상향이 아니었다. 그런 곳에 일자리가 있을 리 만무했다. 조드는 일감을 얻으려 백방으로 뛰어다녔지만 허사였다. 그네들은 또 유랑해야 했다.

후버빌은 이 소설에만 나오는 곳이 아니다. 한 마을을 지칭하는 고유 명사도 아니다. 당시 후버빌은 곳곳에 있었다. 소설 내용 그대로 백수들이 넘쳐나는 장소였다. 후버빌 하면 누구나 뜻을 알았다. 왜 후버빌인가. 그건 허버트 후버 당시 대통령을 야유하는 말이다. 경제가 무너져 애옥살이를 하게 된 대중의 원망이 고스란히 녹아 있는 표현이다. 그것도 모자라 대중은 '후버 담요 Hoover blanket'란 이름도 지어냈다. 담요 대신 덮고 자는 신문지를 그렇게 부르며 분노를 조소로 삭인 것이다.

후버는 도덕주의자였다. 깨끗했다. 그러나 무능했다. 현실을 직시하지 못했다. 경제가 폭삭 주저앉는데도 그는 "아직 괜찮다"고 했다. "내 취임 전엔 개혁과 혁신이 별로 없었다"거나 "빈곤에 대한 최후의 승리가 다가오고 있다"고 했다. 자만과 무책임. 그게 그를 역대 미 대통령 중 '최악의 3인'에 꼭 끼게 하는 요소다.

우린 어떤가. 물론 미국의 대공황과 비교할 순 없다. 하지만 경제가 어려운 건 각종 지표를 봐도 알 수 있다. 국민도 피부로 느끼고 있다. 그런데도 대통령이 걱정한다는 소리는 잘 들리지 않는다. 들리는 건 오로지 연정聯政 얘기다. 노무현 대통령은 "한국 경제는 완전히 회복됐다"2005년 4월 6일고 한 자신의 말을 그대로 믿는 것일까. 휴가 중인 노 대통령이 후버빌의 연원을 살핀다면 교훈을 얻을 수도 있을 것이다.

77

발명가 대통령

중앙일보
2004년 5월 20일

　미국의 16대 대통령 에이브러햄 링컨은 발명가라고 할 수 있다. 그에겐 미국 특허가 있다. 그가 발명한 것은 화물선의 부력실이다. 당시엔 육상교통이 나빴으므로 화물은 주로 강을 통해 유통됐다. 그런데 배가 얕은 곳을 지날 때면 바닥에 걸리는 경우가 많았다. 그래서 링컨은 뱃머리 양쪽에 수축과 팽창을 하는 방을 두도록 했다. 배가 얕은 곳에 이르면 이 부력실을 팽창시켜 배를 더 띄우게끔 한 것이다.

　미 독립선언문을 쓴 3대 대통령 토머스 제퍼슨도 발명에 일가견이 있었다. 그는 '덤 웨이터 Dumb Waiter, 소하물 이동 리프트' 창안자다. 아래층 주방에서 위층에 음식 등을 날라주는, 당시로선 수동인 리프트를 개발한 것이다. 그가 설계한 버지니아주 사저 '몬티첼로' Monticello, 작은 언덕엔 이 시설이 갖춰져 있었다고 한다.

어제는 발명의 날이었다. 그에 맞춰 청와대 홈페이지엔 '대통령은 발명가'라는 청와대 대변인의 글이 떴다. 거기에 소개된 노무현 대통령의 발명품은 ▶ 독서대 ▶ 인명데이터 프로그램 '노하우 2000' ▶감 따는 장치 등 세가지다. 독서대는 잘 알려진 대로 30년 전 노盧대통령이 고시공부를 할 때 만들어 특허를 받은 것이다. "책을 여러 형태의 각도로 놓게 돼 있어 어떤 자세로도 편하게 볼 수 있다"는 게 윤태영 대변인의 설명이다. '노하우 2000'은 노 대통령이 14대 총선에서 낙선한 뒤 차린 연구소의 회원관리를 위해 고안한 것이다. 감 따는 장치는 청와대 경내의 감을 쉽게 따기 위한 것이라고 한다.

윤 대변인은 "대통령의 무궁무진한 발상엔 끝이 없고, 열정도 도저히 따라갈 수 없다"고 했다. "언제 어디서나 사물을 관찰하면서 이치를 깊이 생각한 끝에 생각을 현실로 옮기는 것을 보면 영락없는 발명가의 모습"이라고도 했다.

그래서 복귀한 노 대통령에게 '새로운 발명'을 기대해 본다. 무슨 물건을 만들라는 뜻이 아니다. 국민에게 희망을 주는 '통치의 발명'을 하라는 것이다. 이젠 국정운영의 이치를 더 깊이 생각했으면 한다. 그래서 모든 발상과 열정을 경제. 안보불안 해소와 국민의 삶의 질 향상과 국력증강에 집중하길 바란다. 제퍼슨과 링컨이 선진 미국의 기초를 닦은 것은 발명의 지혜를 국정운영에도 잘 활용했기 때문일 것이다.

78

내일은 내일의 태양이 뜬다

이상일 페이스북
2014년 9월 10일

　인터넷을 통해 뉴스를 검색하다가 청소년 자살 문제를 다룬 여성신문의 최근 기사를 봤습니다. 경제협력개발기구 회원국 가운데 자살률 1위인 한국에서 청소년 자살률이 증가하고 있고, 고립감과 무력감이 청소년 자살을 부추긴다는 내용의 기사입니다.
　청소년 자살문제가 심각하다는 건 어제오늘의 이야기가 아니지만 관련 기사를 볼 때마다 안타까움과 서글픔을 금할 수 없습니다. 이 문제를 어떻게 해결해야 할지 우리 사회 전체가 보다 깊이 고민해야 할 겁니다.
　저는 전문가가 못되지만 이 기사를 읽으면서 미국뿐 아니라 세계에서 많은 애독자를 가졌던 대중소설가 시드니 셀던 생각이 났습니다. 미국 시카고에서 태어난 셀던이 청소년 때 자살을 시도하려 했다가 아버지의 말씀을 듣고 나서 마음을 바꿔먹고 좋아하던 글쓰기에 정진하고 정진한 끝에 성공한 이야기를 읽은 적이 있기 때문입니다.

그의 자서전인 ≪The Other Side of Me또 하나의 나≫엔 그가 왜 스스로 목숨을 끊으려 했고, 아버지가 무슨 말을 했기에 셸던의 생각이 바뀌었는지 잘 나와 있습니다. 미국의 가장 어려웠던 시기인 대공황 때 셸던의 가정은 매우 가난했습니다. 셸던은 대학에 가고 싶어 했지만 가난했기에 꿈을 이루지 못하고 약국 점원으로 일하게 됩니다. 그런 가운데서도 그는 작가로 데뷔하기 위해 10가지 이상의 단편소설을 써서 신문사와 잡지사에 보냈습니다. 하지만 번번이 퇴짜를 맞아 좌절감에 빠집니다.

그는 하늘을 보며 "신이시여, 당신이 존재한다면 어디 내 앞에 나타나 보라"는 원망의 말도 내뱉습니다. 그리고 종국엔 미래가 없다고 보고 자살을 결심합니다. 약국에서 수면제를 조금씩 훔친 그는 목숨을 끊기에 충분한 수량을 모으자 부모와 동생이 없는 틈을 타서 다량의 수면제를 입에 털어 넣으려고 하던 순간 세일즈맨으로 가게를 꾸려온 아버지에게 목격당합니다. 외출했다가 집에 물건을 두고 온 것이 생각나서 잠시 들른 아버지가 무슨 짓을 하느냐고 묻자 셸던은 자살하려고 한다고 대꾸합니다. 아버지는 아들에게 함께 산책할 것을 권하고 나서 다음과 같이 말합니다. 아래는 사진 속 내용을 번역한 것.

"너는 소설가가 되고 싶다고 했다. 그런데 인생이 소설과 같다. 인생은 서스펜스로 가득 차 있다. (인생의 새로운) 페이지를 넘기기 전엔 무슨 일이 벌어질지 알 수 없다.

하루하루가 다른 페이지이고, 거기에선 놀라운 일이 생길 수 있다. 내일은 소설의 다음 페이지와 같은 것이다. 네가 자살하고 싶다는 걸 이해하지만 네가 책인생을 너무 빨리 덮어서 다음 페이지에서 만날 수 있는 모든 신나고 흥분되는 것들을 놓치게 되는 걸 나는 보고 싶지 않다."

내일은 오늘과 다르고 내일엔 뭔가 좋은 일, 원더풀한 일이 생길 수 있다는 아버지의 말씀을 듣고 셸던은 마음을 달리 먹습니다. 그는 내일에 대한 믿음과 희망을 간직하고 작가가 되기 위해 부단한 노력을 기울였고 마침내 부와 명예를 동시에 얻는 대성공을 거둔 인물로 거듭나게 됩니다.

전 그의 소설을 거의 다 읽었지만 그처럼 영어를 쉽고 간결하게, 그리고 맛깔나게 쓰는 작가는 아직 보지 못했습니다. 소설의 구성도 참으로 탄탄하고 재미있습니다. 영어 작문 공부하는데도 좋고 회화 연습하는데도 좋은 책이 그의 소설작품들입니다. 그의 책을 한번 잡으면 중간에 놓기가 쉽지 않습니다. ≪Rage of Angel 천사의 분노≫, ≪The Other Side of Midnight 깊은 밤의 저편≫, ≪If Tomorrow Comes 내일이 오면≫ 등이 그의 대표작입니다.

셸던 이야기가 길어졌지만 그의 아버지가 자살을 시도하려 한 셸던에게 한 말을 우리 청소년들이 꼭 음미하고 새겼으면 좋겠습니다.

오늘의 고통과 괴로움이 영원히 지속되지는 않는다는 점, 내일은 내일의 태양이 뜬다는 점, 내일이란 인생의 새 페이지엔 좋은 일, 원하던 일이 쓰여질 수 있다는 점 등을 우리 청소년들이 굳게 믿고 미래에 대한 희망을 버리지 않는다면 자살충동을 일으키는 고립감과 무력감을 이겨낼 수 있으리라 생각합니다.

79 램브란트의 '탕자의 귀환'

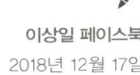

이상일 페이스북
2018년 12월 17일

서울 청담동 성당 출입구의 벽에 걸려 있는 그림 사진입니다. 17세기 네덜란드 출신 화가 램브란트Rembrandt가 그린 〈탕자의 귀환The Return of the Prodigal Son〉의 사진 복사본입니다.

1669년에 완성된 이 대형 그림206×262cm, 유화의 원본은 러시아 상트페테르부르크의 에르미타주 미술관에 전시되어 있습니다.

그림은 〈신약성서〉에 기록된 유명한 이야기를 바탕으로 한 것입니다. 아버지 재산을 받은 둘째 아들은 집을 떠나 방탕한 생활을 하다 모든 걸 잃고 비참한 처지로 전락합니다. 그런 아들이 회개하고 집으로 돌아와서 아버지에게 용서를 구합니다. 아버지는 그를 흔쾌히 받아들였고 축연도 베풀었습니다.

그림엔 남루한 모습^{맨발} 등으로 무릎 꿇은 아들을 두 손으로 감싸는 아버지의 인자한 모습이 잘 나타나 있습니다. 이를 보고 있는 형^{오른쪽에 서 있는 사람}의 표정은 냉랭합니다. 질책해야 마땅한데 왜 관용을 베푸냐고 항변하는 듯한 표정입니다.

성서에 따르면 형은 아버지의 관대한 태도에 항의했다고 합니다. 그러나 아버지는 "너는 언제나 옆에 있어서, 나의 것은 모두 너의 것이다. 그러나 네 아우는 죽었다가 다시 살아난 셈이다. 잃었던 아들을 되찾았으니 기쁘게 맞아야 하지 않은가"라고 말했다고 합니다. 예수 그리스도는 이 일화를 비유로 들면서 회개와 용서를 강조했다고 합니다.

'20세기 마지막 영성가'라는 평가를 받았던 사제이자 심리학자 헨리 나우엔^{Henri J. M. Nouwen, 1932–1996. 하버드대 교수 등 역임}은 1983년 렘브란트의 그림 포스터를 보고서 감동을 받았다고 합니다. 그는 1986년 에르미타주 미술관을 찾아가서 이 그림 앞에 의자를 놓고 앉아 묵상을 했다고 합니다. 그는 저서 ≪집으로 가는 길≫과 ≪탕자의 귀향≫에서 이 그림을 소개하며 기독교적 삶에 대해 이야기하고 있습니다.

그는 이 그림을 직접 감상하고 나서 하버드대 교수직을 던져 버립니다. 그리고 캐나다의 발달장애인 공동체 라르쉬 데이브레이크^{L'Arche Daybreak}에서 장애인들과 함께 하는 삶을 시작합니다. 10년 뒤 세상을 떠날 때까지 장애인들과 동고동락한 그는 장애인들의 진실된 벗이었습니다. 그의 저서에 담긴 내용이 감동과 울림을 주는 이유도 여기에 있습니다.

80 기욤 아폴리네르와 마리 로랑생

이상일 페이스북
2018년 3월 2일

미라보 다리 아래 세느 강이 흐른다
우리 사랑을 다시 되새겨야만 하는가

…

밤이 와도 종이 울려도
세월은 가고 나는 남는다

…

사랑은 가버린다 흐르는 이 물처럼

…

이처럼 희망은 난폭한 것인가

…

지나간 시간도 사랑도 돌아오지 않는다

미라보 다리 아래 세느 강이 흐른다

밤이 와도 종이 울려도

세월은 가고 나는 남는다

프랑스 시인 기욤 아폴리네르가 쓴 시 '미라보 다리'의 일부입니다. 여류화가 마리 로랑생과의 실연의 아픔에서 탄생한 이 시는 샹송으로 애창되는 등 많은 사람들의 사랑을 받고 있습니다.

루브르 박물관에서 〈모나리자〉가 도난당했을 때 사건과 무관한 기욤 아폴리네르가 의심을 받고 수사선상에 오른 상황에서 그를 떠난 마리 로랑생. 그녀는 독일 남자와 결혼하고, 이혼 후엔 홀로 살았지만 마음으론 아폴리네르를 잊지 못했는지 세상을 떠날 땐 기욤의 편지를 가슴 위에 올려 달라고 했답니다.

피카소의 화실 '세탁선' 등에서 입체파 화가 등과 교유하면서도 자기만의 독특한 화풍을 보여줬던 마리 로랑생의 작품전에 다녀 왔습니다. 구상이나 색채 등에서 비범함을 느낄 수 있는 그녀의 작품들 가운데 사진 촬영이 허용된 건 〈세 명의 젊은 여인들〉 하나뿐이어서 모두 소개하지 못하는 게 안타깝습니다.

전시된 작품 중 〈키스〉326페이지 이미지(좌)는 사이트 에서 찾아 함께 올립니다. 초상화 〈샤넬〉326페이지 사진(우)은 전시된 작품이 아니나 워낙 유명한 작품이어서 역시 인터넷에서 찾아서 올립니다. 유명 디자이너 코코 샤넬흑백 사진이 부탁한 초상화를 마리 로랑생이 이렇게 그렸으나, 샤넬은 마음에 들지 않는다며 수정해 달라고 요구했다고 합니다. 그러나 로랑

생은 수정을 거부하고 이 초상화를 그대로 간직했는데, 이 일화로 샤넬의 초상화는 로랑생의 대표 작품이 되다시피 했고 로랑생의 명성은 더욱 높아졌다고 합니다.

자코메티의 '걸어가는 사람'을 본 단상

이상일 페이스북
2018년 4월 15일

스위스 태생으로 화가이자 조각가인 알베르토 자코메티 1901~1966의 한국특별전 마지막 날인 15일 거장의 그림, 데생, 조각품들을 관람하며 많은 걸 배우고 느꼈습니다.

세기의 걸작으로 평가받는 〈걸어가는 사람〉 사진의 석고 원본 조각 앞에는 참으로 오랫동안 자리를 뜨지 않고 감상하는 관람객들이 많았습니다. 이 작품의 가치는 3,800억 원 정도로 평가된다고 합니다.

"마침내 나는 일어섰다. 그리고 한 발 내디더 걷는다. 어디로 가야

하는지, 그 끝이 어딘지는 나는 알 수 없지만 나는 걷는다. 그렇다. 나는 걸어야만 한다"고 한 자코메티의 고뇌를 잘 표현된 이 작품을 보면서 "자코메티의 예술은 모든 존재와 사물의 비밀스런 상처를 찾아내어 그 상처가 그들을 비추도록 해 준다"던 장 주네의 평이 적확하다는 생각을 했습니다.

자코메티의 유작 〈로타르 좌상〉사진도 사유의 근육을 자극하는 것이었습니다.

"로타르 좌상은 자코메티가 삶의 마지막 비통함과 아쉬움을 담아내면서 영원히 살고 싶은 열망까지 녹여낸 역작이다. 자코메티의 이 작품은 그의 최후의 진술이나 마찬가지다"라고 전시회를 주관하는 측은 설명했습니다.

아이는 어른의 아버지

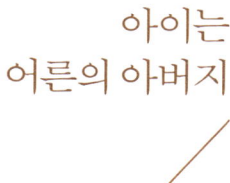

이상일 페이스북
2017년 5월 5일

19세기 영국 계관시인 윌리엄 워즈워스William Wordsworth는 〈무지개 A Rainbow〉란 시에서 '아이는 어른의 아버지'라고 했습니다. 자연을 경외심으로 바라보는 아이들의 순수함이 그걸 상실한 어른들에게 가르침을 준다는 뜻에서였을 겁니다.

서울지하철 5호선 광화문역 출입구 세종문화회관 뒤편 벽엔 "어른들도 처음엔 다 어린이였다. 그러나 그걸 기억하는 어른들은 별로 없다"라는 글귀가 적혀 있습니다. 20세기 프랑스 소설가 생텍쥐페리Saint Exupery의 소설 《어린 왕자》에 나오는 글입니다. 어린이날인 오늘 우리 어른들이 한 번쯤은 새겨보면 좋을 것 같아서 올립니다.

다음은 시 〈무지개〉입니다.

하늘의 무지개 보면

내 가슴은 뛰노라

My heart leaps up when I behold a rainbow in the sky

내 인생이 시작되었을 때 그랬고

So was it when my life began

지금 어른이 되어서도 그러하며

So is it now I am a man

늙어서도 그러하기를

그러지 않으면 차라리 죽는 게 나으리

So be it when I shall grow old, Or let me die!

아이는 어른의 아버지

The Child is father of the Man

내가 살아가는 나날이

늘 자연에 대한 경외로 이어지길 소망하네

And I could wish my days to be bound each to each by natural piety

83 쓴소리 잘 하는 이상일 의원,
그가 보는 '소통' 해법은?

머니투데이 the300 국회의원 사용설명서
2015년 6월 18일

"박근혜 대통령은 정치적으로 막강한 브랜드파워를 가진 분이죠. 앞으로는 이런 분은 정계에 안 나옵니다. 그런데 브랜드파워가 활용이 안 되고 있어요. 소통이 잘 안 되니까 독선으로 보이는 거죠."
이상일 새누리당 의원(53)은 박 대통령이 직접 대변인으로 발탁해 정계에 입문시켰다. 최근 당청갈등의 핵으로 떠오른 국회법 개정안 표결에서는 '원내부대표'라는 직책을 맡고 있음에도 유승민 원내대표가 주도한 여야 합의안에 기권표를 던졌다. 그의 존재감은 경력 24년의 기자 본능에서 비롯된 '쓴소리 초선'이라는 별명에서 확인된다.
이 의원이 가까이서 본 박 대통령은 '경청하는 사람'이다. 그럼에도 '소통부족' 문제가 대두되는 건 청와대 참모들이 문제가 있는 것이 아니냐는 게 그의 생각이다. "참모들이 의견을 적극적으로 드리는 게 좋다고 생각해요. 하달되는 것만 하면 안 됩니다. 대통령 혼자서 만기친람_{임금이 온갖 정사를 친히 보살핌}하는 건 쉽지 않죠."

꼬일 대로 꼬인 정국의 해법은 무엇일까. 그는 "어렵지 않다"고 했다. "만약 대통령이 '야당 최고위원회의에 직접 가서 듣겠습니다' 하면 어떨까요. 오히려 야당이 곤란해질 정도겠죠. '제가 국회로 비서실장과 정무수석을 보내겠습니다. 이분들에게 이야기 다 해 주시면 그대로 보고 받겠습니다.' 하면 어떨까요. 그 자체만으로도 박 대통령 잘한다고 볼 겁니다."

키워드 : 쓴 소리

박 대통령 임기 초인 2013년, 그는 정부의 '인사실패'를 연일 지적하며 날을 세웠다. 한만수 공정거래위원장 후보자가 비자금 조성 의혹 등으로 사퇴하고 윤진숙 해양수산부 장관이 자질논란에 휩싸였을 때였다. 당시 당 지도부 누구도 청와대를 의식해 공개적으로 부실인사를 언급하지 못했다. "대통령이 인사 실패를 이어갈 때 고민을 좀 많이 했죠. 청와대 인사에 고장이 나서 국민이 실망하고 있는 데 여당이 모른 척 외면한다? 이건 무책임하고 공당公黨답지 못하다고 판단해 결국 대변인 논평을 냈어요. 인사를 어떻게 검증했기에 이런 사고가 나느냐고 했죠."

내부를 향한 그의 쓴 소리는 합리적인 목소리가 결국 '자기정화'를 일으킬 것이라는 믿음을 바탕으로 한다. 국회 상임위원회 활동에서도 그는 '내부 저격수'로 자리 잡았다. 각종 인사청문회에서 여당 의원들이 후보자를 감

쌀 때 그는 비판적 시각을 숨기지 않았다. 국회 교육문화체육관광위원회 소관 김명수 교육부장관 후보자와 정성근 문화체육관광부 장관 후보자 청문회 당시, 이 의원은 야당 의원 못지않게 후보자질 검증에 철저했다는 평가를 받는다. 새누리당 원내부대표로서도 이런 기조는 계속됐다. 그는 유 원내대표의 첫 대표연설 때 '성찰'과 '자기평가'를 담았으면 좋겠다는 의견을 냈다. 실제로 원내대표연설에는 여야의 포퓰리즘 경쟁과 진영 논리에 대한 반성 및 정부의 단기부양책, 증세 없는 복지의 허구성 등 비판이 담겨 당 안팎의 긍정적인 평가를 받았다.

키워드 : 대통령과 소통

"박근혜 후보가 경선에서 승리하면 곧바로 노무현 전 대통령의 묘역이 있는 경남 봉하 마을을 방문하는 게 좋겠습니다. 국민대통합을 주장해 왔는데 봉하 마을을 방문하면 그걸 행동으로 보여 주는 것이 됩니다."

이 의원이 '대통령후보경선 박근혜 국민행복캠프' 대변인을 맡았던 당시 냈던 아이디어다. '100% 대한민국'을 내걸고 대권에 나선 박 후보에게 맞는 상징적 행보였다.

최경환 당시 총괄본부장 등이 부정적인 입장을 밝혔으나 이 의원은 좀 더 생각해 보고 다시 논의하면 어떻겠느냐고 했다. 이틀 뒤 회의에서 그는 다시 국민대통합을 강조하며 '봉화행'을 주장했고 처음엔 반대했던 이들이 '좋은 아이디어'라며 찬성했다. 그리고 박근혜 당시 후보는 이를 받아 들여 대통령 후보로 선출된 다음 날 봉하 마을을 찾았다.

집권 3년차. 이 의원은 정부의 '통합' 슬로건이 이미 퇴색했다고 말했다. 기대를 모았던 '국민 대통합 위원회'에 대통령이 한 차례 참석했을 뿐이다. '정치 지도자 연석회의'는 구성되지도 않았다.

"정당에 이념과 성향이 다른 사람들이 각각 모여 있는데 지역기반까지 다르니까 지역갈등이 심하죠. 대통합을 위한 노력을 해야 해법의 정치를 할 수 있고 갈등을 줄일 수 있습니다. 우리 사회는 갈등 비용이 너무나 커요."

키워드 : 품격

이 의원은 기자 시절 아버지와 함께 정치했던 분들에게 특종기사를 많이 얻었다. 그의 아버지는 박정희·전두환 정부 시절 야당이었던 신민당에서 국회의원을 지낸 고 이진연 3선 9·10·12대 의원이다. 당시 이 기자에게 특종을 준 의원 가운데는 아버지와 당을 달리한 분들도 있었다고 한다. 아버지에 대한 평가는 한결같이 '품격', '신사'라는 단어로 모아졌다. 이 의원이 아버지를 가장 존경하는 이유, '품격'을 정치의 모토로 삼은 이유다.

"자연과학의 영역에서는 정답이 하나일 수 있겠죠. 그런데 사회과학 영역에서는 정답이 여러 개일 수 있고 없을 수도 있어요. 나만 옳다고 주장하면 정쟁이 생길 수밖에 없지요. 소통과 대화를 통해서 접점을 모색해야 하는데 (그 과정에서) 우리는 분노의 언어를 너무 많이 씁니다. 그럴 때 정치가 치졸해지고 수준이 낮아집니다."

이 의원은 "정치인들이 품격을 높이려면 스스로는 낮아져야 한다"고 말했다. 용인 시민들과 소통하는 창구 가운데 하나인 그의 페이스북에는 90도로 깍듯이 인사하는 사진이 자주 올라온다. 그는 여당이기에 더 낮은 자세로 민생을 챙겨야 한다고 강조했다. 소소할지라도 '생활정치', '민생법안'에 주력하는 이유다.

이 의원은 또 지역 예산 챙기기에 승부를 건다. 그는 '수원 IC'의 명칭을 '수원·신갈 IC'로 바꾸고 관련 예산을 경기도에 요청해 확보하는 등 용인시민의 숙원사업을 관철하고 있다고 강조했다.

대표법안

취업 후 학자금 상환 특별법 개정안

2015년 국회의 제1호 법안이다. 정부가 2010년부터 시행한 '든든 학자금 대출' 제도가 학기 중 단기근로와 같은 수입만으로도 상환을 시작해야 하는 등 취업도 하지 못한 채 신용유의자로 전락하는 대학생이 많다는 지적에서 도입됐다. 개정안에서는 또 그간 의무상환액의 납부를 회사인 원천공제의무자만 할 수 있던 것을 채무자 본인이 직접 납부할 수 있도록 했다. 채무자의 구직을 저해하고 취업 후 직장생활을 불편하게 했던 요인을 제거했다는 평가를 받는다.

전기통신사업법 개정안(스미싱 방지법안)

딸이 납치됐다는 보이스 피싱 전화를 아내가 받은 사건을 계기로 2013년 11월 이 의원이 대표발의했다. 인터넷발송 문자서비스를 제공하려는 자는 일정한 조건을 갖춰 미래창조과학부장관에게 서비스를 등록하고 이용할 수 있도록 개정했다. 전문가들은 개정안이 SMS_{휴대전화 문자}를 통한 스미싱 사기의 상당수를 막을 수 있을 것으로 내다봤다. 개정안은 지난해 4월 본회의를 통과해 오는 9월부터 시행된다.

프로필

▲ 서울고 ▲ 서울대 사회과학대학 국제경제학과 ▲ 연세대 경영대학원 경영학과 ▲ 중앙일보 워싱턴특파원·정치부장·논설위원 ▲ 미국 미주리대학교 저널리즘 스쿨 비지팅 스칼라 ▲ 19대 국회의원 ▲ 19대 총선, 18대 대선 새누리당 중앙선거대책위 대변인 ▲ 새누리당 당 대변인 ▲ 용인을 당협위원장